国家社会科学基金重大项目（批准号:10&ZD130）

国　家　出　版　基　金　项　目

国家"双一流"建设学科"南京大学中国语言文学"资助项目

江苏省2011协同创新中心"中国文学与东亚文明"资助项目

第二卷

中国古代文献文化史

早期经典的形成与文化自觉

徐兴无 著

程章灿 主编

南京大学出版社

总　序

程章灿

　　中华民族有着五千年悠久而灿烂的文明,绵延至今,从未断绝。浩如烟海、形式多样的中国古代文献,在中华文明传承过程中发挥了重要的作用。中国古代文献不仅是文化的载体,也承载着历史的记忆,生生不息,成为中华文明一大特色。"中国古代文献文化史"这一研究课题,就是以文献为切入点来研究文化,从文化的视角来研究文献,前者强调文化研究的实证基础,后者突出文献研究的宏观视野。对于认识中华文化的形成过程及其特点,认识中国古代文献的发展变化及其文化价值,这一研究的意义是显而易见的。

　　纵观五千年中华文明史,造纸术与印刷术的发明,早已被公认是推动人类文明重大跨越的不朽贡献。实际上,早在造纸术和印刷术发明之前,中国古代就有了甲骨契刻、简帛书写、金石镌刻等文献生产方式,开创了源远流长的文字书写传统,也确立了坚实深厚的文献历史传统。《尚书·多士》最早用文字记载确认了这一传统:"惟殷先人,有册有典。"这个传统一方面体现在中国古代文献数量极夥,以现存 1911 年以前的古籍文献(不包括出土文献)而言,即不下二十万种。另一方面,这个传统体现在中国古代文献类型十分丰富,除书本外,文书、卷子、档案、信札、石刻、契约、账册、书画等不一而足。中国古代文献在书写、制作、印刷与流通等方面取得了很高的成就,为中国乃至世界文化发展做出了巨大的贡献,它吸引后人展开全面而深入的文化研究,同时也为这种研究奠定了坚实的文献基础。

从文化史的角度来看,文献既是文化的重要载体,也是突出的文化现象,具有重要的文化史研究价值。狭义的文献一般指书籍或有文字、图像的载体,广义的文献外延较广,包括一切人类符号载体。文献是思想知识的载体,其根本属性是"精神"与"物质"的结合。文献的这一属性决定了它本身也是一种重要的文化现象,不仅以自身的内容记载传承文化,而且以自身的物质形式嵌入广义的文化史架构之中。据《论语·八佾》记载,孔子最早使用"文献"一词,他说:"夏礼吾能言之,杞不足征也;殷礼吾能言之,宋不足征也。文献不足故也,足则吾能征之矣。"宋代大儒朱熹在《论语集注》中解释"文献"这个词,明确指出:"文,典籍也。献,贤也。言二代之礼我能言之,而二国不足取以为证,以其文献不足故也。文献若足,则我能取之以证吾言矣。"这是"文献"一词的经典解释。在这个话语体系中,"文献"包括典籍与贤人两个方面。典籍是载录文化的载体,贤人是传承文化的主体,典籍与贤人亦即物与人的深刻交集,恰好揭示了文献的物质文化与精神文化本质。环绕着文献的制作、生产、衍生、阅读、聚散、流通、使用等过程,各种社会群体与历史力量参与其间,纵横交错,在文化与文献之间形成无数交叉联结之点。经由这些联结点,既可以看到被文化史所塑造的文献现象,也可以看到文献史所凸显的文化特性。这正是中国古代文献文化史研究首要着力的方向。

中西学术传统都很重视对于文献本身的研究,由此产生了目录学、版本学、校勘学、书志学、典藏学等文献学相关学科,图书馆学、金石学、历史文献学等学科也涉及对古代文献的研究。涵盖校勘学、目录学、版本学和典藏学等学科的中国古典文献学,历来以整理图书为己任,尤重考镜源流、辨章学术,为往圣继绝学,表现出强烈的延续文化学术的历史使命感。具体而言,校勘学揭示了古代书写与传播的方式与特点;目录学揭示了文献的历史状况、分类源流和学术思想轨迹;版本学揭示了文献的物质文化形态;典藏学揭示了文献聚散传承的轨迹及其社会文化因缘。它们都为中国古代文献文化史研究提供了宝贵的学术文献资源,其中所蕴含的文化自觉和历史意识,更为中国古代文献文化史研究提供了重要的文化思想资源。

随着 20 世纪初中国学术现代化的发轫,中国古典文献研究中的文化自觉更加明显,其代表作有王国维《简牍检署考》,孙德谦《汉书艺文志举例》《刘向校雠学纂微》,陈登原《古今典籍聚散考》,余嘉锡《古书通例》等。其后又有刘国钧《中国书史简编》、张秀民《中国印刷术的发明及其影响》等,它们带动了一大批关于书史、印刷史的研究,但此类研究仍然偏重于书籍物质形态本身,对文献的文化史意义的抉发不够深广,还谈不上是系统的中国古代文献文化史研究。

自 20 世纪西方新史学诞生以来,特别是社会史、文化史观照视角兴起以后,开始出现以社会、经济、文化取代传统历史编纂学叙事关注的倾向。文献,特别是印刷书籍成为被关注的热点之一,书籍史研究于是应运而生。1958 年,法国年鉴学派史学家费夫贺(Lucien Febvre)与马尔坦(Henri-Jean Martin)出版了《印刷书的诞生》,从宏观角度解答印刷术发明对整个欧洲历史的深远影响,为书籍史研究导夫先路。20 世纪中期以后,广义历史研究的"文化转向"进一步明显,图书的阅读史、接受传播史、商品贸易史,特别是图书对社会文化影响的研究成为一种重要的学术思潮,其代表作为美国史学家达恩顿(Robert Darnton)所著《启蒙运动的生意:〈百科全书〉出版史(1775—1800)》,以 18 世纪狄德罗《百科全书》为个案,从其出版过程及流通的角度,探讨图书出版与启蒙运动的互动历史。其突出贡献在于提出了"书的历史"的重要价值,将书籍的传播过程视为理解思想、社会以及历史的最佳途径及策略。

简而言之,西方学者的这些"书籍史"(histoire de livre)研究,不同于图书馆学、目录学和版本学意义上的"图书史"(history of the book),它是一种文化史的观照,其核心是将书籍理解为文化历史中的一股力量。书的制作情形如何?由谁制作?为谁制作?撰著者与出版商之间的关系为何?国家意识形态如何影响书籍的出版?思想理念又如何通过书籍而传播?书的价格与书的贸易情况如何?书籍的传播与接受的社会效果如何?读者的阅读能力与参与性怎样?国家文化当局的权威及其影响力如何?等等。这些问题的产生,使二十世纪六七十年代以来的当代书籍史研究开始超越传统的文献学研究,成为一个专门学科。这一学科的内涵是:在文献书籍存在的长久时段内,用最广泛、最完整的视角来看待它,探究其社会功用、经济和政治利益、文化实践与影响等等。

西方学者运用西方书籍史的视角,研究中国古代文献与社会文化历史的关系,产生了一系列富有价值的成果,也在一定程度上推动了中国本土学者在书籍史方面的探索。但西方学者主要关注近世以来的书籍与印刷,对其他时代、其他形态的文献关注不足,亦较少利用中国传统文献学中的学术资源。因而,结合中西学术积累进行中国古代文献文化史研究,是一个极富意义并具有广阔发展前景的学科方向。

2010年底,以程章灿教授为首席专家的南京大学文学院古典文献研究所团队成功申请国家社科基金重大项目"中国古代文献文化史"(批准号:10&ZD130),项目分为十个子课题,子课题负责人依次为:赵益教授、徐兴无教授、于溯副教授、巩本栋教授、俞士玲教授、徐雁平教授、张宗友教授、程章灿教授、金程宇教授等九位。其预期成果为十卷本《中国古代文献文化史》。这个研究团队及其依托的学科群体,在古典文献学、域外汉籍研究、古代文化史研究等领域已有较为丰厚的学术积累,也较早开始了中国古代文献文化史的研究探索。

立项以来,研究团队多次对十卷本《中国古代文献文化史》的架构进行系统规划,深入研讨这一课题的内涵、意义、价值及研究方法,凝聚共识。研究团队多次主办学术讨论会、专题暑期学校、学术论坛、工作坊、系列报告会等,深化对文献文化史概念及其研究思路的思考。研究团队还在《文献》《南京大学学报》《学术研究》《古典文献研究》等重要学术刊物上组织专栏,发布文献文化史研究的阶段性成果。2013年1月23日,《中国社会科学报》A1版以《古代文献文化史:超越"书籍史"的本土化尝试》为题,发表该报记者霍文琦对程章灿教授的访谈;同年赵益教授在《南京大学学报》第3期发表《从文献史、书籍史到文献文化史》一文,系统阐述文献文化史的研究思路,扩大了本项目的社会影响和学术影响。从2010年至2020年,研究团队邀请来自美、欧、日、韩的国外学者来校交流、讲学,通过多种形式的国际学术交流,以更好地借鉴外来的学术方法与观念,开阔视野。在研究团队成员的指导下,南京大学中国古典文献学和中国古代文学专业的研究生们围绕中国古代文献文化史进行专题研究,进一步开拓了中国古代文献文化史这一新的学科领域。

"十年磨一剑,霜刃未曾试。"经过十年的辛勤耕耘,十卷本《中国古代文献文化史》终告完成。2020 年,十卷本《中国古代文献文化史》荣获国家出版基金资助,标志着这一成果获得了学界同行的认可。十卷本《中国古代文献文化史》包括:

> 第一卷　中国古代文献:历史、社会与文化（赵益著）
> 第二卷　早期经典的形成与文化自觉（徐兴无著）
> 第三卷　中古时期的历史文献与知识传播（于溯著）
> 第四卷　宋代文献编纂与文化变革（巩本栋著）
> 第五卷　明代书籍生产与文化生活（俞士玲著）
> 第六卷　清代的书籍流转与社会文化（徐雁平著）
> 第七卷　治乱交替中的文献传承（张宗友著）
> 第八卷　作为物质文化的石刻文献（程章灿著）
> 第九卷　汉籍东传与东亚汉文化圈（金程宇著）
> 第十卷　中国古代文献文化史史料辑要（程章灿、许勇编著）

第一卷《中国古代文献:历史、社会与文化》是全书之绪论。本卷开宗明义,就中国古代文献文化史之研究内容与撰述方针提出自己的见解。全卷除"绪论"之外共设五章,分别从中国古代文献之历史、社会与文化三个方面,拈出具有宏观性的问题进行系统论述,对其中悬而未决或有待探索的重要问题,辨证前说,阐述新见,也为深入的思考和未来的研究提示方向。

第二卷《早期经典的形成与文化自觉》是专论之一,专论先秦两汉时代早期经典形成的历史语境和形成条件。本卷既注重从文明史的角度讨论中国"前轴心时代"和"轴心时代"的经典文化,又重视从经典文化的角度讨论早期中国经典的意义、体系及其文化转变。从早期经典的发生,到诸子文献的形成,从先秦两汉经学文献体系的形成,到西汉末年谶纬的兴起,本卷系统论述了经典的宇宙化、历史化和神秘化过程。

　　第三卷《中古时期的历史文献与知识传播》是专论之二,专论中古史部文献之形成与传播。本卷第一章抓住中古时期历史编纂和历史知识传播的新特点进行讨论。以下四章围绕这些特点,以史书、史志、史注、史部形成以及具体史传文本为中心,讨论中古时期不同历史文献的书写策略,进而论述中古文献收藏以及史部文献在收藏活动中的优势和劣势,呈现中古史部文献的存佚与当时文化环境之间的关系。

　　第四卷《宋代文献编纂与文化变革》是专论之三,专论宋代文献编纂及其对文化变革之影响。宋代正式从钞本时代进入刻本时代,文献数量浩如烟海,其编纂方式、阅读方式与传播方式都发生了显著改变。本卷选取宋初四大书、经部文献、北宋私家藏书与文献编纂、南渡之际文献传承以及集部文献的新变等个案,通过对具体文献之编纂、整理、刊刻、流传的研究,挖掘和揭示其蕴含的思想文化意义,确立其在宋代思想文化史上的作用和地位,勾勒有宋一代思想文化发展的轨迹。

　　第五卷《明代书籍生产与文化生活》是专论之四,专论明代书籍生产及其文化环境。本卷挑战传统文献学中所谓"明人刻书而书亡"的观念,从新的角度思考明代图书生产现象。明代图书生产者身份多样,官刻、坊刻与家刻长期互动,时常联手,造成嘉靖、万历以降图书生产的兴盛,其征稿、编书、写书方式以及图书文化功能发生丕变,足以体现明代图书生产的灵活性和复杂性。本卷十分重视商业出版,但不是在商业出版的框架内讨论书籍的社会史和文化史,而是在书籍的社会史和文化史中发现商业因素,从而确认在图书生产中政府、社会群体、作者、赞助者、出版者、评论者、接受者各自的位置、角色及身份的变化。

　　第六卷《清代的书籍流转与社会文化》是专论之五,专论清代之文献文化,其基本思路是关注社会中层与底层,尤其是区域社会的"书群",以体现清代文献的时代特色和本土特色。本卷强调,文献文化史要研究"动态的文献"或者有"社会情缘的文献",具体而言,是既要关注文献的内容与物质形态呈现(如家集、新学书籍、日记等新文献形态),关注文献之著述、编辑、刊印、流通、阅读等环节以及每一环节所牵涉的行为动机,又要关注所关联的环节与人群之间的互动,如关注抄书、藏书题跋、石印等环节以及书估、女性读者等人群,通过对零散材料的搜集与整合,提炼问题,展开深入而有新意的探讨。

第七卷《治乱交替中的文献传承》是专论之六,专论治乱交替与文献传承之关系。本卷以治乱交替之背景为切入点,研讨中国古代文献传承的内在理路。文献作为文化载体,具有强大的文化内驱力,在历代研习、注解、新纂中不断实现文本衍生与代际传承,以刘向、刘歆父子与朱熹等人为代表的历代知识阶层是推动文献传承的主体力量。历代帝王从维护巩固其统治地位、加强思想控制出发,也往往重视文化建设,建构同本朝政治体制相适应的文献体系,从而成为文献恢复、整理、编纂与传承的有力推动者。

第八卷《作为物质文化的石刻文献》是专论之七,专论石刻文献,弥补了以往文献研究及书籍史研究之不足。中国古代石刻源远流长,类型繁多,影响深远。本卷超越以往石刻研究偏重史料研究和史学研究的格局,从物质文化角度深入石刻的生产、使用、阅读、传播全过程,特别关注刻工与拓工这两个以往被忽视或遗忘的人群,透过刻工、拓工与文士的交往,突显其社会文化存在。各章论述中提炼的"尤物""礼物""景物""方物""文物""读物"等主题词语,概括并凸显了作为物质文化的石刻在中国文化史上的功能与意义。

第九卷《汉籍东传与东亚汉文化圈》是专论之八,专论汉籍东传与汉文化之东亚传播。汉籍不只是文化交流的媒介和途径,也是东亚汉文化的重要组成部分;不只是中国与东亚其他国家之间的文化桥梁,也是日本、韩国等国吸收世界其他文明的媒介。可以说,汉籍东传是促使东亚汉文化圈形成、东亚文明格局发生变化的动力之一。从东亚汉文化圈的视野研究汉籍东传,意义重大。本卷从汉籍东传之途径、特点以及汉籍回流等角度切入论题,详细论述汉籍东传对东亚各国广泛与深远之文化影响。

第十卷《中国古代文献文化史史料辑要》分为两个部分:第一部分是从古典文献中辑录有关古代文献文化史研究之资料,分门别类,首次建构了中国古代文献文化史的传统论述框架;第二部分选取海内外有关书籍史、印刷史、阅读史、藏书史等方面的研究著作四十余种,各撰提要,加以评述,为中国古代文献文化史研究融合中外、开拓创新提供思考和参证的基础。

从总体架构上看,十卷本《中国古代文献文化史》舍弃传统的线性叙事和面面俱到的论述结构,而以绪论、专论与史料辑要来建构全书论述。绪论一卷(第一卷)以中国古代文献的总体状况为基础,以历史发展为线索,以若干具有全局性问题的论述作为发端,对中国古代文献文化史进行宏观观照。专论八卷(第二卷至第九卷),由各项专门研究组成,包括不同时期及不同类型文献的作用与影响,各种文献现象的社会文化内涵,不同的文献制作、传播、阅读、授受方式与社会文化的互动关系等众多的专门问题。史料辑要一卷(第十卷)汇辑有关中国古代文献文化的史料以及海内外重要研究成果提要,通过资料汇编和研究文献评述来总结学术历史,为未来研究奠定基础。

从总体思路上看,《中国古代文献文化史》有如下三个重点:第一,从文化的视角阐释文献,突出新视角与开阔视野,以文献为依据叙述文化,强调实证求是,勾勒文献发展的历史线索,突出中国古代文献的民族文化特色;第二,注重文献的生产、阐释、传播与接受的历史传统,在动态过程中把握文献的社会文化意义,重视中国古代文献的域外传播及其对东亚文化圈形成的影响;第三,既强调对中国古代文献历史的整体把握,也注重文献形态的复杂性与多样性,特别是书籍以外的其他文献形态,如石刻等。总而言之,本丛书始终把文献理解为中国文化史中的一股重要力量,探寻这股力量如何发生作用,具有怎样的意义,以及如何形塑了中国文化的传统。

本丛书采取多维视角,运用多学科研究方法,主要包括而不限于如下三个层面:第一,在文献层面上,采取包括传统校雠学、目录学、版本学、典藏学、编纂学等多学科相结合的方法,以期更好地分析与解决问题。本丛书第四卷较多采用编纂学的研究视角,而第七卷较多采用了目录学的视角。第二,在文化层面上,结合当代文化研究的理论与方法,如新文化史、物质文化研究、接受学、传播学等,更好地揭示了古代文献的文化内涵。本丛书第八卷较为集中运用物质文化研究的视角,而第九卷则结合了目录学与传播学的方法。第三,在历史层面上,既以技术史,也以经济史、社会史、学术史、思想史、文化史的视野进行多方面的观照。本丛书第六卷第十章使用技术史的视角,第一卷和第二卷则较多使用学术史和思想史的视角,而在第三卷和第五卷中,社会史视角比较突出。

本丛书的总体特色主要体现在如下三个方面:第一,结构体系上,以问题为中心,以历史发展为线索,对文献文化史进行全面而系统的观照。丛书的总体框架大致以绪论与专论相结合,既重视各卷之间的连续性和整体性,也突出各自的专题性和独特性。每个子课题都设立核心焦点,从各自不同的角度切入,追求论述的深度和视角的创新。第二,具体操作上,简牍时代、写本时代与印本时代并重,在继续深入进行明清书籍史研究的同时,显著填补宋以前文献文化史的空白;在突出其历史阶段性的同时,重视中国古代文献的形态多样性,动态把握其历史进程,特别重视中国古代文献外传对东亚汉文化圈形成的意义。第三,理论方法上,从原始文献出发,传世文献与出土文献兼收,文字材料与图像资料互相参证,考据与义理并重,旨在总结中国古代文献的民族特色,彰显其对人类文化的贡献。

本丛书确立了中国古代文献文化史这一新的研究方向与领域,在文献发掘、研究方法及学术思路上都力求创新。本丛书重视发掘以往未受重视的文献类型,在传统的书籍文献之外,重视日记、书札、石刻与出土文献;在传统的古文献学资料之外,重视国外的书籍史、印刷史、新文化史等研究文献。此其一。本丛书由多位在古典文献学领域素有研究的学者承担,注重"长时段"的时间观念,弱化单纯的线性进程,各以一个较大问题为中心,如古代文献的核心问题、早期经典的形成与文化自觉、中古时期的历史文献与知识传播、治乱交替中的文献传承、宋代文献编纂与文化变革、明代书籍生产与文化生活、清代的书籍流转与社会文化、汉籍东传的文化意义以及古代石刻文献的内涵与意义等,进行深入细致的探讨,多维度阐释中国古代文献文化的丰富内涵。此其二。本丛书的学术思路是将文献与文化相互融合,从文献的实证角度阐释文化,从文化的宏观视角审视文献，突破了已有研究成果将文献史研究与文化史研究割裂的格局。换句话说，本丛书的研究突破了传统文献史研究的旧有框架，借鉴"书籍史"此一新文化史研究视野并力求超越，研究对象从"书籍"扩展至"文献"，时间范围从"宋元明清"扩展至整个中华文明史，深入挖掘中国古代文献的文化历史内涵，特别注重发掘古代文献的文化建构意义。此其三。

本丛书虽然已有十卷之多，字数也多达 400 万，但是，相对于浩瀚的中国古代文献文化史研究领域，这只是扬帆初航而已。我们深知，已经完成的工作尚有诸多不足，还有大量的领域有待继续深化拓展。

"路漫漫其修远兮，吾将上下而求索。"

2021 年 6 月 26 日初稿

8 月 3 日定稿

目 次

插图目次

导　论

　　经典的定义一言难尽,因为它在不同文化和历史的语境里有着不同的含义和命运。章太炎曰:"名实固有施易,世异变而人殊化。"①在中国文化中,经典的内涵也在不断地变化。中国早期经典的概念仅指儒家的六经,后来又增加了诸子文献、释道经籍和一切重要的历史文献,而且按照文献目录分类的体系,分为不同的类型,而六经作为历代王朝的政教典宪,始终专为一部,居于文献体系的顶端,与其他文献相区别,故而司马迁自云作《史记》"厥协六经异传,整齐百家杂语",②以六经居于百家之前;唐代经学家孔颖达注《尚书序》"博考经籍,采摭群言"曰"经籍,五经是也。群言,子史是也",③亦以经籍专属五经。就经典概念的文字表达而言,"经"的概念出现在战国诸子文献中,如《管子》有《经言》,《墨子》有《经上》《经下》等,"经典"并称或许更晚,见诸《汉书》。④ 但早于"经

---

　　① 章太炎撰,庞俊、郭诚永疏证,董婧宸校订《国故论衡疏证》中之二《原经》,中华书局,2018年,第311页。

　　② [汉]司马迁撰,[南朝宋]裴骃集解,[唐]司马贞索隐,[唐]张守节正义,中华书局编辑部点校《史记》卷一百三十《太史公自序》,中华书局"二十五史系列",1982年,第3319—3320页。按,本书所引《史记》皆据此版本,下径称《史记》,不一一标注。

　　③ [唐]孔颖达《尚书正义》卷一,[清]阮元校刻《十三经注疏》,中华书局影印清嘉庆刊本,2009年,第242页。按,本《导论》中所引《十三经注疏》皆据此版本。

　　④ 传世文献中"经典"二字最早见于《汉书》:"周公上圣,召公大贤,尚犹有不相说,著于经典,两不相损。"见[汉]班固撰,[唐]颜师古注,中华书局编辑部点校《汉书》卷七十七《盖诸葛刘郑孙毋将何传》,中华书局"二十五史系列",1962年,第3263页。按,本书所引《汉书》皆据此版本,下径称《汉书》,不一一标注。

典"二字且在中国文献文化中更具有影响力的观念,应该是孔子提出的"文献"。孔子所处春秋时代的典籍皆是礼乐和政教法典及文书,所谓"王教之典籍,先圣所以明天道,正人伦,致至治之成法",①六经源出于其中。《论语》载孔子曰:"夏礼吾能言之,杞不足征也。殷礼吾能言之,宋不足征也。文献不足故也。足,则吾能征之矣。"何晏《集解》引郑玄注曰:"献,犹贤也。"②刘宝楠曰:"文谓典策,献谓秉礼之贤士大夫。"③皆以礼乐典籍与履践礼仪的人定义"文献"二字。"文献"的观念表达出极其深邃的文化意识,即卓越的个人才是文献的解释者与实践者,因而也是文化的承担者。可以说,这是中国古代文献文化史上最早,也是最为重要的文化自觉意识。战国晚期的荀子发展了儒家的文化观念,《荀子·儒效》曰:"圣人也者,道之管也。天下之道管是矣,百王之道一是矣,故《诗》、《书》、礼、乐之归是矣。"④圣人、大道和经典构成了人类文化的三个向度,而道的实现和经典的意义都归结在人的承担。从文献文化的角度看,经典的内容、经典的文本与经典的阐释者密切相关,经典与人的文化实践不可分割,经典的本质说到底就是人类文化实践的工具,所以《荀子·劝学》又曰:"其数则始乎诵经,终乎读礼;其义则始乎为士,终乎为圣人。"⑤在中国的文献文化传统中,始终主张经典的阐释与道德的履践融为一体,中国传统学术和思想,大都依循"本乎道,师乎圣,体乎经"的

① 《汉书》卷八十八《儒林传》,第 3589 页。

② [宋]邢昺《论语注疏》卷三《八佾》,[清]阮元校刻《十三经注疏》,第 5357 页。按,刘师培《文献解》以"文献"即"文仪","书之所载谓之文,即古人所谓典章制度也。身之所习谓之仪,即古人所谓动作威仪之则也。""若郑注训献为贤才,则因三代礼不下庶人,习礼之人必系故族。古以知礼不知礼判贤愚,故以知礼者为贤。实仅献字引伸之谊。"刘师培《左盦集》卷三,中国书店,1993 年,第二册。

③ [清]刘宝楠《论语正义》卷三,上海古籍出版社影印金陵存古书社刊本,1993 年,第 35 页。

④ [清]王先谦撰,沈啸寰、王星贤点校《荀子集解》卷四,中华书局"新编诸子集成",1988年,第 133 页。

⑤ [清]王先谦撰,沈啸寰、王星贤点校《荀子集解》卷一,第 11 页。

逻辑展开,①因此,早期经典文献是和伴随它们的文化意识一道影响中国文化的。

随着中国近现代的社会文化变革、现代学术的兴起和新文化运动的开展,传统经学的价值体系和意识形态被除魅、批判,甚至被否定。此外,一批所谓先秦两汉的"古书"历经古代和现代学术的辨伪,早就被怀疑为伪书赝品,其文献价值和经典地位也随之削弱。其实,和尊重、阐释、信仰,甚至迷信经典一样,怀疑、批判、否定经典也是经典文化的一部分。对我们而言,经典及其文化是历史的,但正如加达默尔(H. G. Gadamer)关于"古典"的论述那样,"古典型概念里的规范要素事实上从未完全消失"。古典型的东西具有"无时间性","它不是关于某个过去东西的陈述,不是某种单纯的、本身仍需要解释证明的东西,而是那种对某个现代这样说的东西,好像它是特别说给它的东西"。②所以,如果我们还需要从经典的陈说当中获得启发,首先要认识经典的本质,把握有关经典的文化,发现其中的文化意识,然后才能在一个真实的历史语境中获得经典的知识与智慧。好在本书讨论的中国早期经典和世界上许多文明的早期经典一样,属于列奥·施特劳斯(Leo Strauss)定义的那些在人类文化教育过程中"不再作为学生的老师",即"最伟大的思想家"们的著作③,无论我们如何评判它们,它们已经创造了悠久和客观的文化史和思想史,因而具备了经典的文化内涵。在中国,这些经典的文本生成及其经典化过程大约跨越两周至两汉的漫长时期,我们不采用朝代名称作为它们的时代标识,而是采用"早期经典"这个概念,是因为这个时代的经典文化及其传统并不能简单地被朝代中断,其中贯穿的经典意识基本上按照政治文化的主轴,随着对宇宙秩序与人类历史的突破

---

① [梁]刘勰著,[清]黄叔琳注,李详补注,杨明照校注拾遗《增订文心雕龙校注》卷十《序志》,中华书局,2012年,第608页。

② [德]汉斯-格奥尔格·加达默尔著,洪汉鼎译《真理与方法:哲学诠释学的基本特征》上卷,上海译文出版社,2004年,第370—374页。

③ [美]列奥·施特劳斯著,马志娟译《古今自由主义》,江苏人民出版社,2012年,第1页、4页、5页。

性思考而不断地发展着。只有在一个比较完整的历史的语境里溯源中国早期经典形成的条件和过程，才能更好地勾勒其文化特征。

任何经典，都有一个最基本的客观条件，它首先是一个思想与知识的物质载体——"文本"。在中国现代学术史上，章太炎特别强调形质意义上的"文"。他说："文学者，以有文字著于竹帛，故谓之文；论其法式，谓之文学。"①在他看来，"文学"的基本形质就是书写了文字的文本。文字的书写方式和文本的形式，包括文体、修辞等是所谓的"法式"，关于这些"法式"的知识与学问是所谓的"文学"。"法式"是"文"的表现方式但不是"文"的基本形质："命其形质曰文，状其华美曰彣，指其起止曰章，道其素绚曰彰。凡彣者必皆成文，凡成文者不皆彣。是故榷论文学，以文字为准，不以彣彰为准。"②章太炎又将文本意义上的"文"分为两大类："凡云文者，包络一切著于竹帛者而为言，故有成句读文，有不成句读文，兼此二事，通谓之文。""不成句读文"的文本，指的是图画、表谱、簿录、算草等只有单字只词，"不足以启人思，亦又无以增感"的文，③而"成句读文"的文本，按照黄侃的解释，则包括了经史子集在内的一切"文"。④ 章太炎阐发"文"的概念时，依据许慎《说文解字》所言"文，错画也。象交文"的定义，从文本的书写文化出发建构文本的定义，其《国故论衡》对中国传统的文学、文章的定义做出了系统的批判，以文本形质作为"文学"的基本定义，将"文学"文本化、历史化，欲令人"睹其本真"，⑤这样的解释，旨在消除传统的文学定义和经典信仰，体现了现代学术中历史意识的自觉。

---

① 章太炎撰，庞俊、郭诚永疏证，董婧宸校订《国故论衡疏证》中之一《文学总略》，第 277 页。

② 章太炎撰，庞俊、郭诚永疏证，董婧宸校订《国故论衡疏证》中之一《文学总略》，第 280 页。

③ 章太炎撰，庞俊、郭诚永疏证，董婧宸校订《国故论衡疏证》中之一《文学总略》，第 294—295 页。

④ 黄侃《文心雕龙札记·原道第一》曰："窃谓文辞封略，本可弛张，推而广之，则凡书以文字，著之竹帛者，皆谓之文，非独不论有文饰与无文饰，抑且不论有句读与无句读，此至大之范围也。……再缩小之，则凡有句读者皆为文，而不论其文饰与否……此类所包，稍小于前，而经、传、诸子，皆在其笼罩。"（黄侃《文心雕龙札记》，上海古籍出版社，2006 年，第 6 页）

⑤ 章太炎撰，庞俊、郭诚永疏证，董婧宸校订《国故论衡疏证》中之一《文学总略》，第 299 页。

但是,将经典还原为文本仅仅是历史意识的起点,因为文本并不能构成经典的全部定义。文本自身的内容、形式、功能、书写,文本产生的条件,还有文本的阅读、解释、接受、实践等,都是我们考察包括经典在内的一切文本时应该关注的历史文化现象。也就是说,我们不仅要将经典的物质承载和文本内容还原到历史当中,还要将经典的文本生产过程和有关经典的观念意识还原到历史当中。

不同的经典承载着不同的思想和知识,但是文献文化史的研究更加关注它们的文化共性——"经典性"。和其他文献或文物不同的是,经典构成了意义丰富的世界,足以"启人之思"或"增感"。经典既是"文本化"的产物,又是"经典化"的产物。文本的世界是由语言文字营造的,甚至是不断言说、书写、阐释的发生过程。加达默尔认为,"文字流传物"和"无言的文物"不同,他说:

> 文字流传物并不是某个过去世界的残留物,它们总是超越这个世界而进入到它们陈述的意义领域。正是语词的理想性(Idealität)使一切语言性的东西超越了其他以往残存物所具有的那种有限的和暂时的规定性。因此,流传物的承载者决不是那种作为以往时代证据的手书,而是记忆的持续。正是通过记忆的持续,流传物才成为我们世界的一部分,并使它所传介的内容直接地表达出来。凡是我们取得文字流传物的地方,我们所认识的就不仅仅是些个别的事物,而是以其普遍的世界关系展现给我们的以往的人性(ein ver-gangenes Menschentum)本身。因此,如果我们对于某种文化根本不占有其语言,而只占有无言的文物,那么我们对这种文化的理解就是非常不可靠和残缺不全的,而我们也不把这种关于过去的信息称为历史。①

---

① [德]汉斯-格奥尔格·加达默尔著,洪汉鼎译《真理与方法:哲学诠释学的基本特征》下卷,第504—505页。

如果"文字流传物"的性质是"意义的领域",那么经典的"意义领域"就应该更为丰富。加达默尔进而定义了作为"文字流传物"的文本性质:"一切文字性的东西都是一种异化了的讲话,因此它们需要把符号转换成讲话和意义。正因为通过文字性就使意义遭受到一种自我异化,因此把文字符号转换成讲话和意义就提出了真正的诠释学任务。"①如果我们借用保罗·利科(Paul Ricoeur)的解释学观点,文本"是由书写而确定的话语"。或者说,"话语"按照一定的结构、类型组织成的"作品"("话语的封闭序列")就是"文本"。只有用"书写"保留下来的"话语",才使得"文本"从口头场景中解放出来,与"话语"及其"语境"之间产生了"间距",从而"去语境化",超越了作者,具备了自主性,"产生了一个文本的准世界",因而也具备通过阅读,并在新的环境中"重构语境",展示意义的可能性。②据此,"经典性"首先取决于"准世界"的丰富性。在这个过程中,书写者的生命经验和思想创造无疑是决定性的因素,但我们只能通过文本和他们对话。人们不断进入经典,就如一次次地进入神殿或剧场,通过仪式与观看使自我的精神和情感得到升华,思想得到启发,智慧得到增长,因而对这些"文本"产生与对神殿和剧场一样的崇敬与热爱,将其视为精神力量的源泉。只有从文献文化的角度来观察经典构成的"准世界",我们才能更多地以经典的文本作为客体,考察其功能,并且规范我们的解释。

作为内容丰富的文本,其存在的方式往往是"经典化"的。经典能够超越时空,超越其产生的历史语境,具有"无时间性"。但是,加达默尔认为"无时间性""乃是历史存在的一种方式",其对历史距离的克服是在

---

① [德]汉斯-格奥尔格·加达默尔著,洪汉鼎译《真理与方法:哲学诠释学的基本特征》下卷,第508页。

② 参见[法]保罗·利科著,[英]J. B. 汤普森编译,孔明安、张剑、李西祥译《诠释学与人文科学:语言、行为、解释文集》,汤普森《编者导言》、第四章《间距的诠释学功能》、第五章《什么是文本?说明与理解》,中国人民大学出版社,2012年,第13页、15页、96页、99页、100页、107页、110页、128页。

"经常不断的中介中"实现的。① 也就是说,经典的超越性不是天赋的,而是人类文化实践的成果。《尚书·尧典》伪《孔传》释"尧典"曰:"言尧可为百代常行之道也。"孔颖达《正义》曰:

> 经之与典,俱训为常。名典不名经者,以经是总名,包殷周以上,皆可为后代常法,故以经为名。典者,经中之别,特指尧舜之德,于常行之内,道最为优,故名典不名经也。②

又释伪《孔传》"史籍"曰:

> 籍者,古书之大名。由文而有籍,谓之文籍。因史所书,谓之史籍。可以为常,故曰典籍。③

在中国古代的经典观念中,承载文字的文本(文籍)和书写制度(史籍)共同构成了"文字流传物",但经典的特殊性在于它不是一般的"文字流传物",而是"经典"或"典籍"。其文本承载的思想内容是"百代常行之道",是"常法",因此"可以为常"。"典"与"经""常""法"等同义。《左传》"昭公十五年"载叔向曰:"言以考典,典以志经。"《尔雅·释诂》曰:"典、彝、法、则……常也。"郭璞注曰:"皆谓常法。"这些"常行之道"不仅存在于文本的文字当中,还存在于读者和解释者的"可以为"当中,"可以为"就是人们的经典意识、解释行为和文化实践,或者说是经典文化的自觉,包含了人们选择、阐释、履践某些"文籍""史籍"中的思想和知识,使之成为"典籍"的"经典化"过程。事实上,中国早期经典多从书写的法典和文书简册而来,其条件恰恰在于是否具有经、常、礼、法的内涵,这种分化大概

---

① [德]汉斯-格奥尔格·加达默尔著,洪汉鼎译《真理与方法:哲学诠释学的基本特征》上卷,第 374 页。

② [唐]孔颖达《尚书正义》卷二,[清]阮元校刻《十三经注疏》,第 249 页。

③ [唐]孔颖达《尚书正义》卷一,[清]阮元校刻《十三经注疏》,第 238 页。

发生于春秋时期。

被传统文献学定义为"古书"的典籍,大多是早期中国的经典,余嘉锡论"古书"流传曰:

> 治学所以必读古书者,为其阅时既久,亡佚日多,其卓然不可磨灭者,必其精神足以自传,譬之簸出糠秕,独存精粹也。①

古书"卓然不可磨灭"的原因,固然如余氏所言的"精神足以自传",但从文献文化的角度看,仅仅具有"自传"的条件是不够的,还要取决于历史的播扬。清代学者章学诚曾经倡言"六经皆史"说②,成为中国现代学说借以推翻经学独尊地位使之历史化的学术先声,但吕思勉对章氏之说提出反问曰:

> 六经皆固有之书,正不俟烦言而解也。然六经虽固有之书,而既经孔子删修,则自有孔子所取之义。为孔子之学者之重六经,亦重孔子所寓之义,而非重其固有之书也。(非谓固有之书不足重,不可误会。)不然,自古相传之书多矣,何以儒家独尊此六种邪?③

他强调了六经地位的成立是阐释的结果。孔子所为,是所谓的"依经立义",④而《诗》、《书》、礼、乐、《易》、《春秋》也在长夜之中等待着孔子的出现,发明其中的意义,可谓"依义成经",从而实现其升华与蜕变。六经得以摆脱政治礼法文本或历史档案的身份,被确立为经典,最重要的因素是其中被人们阐释出来的义理,而不是形质意义上的文本。固然,学术

---

① 余嘉锡《古书通例·绪论》,上海古籍出版社,1985 年,第 2 页。

② [清]章学诚撰,叶瑛校注《文史通义校注》卷一《易教上》,中华书局,1985 年,第 1 页。

③ 吕思勉《文史通义评》,吕思勉《吕著史学与史籍》,华东师范大学出版社,2002 年,第 303 页。

④ [梁]刘勰著,[清]黄叔琳注,李详补注,杨明照校注拾遗《增订文心雕龙校注》卷一《辨骚》,第 50 页。

研究首先要有一个历史的视角,将所有的研究对象都视为历史现象。其次要有一个客观的视角,将所有的研究对象都视为物质的存在。我们可以像章学诚或章太炎那样,用还原历史性和肯定物质性的方式、态度消解人们对经典的权威崇拜意识,用理性重新确认经典的价值,但不能回避的是,历史现象和客观现象同时包含了精神现象。那些文本中的思想、意义,文本制作与存在的条件,那些对经典的崇拜意识也是在历史中产生的客观的经典文化现象,其确立经典的能力及其背后的阐释过程,同样是我们要以历史主义的态度加以客观分析的问题。

"经典化"的过程不是个体的任意行为,而是人类传递文化的机制性行为,这也是历史的和客观的。根据阿莱达·阿斯曼(Aleida Assmann)的文化记忆理论,作为社会记忆的文化通过外在的象征符号传承。但这种记忆是具有高度选择性的。在文化实践过程中,记忆体现为文化的体制,"主动的记忆体制将过去当作现在来保存,被动的记忆体制则将过去当作过去来保存"。① 前者如同博物馆中的展陈藏品,后者如同博物馆中的仓储藏品;前者是经典,后者是档案。前者是经过主动的记忆体制严格挑选的包括文本在内的"文化产品",被赋予神圣地位,被"神圣化""经典化":

> 经典通过三个因素来标示:选择、价值和持续时间。选择意味着决定和权力斗争;价值的归属,则意味着这些东西具有某种光环和神圣不可侵犯的地位;在文化记忆中的持续时间,则是经典化这道程序的核心目标。经典并不是一份按计划拟予撤销的名单,相反,它不因历史的变迁和社会品味的起伏而丧失魅力。并非每一代人都可以重新确立经典,相反,它比人的寿命还长,人们总会与它相

---

① [德]阿莱达·阿斯曼《经典与档案》,[德]阿斯特莉特·埃尔、[德]安斯加尔·纽宁主编,李恭忠、李霞译《文化记忆研究指南》,南京大学出版社,2021年,第125页。

遇,并根据自己的时代重新对它进行诠释。①

而作为档案的后者,处于记忆与忘却之间,如果能有幸被保存下来,则可以等待考古学或历史学的重新发现、解释,迎来第二次生命。② 就中国的古书或早期文献而言,它们有的来自卜筮、政令、法典、史记、礼仪、诗歌,有的来自个人或群体的思想和言说,其中有的进入了后世经典化的过程,成为六经、诸子、歌诗与术数的经典,而大量的则成为档案,尘封于地下者或许还有偶然面世的机会,成为珍贵的历史文献,进入后人的解释视野,获得成为新经典的机会,而毁于浩劫或湮没于红尘者则永远退出了人类的记忆。不过,我们也要看到"经典化"的另一个重要机制,那就是能够成为经典的文本不是被动地接受或等待人们的挑选,其原创性与丰富性使得经典同样具有主动吸引和挑选继承者的能力,正如哈罗德·布鲁姆(Harold Bloom)所说的那样,"不是选择前辈,而是为前辈所选"。③

人类的文化自觉是文明史和思想史的现象,人类的文化经典也随之出现。文本书写、话语制度、经典化的过程,都属于经典的文献文化——既是产生经典的文化,又是经典产生的文化。人们通过创造经典和解释经典来开展文化实践的意识就是一种文化自觉。

德国哲学家卡尔·雅斯贝斯(Karl Jaspers)在讨论历史的起源和目标时,提出了著名的"轴心时代"(Axial Period)概念。他认为在"公元前500年左右的时期内和在公元前800年至200年的精神过程中",中国的诸子百家,印度的《奥义书》和佛陀,伊朗的琐罗亚斯德学说,巴勒斯坦的先知、希腊的贤哲等集中涌现,代表着中国、印度和西方三个地区的人

---

① [德]阿莱达·阿斯曼《经典与档案》,[德]阿斯特莉特·埃尔、[德]安斯加尔·纽宁主编,李恭忠、李霞译《文化记忆研究指南》,第127页。

② [德]阿莱达·阿斯曼《经典与档案》,[德]阿斯特莉特·埃尔、[德]安斯加尔·纽宁主编,李恭忠、李霞译《文化记忆研究指南》,第129页。

③ [美]哈罗德·布鲁姆著,江宁康译《西方正典》,译林出版社,2015年,第9页。

类都意识到整体与自身的存在和限度,对意识和思想有了反思,人类的精神发生了质变。① 美国社会学家塔尔科特·帕森斯(Talcott Parsons)在讨论古代"知识分子"起源时,又提出了影响颇巨的"哲学的突破"说:

> 在公元前第一个一千年中的希腊、以色列、印度和中国,至少是部分各自独立地和以非常不同的形式,作为人类环境的宇宙性质的明确的概念化,达到了一个新的水平。伴随着这一过程,也产生了对人类自身及其更大意义的解释。②

有关人类古代文明中精神觉醒的思想发生论,在中国现代学术史上也有类似的表述。余英时认为:"早在 1943 年闻一多已从文学的角度指出上面四大文明差不多同时唱出了各自不同的诗歌,他的'文学突破'说比西方最先讨论'突破'的雅斯培(Karl Jaspers,1949)还要早六年。"③其实,早在 1910 年出版的《国故论衡》中,章太炎讨论先秦思想学术时,已经具有上述比较文化学的视野。他指出:

> 世之言学,有仪刑他国者,有因仍旧贯得之者。④
> 然其材性发舒,亦往往有长短。短者,执旧不能发牙角;长者,以向之一得今之十。是故九流皆出王官,及其发舒,王官所不能与。官人守要,而九流究宣其义,是以滋长。短者,即循循无所进取。通达之国,中国、印度、希腊皆能自恢彉者也。其余因旧而益短拙,故

---

① [德]卡尔·雅斯贝斯著,魏楚雄、俞新天译《历史的起源与目标》,华夏出版社,1989年,第 7—9 页。

② [美]塔尔科特·帕森斯著,阎步克译《"知识分子":一个社会角色范畴》,《文化:中国与世界》编委会编《文化:中国与世界(第三辑)》,生活·读书·新知三联书店,1987 年,第357 页。

③ 余英时《综述中国思想史上的四次突破》,余英时《中国文化史通释》,生活·读书·新知三联书店,2012 年,第 11—12 页。

④ 章太炎撰,庞俊、郭诚永疏证,董婧宸校订《国故论衡疏证》下之一《原学》,第 531 页。

走他国以求仪刑。①

在他看来,不同文明中的学术思想皆出于不同的文化传统,所谓"因仍旧贯",但只有中国、印度、希腊的思想学术"能自恢彉",具有自我创发的能力并成为其他古代文明的仪范。胡适于1918年完成的,堪称中国哲学史开山之作的《中国哲学史大纲》也是以古希腊和古印度哲学为坐标来定位中国哲学源流的:

> 世界上的哲学大概可分为东、西两支。东支又分印度、中国两系。西支也分希腊、犹太两系。初起的时候,这四系都可算作独立发生的。到了汉以后,犹太系加入希腊系,成了欧洲中古的哲学。印度系加入中国系,成了中国中古的哲学。②

如果在"轴心时代"的背景中审视中国上古思想,胡适"两支四系"的分类似乎比雅斯贝斯"三个地区"的分法更为明晰亲切。他的著名文章《诸子不出于王官论》则以西方思想史的发展逻辑构拟中国先秦学术思想的发生,最具"哲学突破"说的色彩,其曰:"教会之失败,欧洲学术之大幸也。王官之废绝,保氏之失守,先秦学术之大幸也。""诸子自老聃、孔丘至于韩非,皆忧世之乱而思有以拯济之,故其学皆应时而生,与王官无涉。"③吕思勉尽管不完全赞同胡适的诸子发生论,④但他在概括20世纪30年代的中国哲学史研究状况时也说:"今之谈哲学者,多好以先秦学术与欧洲、印度古代之思想相比附。"并声称"以欧洲、印度古说与先秦诸子相

---

① 章太炎撰,庞俊、郭诚永疏证,董婧宸校订《国故论衡疏证》下之一—《原学》,第534—535页。
② 胡适《中国哲学史大纲(卷上)》,东方出版社,1996年,第4页。
③ 胡适《中国哲学史大纲(卷上)·附录》,第358—359页。
④ 吕思勉认为:"殊不知先秦诸子之学,极为精深,果其起自东周,数百年间,何能发达至此?且诸子书之思想文义,皆显分古近,决非一时间物,夫固开卷可见也。章太炎谓'九流皆出于王官,及其发舒,王官所弗能与;官人守要,而九流究宣其义'。其说实最持平。"(吕思勉《先秦学术概论》,东方出版中心,1985年,第16页)

较,诚不易之法也"。① 这都说明,有关中国早期思想的讨论,中国现代学术史一开始就是在"轴心时代"的背景中展开的。

图 1　1971 年山东嘉祥齐山出土东汉画像石《孔子见老子》拓片图版
(选自邢千里《中国历代孔子图像演变》,山东大学出版社,2013 年)

正如章太炎所说,不同的文化有其"旧贯";或者如史华兹(Benjamin I. Schwartz)所云,"这些'突破'当然并不存在着绝对精确的起点"。② 西方学者在"轴心文明"和"哲学突破"的前提下评判中国思想时,都看到中国文明的"特殊精神"。③ 比如雅斯贝斯特别提出了中国轴心文明的继

---

① 吕思勉《先秦学术概论》,第 11 页。
② 〔美〕本杰明·史华兹著,程钢译,刘东校《古代中国的思想世界》,江苏人民出版社,2004 年,第 3 页。
③ 西方学界的观点对国内学界影响较大的有余英时、史华兹等。参见余英时《古代知识阶层的兴起与发展》一文中《哲学的突破》一节,其中的注释提及史华兹于 1975 年就讨论了中国古代的哲学突破(余英时《士与中国文化》,上海人民出版社,1987 年,第 28—29 页)。史华兹的《古代中国的思想世界》于 1985 年由哈佛大学出版社出版,其中受到"轴心时代"观点的影响。参见〔美〕本杰明·史华兹著,程钢译,刘东校《古代中国的思想世界》,第 2—3 页。

承性：

> 轴心期的中国古代文明的继承人，在古老的文明中看到他们自己的往昔。他们代代相传，连续不断；他们没有生活在新时代的感觉（除非那是一个衰微的时代）；他们按照具有神话特征的理想化形态，把过去看作是一个在创造性幻想中展开的典范。[1]

帕森斯也指出中国哲学突破的温和性：

> 在中国，这一突破最为温和。在这里，传统体现在古典文献的集结之中，它自身被系统化、教条化了，而产生了一个关于宇宙秩序、人类社会和物质世界的完整概念，它们都有其颇为特别的样式。[2]

综合二氏的观点，历史与文献构成的世界一直是中国文明向往的典范。

余英时在关于中国古代知识阶层兴起与发展的讨论中，一方面揭示出中国古代的"哲学突破"在于士阶层"以道自任"的精神自觉，另一方面，指出先秦诸子们的"道"都具有"历史性"和"人间性"的特点。前者强调"与以往的文化传统之间的密切联系"，后者强调"人间秩序的安排"。[3] 也就是说，中国古代"哲学突破"的本质，更多的是对自身文化传统的自觉。葛瑞汉（A. C. Graham）在讨论诸子思想的价值取向时发现，尽管这些思想产生于敌对小国的多样性与分裂性之中，其文化理想却是寻求政治和文化的再度统一。因此，中国早期思想的"关键问题并不是西方哲学的所谓'真理是什么'，而是'道在哪里'的问题，这是规范国家

---

① ［德］卡尔·雅斯贝斯著，魏楚雄、俞新天译《历史的起源与目标》，第61页。

② ［美］塔尔科特·帕森斯著，阎步克译《"知识分子"：一个社会角色范畴》，《文化：中国与世界（第三辑）》，第358页。

③ 余英时《古代知识阶层的兴起与发展》，余英时《士与中国文化》，第34页、46页、50页。

与指导个人生活的道"。① 他指出了中国"轴心文明"的目标方向在于对整体性的追求,即政治和文化的合一。

和余英时等采用"比较文化史"得出的观点形成呼应,②中国学界也推进了中国"轴心时代"的研究,深化了对中国早期思想继承性的认识,其中有两点对我们的讨论具有启发价值:第一,相对于春秋中后期至战国时期以诸子百家为代表的"轴心时代",中国文明还存在一个以礼乐文明为代表的"前轴心时代";第二,中国"轴心时代"的突破并不是对"前轴心时代"的否定,而是继承与转化。比如刘家和认为,中国古代文明在文化史上的发展连续性,在整个世界史上尤其显得突出,一是表现在语言文字发展的连续性,二是学术本身发展的连续性,即文化的精神内容的连续性。③ 陈来则认为中国在西周初就已完成了宗教伦理化,并没有一个与"轴心时代"的意识相对立的神话时代,"中国轴心时代的变化,并不是断裂的突变",因此,寻找决定历史发展的轴心,不能仅仅着眼在春秋战国,更应向前追溯"前轴心时代"。④ "前轴心时代"的礼仪文化、仪典文明所代表的"天官意识"在春秋时代逐渐转化为世俗政治理性和道德理性的"地官意识"。⑤ 如果从文献文化史的角度看待这些观点,似乎呼应了《汉书·艺文志·诸子略》中分判"九流"(诸子)皆出于"王官"的思想。"王官"之学可以视为"前轴心时代"的标志,"九流"之学可以视为"轴心时代"的标志,倘若以孔子作为"九流"时代的起始,则春秋时代是两个时代的转变时期。

---

① [英]葛瑞汉著,张海晏译《论道者:中国古代哲学论辩》,中国社会科学出版社,2003年,第1—10页。

② 余英时《古代知识阶层的兴起与发展》:"我们强调'比较文化史的观点'",是为了凸显"先秦诸家之'道'""与其他古代文化中之'道'的分歧所在"(余英时《士与中国文化》,第46页)。

③ 刘家和《关于中国古代文明特点的分析》,刘家和《古代中国与世界——一个古史研究者的思考》,武汉出版社,1995年,第479—480页。

④ 参见陈来《古代宗教与伦理——儒家思想的根源》,生活·读书·新知三联书店,1996年,第4—5页。

⑤ 陈来《古代思想文化的世界——春秋时代的宗教、伦理与社会思想》,生活·读书·新知三联书店,2002年,第9—15页。

　　上述思想史的视域可以为我们讨论中国早期经典的发生和文化自觉提供一个历史和逻辑的起点。关于中国早期经典的叙事同样具有鲜明的"前轴心时代"背景。《汉书·儒林传》曰:"六艺者,王教之典籍,先圣所以明天道,正人伦,致至治之成法也。"①儒家传承的"六经"是中国文化观念中最早出现的,也是后世一切文化经典的文本范式与逻辑源头,它们全部来自春秋战国时代以前的所谓"前轴心时代"的政治或礼仪文献,而不是"轴心时代"的诸子及其学派的思想创发,而被分判为"九流"、作为"家人言"的诸子,②各自都宣称拥有一个出于"王官"之学的传统,③诸子的著述"多争托于三皇五帝之书"。④

　　为了方便我们的观察,不妨将早期经典及其文化自觉的形成与演进过程大致划分为四个历史时期。

　　第一是孕育时代。这一时代大致与"前轴心时代"相当,或者说是"王官"时代,其书写制度和典籍制度成为早期经典萌生的文化土壤。清代章学诚系统地构想了古代学在王官的制度:"有官斯有法,故法具于官;有法斯有书,故官守其书;有书斯有学,故师传其学;有学斯有业,故弟子习其业……六艺非孔氏之书,乃《周官》之旧典也。《易》掌太卜,《书》藏外史,《礼》在宗伯,《乐》隶司乐,《诗》领于太师,《春秋》存乎国史。"⑤其实在孟子关于孔子作《春秋》的叙事中,已经揭示了经典来自官方档案文书的现象:"王者之迹熄而《诗》亡,《诗》亡然后《春秋》作。晋之《乘》,楚之《梼杌》,鲁之《春秋》,一也:其事则齐桓、晋文,其文则史。孔

---

　　① 《汉书》卷八十八,第 3589 页。
　　② 《史记》卷一百二十一《儒林列传》:"窦太后好《老子》书,召辕固生问《老子》书。固曰:'此是家人言耳。'(第 3123 页)钱穆《两汉博士家法考》:"家人言,即谓平民私家之言。""古代学术分野,莫大于王官与家言之别。鲍白令之有言:'五帝官天下,三王家天下。''官'言其公,'家'言其私。百家言者,不属于王官而属于私家,易辞言之,即春秋以下平民社会新兴之自由学术也。'"(钱穆《两汉经学今古文平议》,商务印书馆,2001 年,第 201 页、191 页)
　　③ 《汉书》卷三十《艺文志》,第 1724—1746 页。
　　④ [清]章学诚著,叶瑛校注《文史通义校注》卷一《书教中》,第 39 页。
　　⑤ [清]章学诚《校雠通义》卷一《原道》,章学诚著,叶瑛校注《文史通义校注》,第 951 页。

子曰：'其义则丘窃取之矣。'"①西晋杜预也坚信《春秋》源自政治文书的
整理："仲尼因鲁史策书成文，考其真伪，而志其典礼。上以遵周公之遗
制，下以明将来之法。其教之所存，文之所害，则刊而正之，以示劝戒。
其余则皆即用旧史，史有文质，辞有详略，不必改也。"②这样的判断似乎
也被现代学术研究印证与丰富，特别是来自出土文献研究领域。李零认
为，"作为典籍的'书'（古书）"和"作为档案的'书'（文书）"关系很密切。
"它可能与早期文献中的'史官文化'，与史官典守的各类文书关系更大。
比如，战国时期的古书，年代最早的古书，如《诗》《书》《易》，就是直接选自古
代的记府、乐府，来源是文书档案。"③夏含夷（Edward L. Shaughnessy）也
认为，孔子以前的古代中国"是一个具有极成熟的书写文化的社会，至少
在宫廷之上和对当时社会上的达官显贵来说是如此，也因此完全有能力
创造出通常与之联系在一起的传世典籍"。④ 总之，我们不仅可以从大
量的出土器物上的铭文感受到这一点，而且可以从《左传》《国语》等有关
春秋史事的叙述当中察知，那时的人们已经面对极其丰富的古代礼乐政
教档案与礼经法典。这些"前轴心时代"的档案文书及其书写制度、载体
构成，作为后世经典文化资源被继承下来，它们具备的政治思想与历史
知识，附着的政治、礼仪权威是后人选择并予以"经典化"的重要根据。
所以，在考察"王官"时代或者"前轴心时代"的经典文化时，文本的政治
和礼仪文化特征，即文本的书写制度和权威现象应该是我们重点关注的
文献文化现象。

解释和实践的需要，特别是个人或思想学术团体对典籍的选择、解
释，是经典产生的直接动力。中国"前轴心时代"向"轴心时代"过渡时期
的思想家们也诞生于这样的过程之中。孔子对传统文化保持着极大的

① ［宋］孙奭《孟子注疏》卷八《离娄章句下》，［清］阮元校刻《十三经注疏》，第 5932 页。
② ［晋］杜预《春秋经传集解序》，［唐］孔颖达《春秋左传正义》卷一，［清］阮元校刻《十三经注疏》，第 3699 页。
③ 李零《简帛古书与学术源流》，生活·读书·新知三联书店，2004 年，第 49 页。
④ 参见［美］夏含夷著，黄圣松等译《孔子之前：中国经典诞生的研究》一书《导论》，中西书局，2019 年，第 4 页。

敬意。他主张"述而不作,信而好古"①,秉持"温故而知新"②的态度,这正是继承了他的先辈——春秋时代君子们对礼乐传统进行人文转化的精神。陈来论述了春秋时代的经典与经典化的一个重要现象,即春秋时代君子对文献的"引证",体现出对文化价值权威的要求,开始了"经典化"的实践。③"这一时期文字的使用已经超出王室档案和铭文的范围以及口传的叙述,《诗》《书》最先在实践中被经典化。"④正是在这些春秋时代的君子手上,在古代礼乐文化的教育机制中,一批作为文书档案的"简册"转变为具有历史文献和文教经典价值的"典籍",文化经典的意识得以从政治和礼仪的权威与信仰中萌生出来。而这种从经典中"取义"的解释方法,被孔子继承并创新。

第二是创生时代。"轴心时代"的文献文化成果以诸子文献的书写为代表,但这样的文化可能更直接地渊源于礼乐文化中的"言教"传统和君子个人通过"立言"追求不朽价值的文化自觉。一方面,孔子及其儒家"依经立义",选取、修订古代的"王教典籍",讲论、阐说其中的意义并形成相关的传、记之类的口传或书写的文本,逐渐建构起以"六经"为核心的经典体系;其他诸子也不断引经据典,证成己说,甚至以经、说的形式书写自己的文本,借助"前轴心时代"制度性书写的文本形式确立自己的思想地位,让"家言"具有"王言"或典章的面目与权威。另一方面,诸子们通过议论与叙事,变革了言说和书写的形式,提高了个体的"立言"能力,作者与著书的观念也因此萌发,创造了一批自诩是从"王官之学"中流变出来的经典。由于这一时期的简帛文献大量出土面世,因而早期经典的思想与书写的过程变得更加清晰,极大更新、丰富了我们的文献文化史观念。

---

① [宋]邢昺《论语正义》卷七《述而》,[清]阮元校刻《十三经注疏》,第5390页。
② [宋]邢昺《论语正义》卷二《为政》,[清]阮元校刻《十三经注疏》,第5347页。
③ 陈来《古代思想文化的世界——春秋时代的宗教、伦理与社会思想》,第173页。
④ 陈来《古代思想文化的世界——春秋时代的宗教、伦理与社会思想》,第15页。作者注明:"本书中所述及的诗、书皆加书名号,但这不表示作者认为在所论及的春秋时代已有编辑成册、近于今本的《诗》《书》。"

第三是权威化的时代。随着诸子时代的结束,春秋战国分裂时代创新出来的文化,为中国政治和文化的重新统一奠定了新的基础,开拓了更大的疆域。由道家和阴阳家创发的自然天道秩序、由儒家创发的历史文化统绪成为秦汉统一郡县制帝国的政治根据,同时也成为经典的文化根据,进入了经学时代,"六经"文献体系与现实政治权威一道,成为上述秩序和统绪的象征。围绕"六经",统一帝国的政治确立了相应的经学制度,包括教育制度、选举制度、阐释和话语制度等,将"六经"视为包括天人之道,由圣贤承载并传授的意义体系,对"六经"的名义,甚至其中每部经典的主旨都做出体系性的解释,以此确立了经典的宇宙与历史的权威,使之"神圣化",并且随着社会政治的变革对经典的体系做出相应的调适。总之,这种"奉天法古""究天人之际,通古今之变"的文化意识形态,成为统一时代经典文化和经典意识的主要特征。

第四是神秘化的时代。由于经学承载着人们的政治文化理想,所以既要批判现实政治,又要服务于现实政治;既"以三百五篇当谏书",[1]"以《春秋》驳汉事",[2]又"深惟五经之妙,皆为汉制",[3]"儒生善政,大义皆出其中"。[4] 经学与政治形成的张力,充分体现了经学过于追求通经致用,因而缺乏超越现实政治的文化意识。经学一方面强化了经典的文化权威,一方面与现实政治密切统合,采用所谓"假经设谊,依托象类"的引申、类推的话语方式,[5]使得经典的文本和阐释高度政治化、世俗化、功利化。于是经典被不同的政治话语利用,甚者沦为政治巫术的工具,直至开启伪造经典的先河,向神秘化、神权化演变。这种变态的经典文

---

① [清]皮锡瑞著,周予同注释《经学历史》,中华书局,1959 年,第 90 页。

② [南朝宋]范晔撰,[唐]李贤等注,中华书局编辑部点校《后汉书》卷七十九《儒林列传下》,中华书局"二十五史系列",1965 年,第 2583 页。按,本书所引《后汉书》皆据此版本,下径称《后汉书》,不一一标注。

③ [汉]许冲《上说文表》,[汉]许慎撰,陶生魁点校《说文解字》,中华书局,2020 年,第 503 页。

④ [汉]王充著,黄晖撰《论衡校释》卷十二《程材篇》,中华书局"新编诸子集成",1990 年,第 542 页。

⑤ 《汉书》卷七十五《眭两夏侯京翼李传》,第 3195 页。

化,集中体现为西汉后期至汉魏之际谶纬、秘经、道经等神秘经典的造作与兴起。这些经典不再以"常道"作为经典的思想主旨,而是代之以"神道"。源自天启或神授的神秘经典的本质,正如刘勰所言:"经显,圣训也;纬隐,神教也。"①尽管受到道德和理性的排斥以及正统政治的封禁,但秘经文本中孕育出来的神秘性和超越性又形成了别子为宗的文献文化现象,开启了中古时期道教、方术经典和志怪小说的支脉。可以说,以六经和诸子为代表的经典内涵和文化精神发生了衰微和蜕变,它们必须在新的文化形式中寻求复兴的机会,而中国早期经典的时代也随之结束。

本书讨论的主题是"早期经典的形成及其文化自觉",并被纳入宏伟的"中国古代文献文化史"研究项目和编写计划之中,因此,书中的思考总是围绕经典的文本形成与经典的文化意识来展开,书中七个章节的探索并不能满足这个计划的期待,因为无论是出土文献还是传世文献的研究进展,都让本书的题目充满了不确定性,加之"文献文化"这个论域的开创性和开放性,让本书无法提供系统、深刻的理论与知识体系,只能从不同的现象入手,呈现作者探索与思考的过程。由于写作时间不一,文风与体式也存在差异。七章中的第三、四、五、六、七章曾发表于《中国经学》《岭南大学学报》《扬州大学学报》《国学研究》《文史》等刊物,②此次均作了修改与删补,篇名也有改动。这篇导论勉强算是对全书的通说。

---

① 〔梁〕刘勰著,〔清〕黄叔琳注,李详补注,杨明照校注拾遗《增订文心雕龙校注》卷一《正纬》,第41页。

② 参见徐兴无《从"六经"到"七经"——先秦两汉经学文献体系的思想史考察》,《中国经学》第二十辑,广西师范大学出版社,2017年;《释"诗者天地之心"》,《岭南学报(复刊)》第三辑,上海古籍出版社,2015年;《"三科之条,五家之教"诸说辨析》,《扬州大学学报(人文社会科学版)》2016年第4期;《孔丘秘经,为汉赤制——再论谶纬思潮和文献的兴起》,《国学研究》第48卷,中华书局,2022年;《汉代的"秘书"》,《文史》2014年第一辑。

第一章
有册有典
——中国早期经典的发生

一、文字与书写的权威

经典的形成,固然取决于其中深邃或丰富的知识与思想,但与文字和书写的文化,即文字和书写的权力及与之相关的载体、制度、展示、阅读、解释等现象密切相关,其中包含的政治、知识、道德、信仰、仪式等权威力量是塑造经典的重要因素。

中国古代关于文字起源的叙事是政治化的。《易传·系辞下》曰:"上古结绳而治。后世圣人易之以书契,百官以治,万民以察,盖取诸夬。"韩康伯注曰:"夬,决也。书契所以决断万事也。"① 许慎《说文解字叙》称仓颉造字,"百工以乂,万品以察,盖取诸夬。夬,扬于王庭,言文者宣教明化于王者朝廷"。② 上古时期的文字书写多为"天子之事",③作简册以宣王命,奉典籍以守经常,祭祀鬼神和统治世俗的权力确立了文字

---

① [唐]孔颖达《周易正义》卷八,[清]阮元校刻《十三经注疏》,中华书局影印清嘉庆刊本,2009 年,第 181 页。按,本章中所引《十三经注疏》皆据此版本。

② [汉]许慎撰,陶生魁点校《说文解字》,第 492 页。按,《易经》夬卦象征着统治者的决断,《象传》曰:"夬,决也。刚决柔也。"([唐]孔颖达《周易正义》卷五《夬》,[清]阮元校刻《十三经注疏》,第 116 页)

③ [宋]孙奭《孟子注疏》卷六《滕文公章句下》:"《春秋》,天子之事也。"[清]阮元校刻《十三经注疏》,第 5903 页。

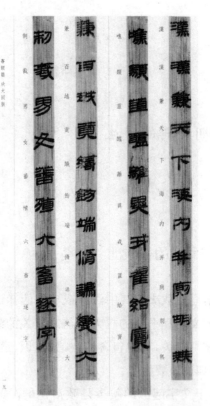

图 2　北京大学藏西汉竹书《苍颉篇》图版
（西汉，选自北京大学出土文献研究所编《北京大学藏
西汉竹书（壹）》，上海古籍出版社，2015 年）

及其载体的神圣地位。《墨子》中多次揭示政治和信仰权威与文字书写
的关系。《尚贤下》曰："古者圣王既审尚贤，欲以为政，故书之竹帛，琢之
槃盂，传以遗后世子孙。"①《明鬼下》曰："古者圣王必以鬼神为有，其务
鬼神厚矣。又恐后世子孙不能知也，故书之竹帛，传遗后世子孙。或恐
其腐蠹绝灭，后世子孙不得而记，故琢之盘盂，镂之金石，以重之。"②《鲁

①　［清］孙诒让撰，孙启治点校《墨子间诂》卷二，中华书局"新编诸子集成"，2001 年，第
69 页。

②　［清］孙诒让撰，孙启治点校《墨子间诂》卷八，第 236 页。

问》曰："攻其邻国，杀其民人，取其牛马粟米货财，则书之于竹帛，镂之于
金石，以为铭于钟鼎，传遗后世子孙。"①"为政""明鬼""攻杀"等内容皆
是"在祀与戎"的"国之大事"②；"先王之书""圣人之言"则是记录王命与
法典的文书。

　　文字和书写的政治权威与信仰力量，是通过形式和载体表现出来
的，其中之一是制度的权威。章学诚指出，早期文字和书写的权力属于
政治制度而不属于私人，其《校雠通义·原道》曰：

　　　　理大物博，不可殚也，圣人为之立官分守，而文字亦从而纪焉。
　　有官斯有法，故法具于官；有法斯有书，故官守其书；有书斯有学，故
　　师传其学；有学斯有业，故弟子习其业。官守学业皆出于一，而天下
　　以同文为治，故私门无著述文字。③

论及中国历史上关于书籍的早期记载，古今学人常常引述《尚书·多士》
所载周公的话：

　　　　惟尔知，惟殷先人有册有典，殷革夏命。④

周公引用殷商典册中"殷革夏命"的内容教训殷商遗民，意在揭示"周革
殷命"的合法性，但他说这句话，不仅根据书写的内容，而且根据书写的
制度。《左传》"襄公十四年"载师旷曰："自王以下，各有父兄子弟，以补
察其政。史为书，瞽为诗，工诵箴谏，大夫规诲，士传言。"⑤《国语·周语
上》载召公谏厉王曰："故天子听政，使公卿至于列士献诗，瞽献曲，史献

---

　　①　[清]孙诒让撰，孙启治点校《墨子间诂》卷十三，第468页。
　　②　[唐]孔颖达《春秋左传正义》卷二十七"成公十三年"载刘子曰："国之大事，在祀与
戎。"[清]阮元校刻《十三经注疏》，第4149页。
　　③　[清]章学诚《校雠通义》卷一《原道》，[清]章学诚撰，叶瑛校注《文史通义》，第951页。
　　④　[唐]孔颖达《尚书正义》卷十六，[清]阮元校刻《十三经注疏》，第468页。
　　⑤　[唐]孔颖达《春秋左传正义》卷三十二，[清]阮元校刻《十三经注疏》，第4250—4251页。

书,师箴,瞍赋,矇诵,百工谏,庶人传语,近臣尽规,亲戚补察,瞽史教诲,耆艾修之,而后王斟酌焉。"①《楚语上》载楚左史倚相曰:"在舆有旅贲之规,位宁有官师之典,倚几有诵训之谏,居寝有亵御之箴,临事有瞽史之导,宴居有师工之诵。史不失书,矇不失诵,以训御之。"②属于阶级、职官和各种社会身份的言说与文字构成了政治生活场域,"为诗""箴谏""规诲""传言""教诲"等言说,"为书""献书""官师之典"等书写和典册都是制度化、等级化的,其中书写和典册之事执掌于王室的史官系统。《说文解字》曰:"史,记事者也。"③传说中创造文字的人,也被认为是"黄帝之史仓颉"。④《左传》"定公四年"记载周成王分封诸侯以藩屏周室的史事,因为"周公相王室,以尹天下,于周为睦",所以封赐给鲁公伯禽的制度和器物等级最高,包括其他诸侯不能拥有的"祝、宗、卜、史,备物、典策,官司、彝器"等。⑤ "昭公二年"载春秋霸主晋国的执政韩宣子访问鲁国,"观书于大史氏,见《易象》与《鲁春秋》。曰:'周礼尽在鲁矣,吾乃今知周公之德与周之所以王也。'"⑥可证只有王室或鲁国这样具有殊勋的诸侯才能享有史官和典册制度。根据张亚初、刘雨《西周金文官制研究》对金文和传世文献的考证,王室史官的令长为"大史",西周早期即见诸金文,为周天子的顾问,担任册命、赏赐和保存整理文化典籍之事,而"作册""作册尹"等史官与书写编纂典册之事关系密切。"作册"在商代卜辞和金文中已经出现,西周早期和中期盛行此职,中晚期后渐被"内史""内史尹"等代替。他们的职责主要是掌管起草册命,包括册告祖庙等,是政

① [春秋](旧题)左丘明撰,徐元诰集解,王树民、沈长云点校《国语集解》,中华书局,2002年,第11页。
② [春秋](旧题)左丘明撰,徐元诰集解,王树民、沈长云点校《国语集解》,第501页。
③ [汉]许慎撰,陶生魁点校《说文解字》,第98页。
④ [汉]许慎《说文解字叙》,[汉]许慎撰,陶生魁点校《说文解字》,第492页。
⑤ [唐]孔颖达《春秋左传正义》卷五十四,[清]阮元校刻《十三经注疏》,第4635页。
⑥ [唐]孔颖达《春秋左传正义》卷四十二,[清]阮元校刻《十三经注疏》,第4406页。

治活动和礼仪活动的参与者,备受尊荣优赏,其中还有一些殷商的遗民。① 传世文献《尚书·金縢》载"史乃册,祝曰……",②《洛诰》载"王命作册逸祝册",③《顾命》载"命作册度",④近时出土文献清华简《金縢》载"史乃册,祝告先王曰……",⑤《耆夜》载"乍(作)策(册)兓(逸)爲東尚(堂)之客",⑥皆可相互印证。所以,史官与典册制度具备执掌天命的权力。

古代巫、史、祝、卜属于一个系统,古人也称之为"内朝",以区别于治理民事的贵族卿士们组成的"外朝"。西周金文中可见"太史寮"与"卿士寮"两寮执政的制度,⑦《国语·周语》所言"瞽史教诲,耆艾修之",《国语·鲁语下》言"天子及诸侯,合民事于外朝,合神事于内朝",天子"与三公、九卿祖识地德","与大史、师载纠虔天刑",⑧《左传》"襄公三十年"称赞晋国"有史赵、师旷而咨度焉,有叔向、女齐以师保其君",⑨这些文字记载,均能证明内、外朝的制度构成。清儒汪中认为,史巫宗祝同官联事,且执掌诸事之文字书写,"其见于典籍者,曰瞽史,曰祝史,曰史巫,曰宗祝、巫史,曰祝宗、卜史","司其事而不书,则为失官,故曰天道、鬼神、

① 张亚初、刘雨《西周金文官制研究》,中华书局,1986 年,第 26—36 页。按,殷商彝器中有"作册般甗",见中国社会科学院考古研究所编《殷周金文集成》,中华书局,2007 年,第 750 页。
② [唐]孔颖达《尚书正义》卷十三,[清]阮元校刻《十三经注疏》,第 416 页。
③ [唐]孔颖达《尚书正义》卷十五,[清]阮元校刻《十三经注疏》,第 461 页。
④ [唐]孔颖达《尚书正义》卷十八,[清]阮元校刻《十三经注疏》,第 507 页。
⑤ 清华大学出土文献研究与保护中心编,李学勤主编《清华大学藏战国竹简(壹)》,中西书局,2010 年,第 158 页。
⑥ 清华大学出土文献研究与保护中心编,李学勤主编《清华大学藏战国竹简(壹)》,第 150 页。
⑦ 参见张亚初、刘雨《西周金文官制研究》,第 101—111 页。
⑧ [春秋](旧题)左丘明撰,徐元诰集解,王树民、沈长云点校《国语集解》,第 193—196 页。
⑨ [唐]孔颖达《春秋左传正义》卷四十,[清]阮元校刻《十三经注疏》,第 4369 页。

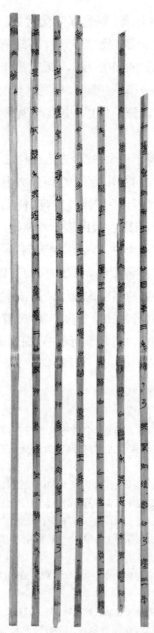

图 3　清华简《金縢》图版
（选自清华大学出土文献研究与保护中心编，李学勤主编
《清华大学藏战国竹简（壹）》，中西书局，2010 年）

灾祥、卜筮、梦之备书于策者,史之职也"。① 卜筮文字的书写很可能是
书写制度的起源。《左传》所载龟卜之事多由卜人职掌,而筮占之事,则
由史官职掌。其实龟卜之事,史官也分任其职。内藤湖南在王国维和段
玉裁解释"史籀"的基础上进而认为:"籀"与"读""籒"同义同音,意为"抽
出",《左传》中将"卜""筮"都称为"籒",《逸周书·世俘解》载"乃俾史佚
籒书于天号",《尝麦解》载"作筴许诺,乃北向籒书于两楹之间",所以,
"卜筮的籒辞出现最早,抽出籒辞叫做'籀'",这是史官的职务,由此出现
了最早的辞典《史籀篇》"。② 张舜徽也有近似的解释,他例举《尝麦解》
所载"宰乃承王中升自客阶,作筴,执筴从中,宰坐尊中于大正之前",赞
成清人庄述祖《尚书记》将"中"字解释为"龟"字的古文,认为当是古人省
笔书作"中"字,"甹字从又持中,即从又持龟也。远古记事,契龟为先,史
字实象之矣"。③ 汪德迈(Léon Vandermeersch)又对《周礼·春官·占
人》"凡卜筮,君占体,大夫占色,史占墨,卜人占坼"给出了一种启发性的
推测:"卜人占坼,即卜人取相关之兆。史占墨,即着意坼之形态,在坼上
加色(墨),以更好地凸显卜坼线条。国家君王观兆象——事之总体环
境;大夫观色——事之当下背景。""卜人的官务只涉及灼龟看坼。管贞
命辞的事而定吉凶的占辞之人,其官务高于卜人,称为'史'。"④诸家之

---

① 〔清〕汪中《〈左氏春秋〉释疑》,〔清〕汪中撰,李金松校笺《述学校笺》,中华书局,2014
年,第126—127页。

② 〔日〕内藤湖南著,马彪译《中国史学史》,上海古籍出版社,2008年,第22—23页。

③ 张舜徽《学林脞录》卷三《史字本义及史册起源》,张舜徽《张舜徽集·爱晚庐随笔》,华
中师范大学出版社,2005年,第66页。

④ 〔法〕汪德迈著,金丝燕译《中国思想的两种理性:占卜与表意》,北京大学出版社,2017
年,第18—19页、27—28页。按,译文中有排印错误之处,经与作者及译者核对后更正。汪德
迈提出汉字的创造起源于卜辞,故推测"史"字的字形就是给甲骨的卜坼上色:"该字字源原为
象形,一只手握笔,笔头向上。这与'聿'不同,后者是'書'最早的象形字,意思是书写。其象形
为一只手握笔,笔头向下。前一象形字,一支笔被史挥动,为史之标志,还是史书写所用之器
(它是文字发明以前之器),后者的含义蕴含在'書'的象形字中。史的职能事实上早于文字的
产生,不可能指书写行为。然则史用笔,最早用于与书写完全不同的事情,即为坼着色。"(同
上,第28页)内藤湖南则将"史占墨"解释为"用墨在龟甲上做记号,然后灼烤龟甲,再根据灼出
的裂纹进行占卜"(〔日〕内藤湖南著,马彪译《中国史学史》,第20页)。

说都启发我们将卜筮、文字与史官联系起来。史官的书写具有沟通鬼神的权力,卜筮文字凭借这样的信仰权威,也能成为后世文化经典的资源之一。

甲骨、青铜、竹帛不仅是文字的物质载体,而且具有权威与信仰的力量。

《墨子》提及的书写载体是"竹帛""盘盂""金石""钟鼎"。考古证明,镂刻的文字已经普遍见诸殷商的甲骨文和青铜器铭文,但书写的文字何时见诸竹木、丝帛尚无实物证据。王国维《简牍检署考》曰:"书契之用,自刻画始。金石也,甲骨也,竹木也,三者不知孰为后先,而以竹木之用为最广。"[①]但从甲骨文中"典""册"二字的使用,甲骨文书写直行纵向以及使用毛笔等现象,可以推断商代已有定型的简牍制度。[②]《诗经·小雅》中被认为是反映周文王时讨伐西戎的《出车》曰:"岂不怀归,畏此简书。"[③]则商末或许已有简书的政令。《墨子》认为竹、帛不及金石久长,所以古人将书于竹帛的文书再移刻于金石。陈梦家《尚书通论》认为金文中的册命"最初是书写在简书上的,当庭的宣读了,然后刻铸于铜器之上"。[④] 今可见者约在八十件。[⑤]

这些承载文字的物质皆具有文化价值内涵。甲骨作为卜辞文字的载体,与其具有沟通神灵的媒介特性密不可分。金文是礼器上的铭刻,朱剑心《金石学》曰:

> 周代彝器之铭,多曰"吉金";吉,坚结之意也。如《王孙遗者钟》曰"择其吉金",《邾公华钟》曰"择厥吉金",《仆儿编钟》曰"得吉金镈铝",《陈侯因育敦》曰"诸侯寅荐吉金"⋯⋯是也。[⑥]

① 王国维著,胡平生、马月华校注《简牍检署考校注》,上海古籍出版社,2004年,第1—2页。
② 参见黄德宽《古汉字发展论》,中华书局,2014年,第38—39页。
③ [唐]孔颖达《毛诗正义》卷九,[清]阮元校刻《十三经注疏》,第889页。
④ 陈梦家《尚书通论(增订本)》,中华书局,1985年,第149页。
⑤ 陈汉平《西周册命制度研究》,学林出版社,1986年,第21—25页。
⑥ 朱剑心《金石学》,台湾商务印书馆,2009年,第3页。

图 4　毛公鼎(西周晚期,藏台北故宫博物院)

"吉金"不仅具有坚结的物质品性,而且具有美好的文化价值。《逸周书·武顺》云:"礼义顺祥曰吉。"①《说文解字》曰:"吉,善也。"《墨子》所云"镂于金石"是金文的最早记载。② 孙诒让《墨子间诂》于此引高诱注《吕氏春秋·求人》"功绩铭乎金石,著于盘盂"之语:"金,钟鼎也;石,丰碑也。"③但石碑文字的考古实物出现较晚,此即《尚书·益稷》所云"击石拊石"的石磬。④ 马衡指出:"商周之时,所谓金石者,皆指乐器而言,非今之所谓金石也。其以金与石并举,而略同于今之定义者,盖自秦始。"⑤不过,镂于石制乐器上的铭文也有出土,即陕西凤翔出土春秋中晚期秦景公四年二十六件残磬上的四言铭文。⑥ 柯马丁(Martin Kern)认为这些铭文与秦公钟、秦公簋等春秋时代秦国青铜礼器的铭文具有互文性,所以,秦始皇东巡诸刻石文字中所谓"刻金石以为纪"、"刻于金石"

---

① 黄怀信、张懋镕、田旭东撰《逸周书汇校集注》,上海古籍出版社,1995 年,第 328 页。

② 见朱剑心《金石学》,第 2 页。

③ [清]孙诒让撰,孙启治点校《墨子间诂》卷四,第 120 页。

④ [唐]孔颖达《尚书正义》卷五,[清]阮元校刻《十三经注疏》,第 303 页。

⑤ 马衡《中国金石学概要·绪论》,马衡《凡将斋金石丛稿》,中华书局,1977 年,第 1—3 页。

⑥ 参见王辉、王伟编《秦出土文献编年订补》,三秦出版社,2014 年,第 17—25 页。

《琅琊台刻石》)、"刻此乐石"(《绎山石刻》)等,并非后世金石学所说的"碑碣",而是沿用了传统的石磬之类的乐器铭文概念。① 如果是这样的话,用作乐器的"石"也可被视为中国礼乐文明中最具有神圣内涵的物质——"玉"。《尚书·益稷》曰"戛击鸣球",即以磬石为玉。②《孟子·万章下》曰:"集大成也者,金声而玉振之也。"③《荀子·大略》引《传》曰:"其诚可比于金石,其声可内于宗庙。"④皆以金石作为礼乐与道德的载体。

"册"与"典"及其相关的"策""简"等在古代文献中往往连称并举,⑤是中国早期最为普遍的文字载体,以竹木编联而成。《说文解字》以"册"字"象其札一长一短,中有二编之形";⑥又以"典"字"从册在丌上"。⑦ 甲骨文中已经有"册""典"二字的写法,二者或为一字。"典"字只是在"册"字下加上手形、口形等区别符号,或是作为"册"字的异体字,或是标示持诵祝祷之义。甲骨文中常见"工典"二字,于省吾释为"贡典","其言贡典,是就祭祀时献其典册,以致其祝告之词也"。⑧ 徐中舒释作"示典",为殷人周祭典祀之一。⑨ 这说明简册虽为竹木,但同样具有礼仪器具的神圣性。

缣帛质轻、面广,却十分昂贵。钱存训《书于竹帛》认为,先秦时期缣帛的用途仅限于重要的文献或与卜筮有关的记录,至秦汉才普遍用于书写。⑩

---

① [美]柯马丁著,刘倩译《秦始皇石刻:早期中国的文本与仪式》,上海古籍出版社,2015年,第45—46页,53—94页。

② [唐]孔颖达《尚书正义》卷五,[清]阮元校刻《十三经注疏》,第302页。

③ [宋]孙奭《孟子注疏》卷十《万章章句下》,[清]阮元校刻《十三经注疏》,第5962页。

④ [清]王先谦撰,沈啸寰、王星贤点校《荀子集解》卷十九,中华书局"新编诸子集成",1988年,第511页。

⑤ 陆德明《经典释文》曰:"策,本又作册,亦作筴,或作箂。"

⑥ [汉]许慎撰,陶生魁点校《说文解字》,第69页。

⑦ [汉]许慎撰,陶生魁点校《说文解字》,第152页。

⑧ 于省吾《甲骨文字释林》,中华书局,1979年,第71页。

⑨ 徐中舒主编《甲骨文字典》,四川辞书出版社,1989年,第200页、203页、490页。

⑩ 参见钱存训《书于竹帛:中国古代的文字记录》,上海书店出版社,2002年,第96—104页。

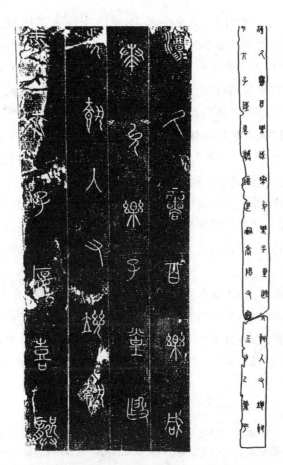

图 5 陕西凤翔秦公一号大墓出土石磬铭文残片
（春秋，拓片摹本图，选自王辉、程学华
《秦文字集证》，艺文印书馆，1999 年）

但是，缣帛极具礼乐文化的价值内涵，所谓"牺牲玉帛"①，"礼云礼云，玉帛云乎哉"②。其沟通天地鬼神之功能，或用于卜筮，如《周礼·春官·占人》曰："凡卜筮既事，则系币以比其命，岁终，则计其占之中否。"郑玄

---

① ［唐］孔颖达《春秋左传正义》卷八"庄公十年"，［清］阮元校刻《十三经注疏》，第 3835 页。
② ［宋］邢昺《论语注疏》卷十七《阳货》，［清］阮元校刻《十三经注疏》，第 5486 页。

注引杜子春云:"系币者,以帛书其占,系之于龟也。"①或用于祭祀,如《礼记·礼运》:"先王秉蓍龟,列祭祀,瘗缯。"孔颖达疏曰:"币帛曰缯,缯之言赠也,谓埋告又赠神也。"②或用作神书,如《吕氏春秋·观表》:"圣人上知千岁,下知千岁,非意之也,盖有自云也。绿图幡薄,从此生矣。"③"绿图"即《淮南子》所云"洛出丹书,河出绿图"④、"秦皇挟录图"⑤等神秘的文书。"幡薄"则说明其载体为缣帛之属。⑥ 1942年长沙子弹库出土的战国楚帛书中有十二月神及《月令》类的文字,当属此类神书的实物。⑦

政治或祭祀仪式中的语言景观,综合性地塑造了语言文字的权威。语言是诉诸听觉的,其声音的排列和意义的展开是历时的、序列的;文字是诉诸视觉的,其符号排列和意义的展开是共时的、并列的,因此具有与图画接近的功能。对此,章太炎有敏锐的察觉,其《国故论衡》曰:

> 文字初兴,本以代声气,乃其功用有胜于言者。言语仅成线耳,喻若空中鸟迹,甫见而形已逝,故一事一义得相联贯者,言语司之。及夫万类垒集,棼不可理,言语之用,有所不周,于是委之文字。文字之用,足以成面,故表谱图画之术兴焉。凡排比铺张,不可口说者,文字司之。⑧

① [唐]贾公彦《周礼注疏》卷二十四,[清]阮元校刻《十三经注疏》,第1738页。
② [唐]孔颖达《礼记正义》卷二十二,[清]阮元校刻《十三经注疏》,第3086—3087页。
③ [战国]吕不韦编,许维遹集释,梁运华整理《吕氏春秋集释》卷二十《恃君览》,中华书局"新编诸子集成",2009年,第580页。
④ [汉]刘安编,刘文典撰,冯逸、乔华点校《淮南鸿烈集解》卷二《俶真训》,中华书局"新编诸子集成",1989年,第75页。
⑤ [汉]刘安编,刘文典撰,冯逸、乔华点校《淮南鸿烈集解》卷十八《人间训》,第617页。
⑥ 陈槃认为"绿图幡薄"当为"有书有图,赤文绿错"的帛书或简册,为秦汉之际方士依托为之。陈槃《古谶纬书录题解(五)》,陈槃《古谶纬研讨及其书录解题》,台湾编译馆,1991年,第375页。
⑦ 参见李零《长沙子弹库战国楚帛书研究》,中华书局,1985年。后世民间造鬼神怪异之事亦用帛书。如《史记》卷四十八《陈涉世家》载:"乃丹书帛曰'陈胜王',置人所罾鱼腹中。"(第1950页)卷十二《孝武本纪》、卷二十八《封禅书》皆载齐人少翁以鬼神方见上,"乃为帛书以饭牛"(第458页、第1388页)。
⑧ 章太炎撰,庞俊、郭诚永疏证,董婧宸校订《国故论衡疏证》中之一《文学总略》,第302页。

图6　长沙子弹库出土楚帛书《月令》(战国,商承祚摹本)

语言学认为文字只是语言的代码,被视为第二符号,中介之中介,其表意功能是间接的。章太炎也认为文字"以代声气",是语言的代码,但他指出文字的功用有"胜于言者","不可口说者,文字司之",即文字在视觉中的表意功能大于语言的功能,并且是表谱图画这些"成面"符号体系的基础,或者说是一种比语言更加高级的符号。

按照制度写在具有文化价值的载体上的文字,也按照制度收藏或展示。李零认为上古时期文字的作用一是记录性的,二是纪念性的。前者多书写于简帛,为了"藏诸府库",秘不示人;后者多铭刻于丰碑鼎彝,"有开放的空间,强烈的视觉效果",是为了"永垂不朽"。① 这只是一种方便的分类,书于简帛的文字也可以和铭刻在器物上的文字一样,

① 李零《简帛古书与学术源流》,第42页。

在仪式等场合中公开展示。我们可以借鉴社会语言学中"语言景观"的概念,将文字展示的环境也纳入考察的范围。根据弗洛里安·库尔马斯(Florian Coulmas)《文字与社会导论》的观点,所谓"语言景观"是指"在这一景观中,人们不仅能听到语言,而且能看到语言",我们可以通过文字展示的历史范围来理解语言的社会性,比如"谁制造了这些文字? 把它们放在哪里? 它们有什么作用?"。在这样的视域中,西方古代文明时期的语言景观主要是城市语言景观,比如庞贝古城城墙遗址上的各种通告和詈语,城市广场与庙宇中的《汉谟拉比法典》石碑、罗塞塔石碑、方尖碑之类。① 由此可知,所谓的"语言景观"准确地说就是"文字景观"。中国的金文铭刻,自殷商发展到周代,逐渐出现很长的铭文,说明展示文字、宣示权威的目的越来越重要。清代阮元《商周铜器说》概括了上古青铜礼器的礼制权威:

> 器者所以藏礼,故孔子曰:"唯器与名,不可以假人。"先王之制器也,齐其度量,同其文字,别其尊卑。用之于朝觐燕飨,则见天子之尊,锡命之宠,虽有强国,不敢问鼎之轻重焉。用之于祭祀饮射,则见德功之美,勋赏之名,孝子孝孙,永享其祖考而宝用之焉。②

青铜器中的铭文,正如《礼记·祭统》所言:"夫鼎有铭,铭者自名也。自名以称扬其先祖之美,而明著之后世者也。"③这些记录王室册命、歌颂祖先功绩的文字铭铸于青铜器的内壁,当它们在祭祀场合出现时,文字与器型及其外在的纹饰一道,首先是供人神共观的祖先崇拜图景,是表现"器"与"名"的权威的工具,其次才是供人阅读理解的文本,文本并不具备主体性。富谷至认为这一类文字并不属于表达内容的实用文字:

---

① [德]弗洛里安·库尔马斯著,阎喜译,战菊审订《文字与社会导论》,外语教学与研究出版社,2018 年,第 21—35 页。

② [清]阮元《商周铜器说上》,[清]阮元著,邓经元点校《揅经室集》,中华书局,1993 年,第 632 页。

③ [唐]孔颖达《礼记正义》卷四十九,[清]阮元校刻《十三经注疏》,第 3486 页。

"具有咒术、祭祀特性的殷周时期青铜器的铭文,与具有实用性法制性的诏文之间截然不同。在器皿的哪一侧——外侧还是内侧刻有文字,如实地体现了它们之间的性质差异。"①柯马丁认为,在礼仪程序中,祭器内壁的铭文被祭品覆盖,钟磬的铭文虽刻在外侧,但并不面对仪式的人间参与者,"铭文不是直接面对人的眼睛,或是通过人的声音传递的,而是凭着通感体验(synaesthetic experience)与莅临的神灵交流,是祭品、声音、精心结撰的文字之间的一种均衡混合"。② 其实,器皿外面的铭文开始也用作宣示祝福与祭祀内容的装饰,而不一定是实用性文字。随着礼乐政教秩序的衰落,春秋时代的诸侯开始将铭文刻在铜器的外侧,文字的内容也模仿传统的青铜铭文。比如春秋中期齐国的国差瞻铭文曰:"用實旨酉(酒),侯氏受福眉壽,卑(俾)旨卑(俾)瀞(清),侯氏毋瘩毋痟,齊邦鼎(謐)静安寧,子子孫孫,永保用之。"③晋国的栾书缶铭文曰:"以祭我皇祖,虘(吾)以旂(祈)眉壽,綏(樂)書之子孫,萬鮓(世)是鬸(寶)。"④只不过使之直接面对世人的眼睛,更加突出了文字的世俗权威。

图 7 齐国差瞻(春秋时期,藏台北故宫博物院)

---

① [日]富谷至著,刘恒武译,黄留珠校《木简竹简述说的古代中国——书写材料的文化史》,人民出版社,2007 年,第 18 页。

② [美]柯马丁著,刘倩译《秦始皇石刻:早期中国的文本与仪式》,第 56 页。

③ 中国社会科学院考古研究所编《殷周金文集成》,第 5585 页。

④ 中国社会科学院考古研究所编《殷周金文集成》,第 5266 页。

春秋时期,实用性的政治文书也开始被铸造铭刻于青铜器的外壁,就像《汉谟拉比法典》那样被放置在公共空间,而这样的展示,恰恰象征着礼崩乐坏和宗法封建制度的解体。《左传》"昭公六年"载郑人铸刑书,士文伯曰:"火未出而作火以铸刑器。"①可见所铸造的刑书为鼎器。晋国的叔向致书责难郑国的子产:"民知有辟,则不忌于上,并有争心,以征于书,而徼幸以成之,弗可为矣。"②"昭公二十九年"载晋国执政赵鞅等"赋晋国一鼓铁,以铸刑鼎",孔子议论曰:"贵贱不愆,所谓度也……今弃是度也,而为刑鼎,民在鼎矣,何以尊贵? 贵何业之守? 贵贱无序,何以为国?"③刑鼎不再是礼器,而是承载与展示文字的工具,它将实用性的文字诉诸公共视线,但仍用铸刻于鼎的方式呈现,说明向庶民宣示法律仍需借助传统礼器的权威形式,如吕思勉所云"古人笃于教,刑法之始,参以神权,刑书必著于鼎";④采用铁作为载体,又说明对庶民使用的礼器以及刑书内容的文化等级低下,因为相对于青铜,铁属于"恶金",⑤品质低廉且不具有"吉金"的文化价值。这是以载体的负面文化价值指称"语言景观"的内容和观看"语言景观"的社会等级,体现出"礼不下庶人,刑不上大夫"的等级观念。⑥

和西方的"语言景观"不太一样的是,中国的石碣碑版文字进入"语言景观"的时代较晚。唐代发现的十枚先秦石鼓刻写着秦王狩猎祭天的诗歌,故被称作"猎碣",大概是春秋中晚期秦景公时的制作。⑦《史记·秦始皇本纪》载秦始皇东巡郡县,于峄山、泰山、琅琊、芝罘、碣石、会稽等处"刻石颂秦德"。秦二世东巡郡县,又将责问臣下如何彰显"始皇帝"功

---

① [唐]孔颖达《春秋左传正义》卷四十三,[清]阮元校刻《十三经注疏》,第4438—4439页。
② [唐]孔颖达《春秋左传正义》卷四十三,[清]阮元校刻《十三经注疏》,第4438页。
③ [唐]孔颖达《春秋左传正义》卷五十三,[清]阮元校刻《十三经注疏》,第4614页。
④ 吕思勉《郑人铸刑书下》,《吕思勉读史札记(增订本)》上册,上海古籍出版社,2005年,第367页。
⑤ [春秋](旧题)左丘明撰,徐元诰集解,王树民、沈长云点校《国语集解·齐语》:"美金以铸剑戟,试诸狗马;恶金以铸锄、夷、斤、斸,试诸壤土。"(第231页)
⑥ [唐]孔颖达《礼记正义》卷三《曲礼上》,[清]阮元校刻《十三经注疏》,第2704页。
⑦ 李学勤《东周与秦代文明》,文物出版社,1984年,第185—186页。

德的诏书,以及臣下们要求将此诏书刻石宣示的上言一起,追刻在秦始皇所立的刻石之上。富谷至认为秦始皇的刻石文字与秦石鼓文"属于同类,而且两者都是以韵文写成,可能是在祭祀时朗读的祝词一类的文章",这些文章"并不是把臣下、人民等现实社会的人们作为读者的";而秦二世追刻的诏书文字的性质就不同了,是面向臣下、人民的。[①] 但不管如何,这两类文字都刻写在石质载体上,借此宣示信仰和权威、传达行政命令。此后汉碑的文字也以刊刻行政文书和歌功颂德为主要内容。

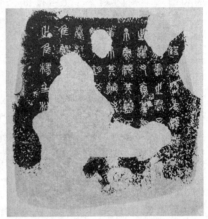

图 8　先秦石鼓图片及拓片

(春秋,选自郭沫若《石鼓文研究 诅楚文研究》,科学出版社,1982 年)

卜筮过程也是复杂的公共场景。随着十几万片甲骨的发现,考古学家已经从中考察出复杂的治龟、凿钻、灼兆、命辞、占卜、契刻卜辞等过程。《左传》《国语》中记录了二十多条有关《易》占的记载,其中有贵族与史官之间有关卦辞和爻辞的公开讨论。[②]《周礼·春官·大卜》所载大卜的执掌,无论是"三兆""三易""三梦"之法,皆根据不同的政治或祭祀

---

① [日]富谷至著,刘恒武译,黄留珠校《木简竹简述说的古代中国——书写材料的文化史》,第 16—17 页。

② 参见高亨《〈左传〉〈国语〉的〈周易〉说通解》,高亨《周易杂论》,齐鲁书社,1979 年,第70—110 页。

的礼仪场合进行不同的卜筮,如"邦事""大贞,卜立君,卜大封""大祭祀""国大迁、大师""旅""丧事"等,用以"观国家之吉凶,以诏救政"。龟卜的仪式是公开的。卜师先治龟,授予命龟之人,宣布命辞与仪式;再由占人主持占卜,"君占体,大夫占色,史占墨,卜人占坼",卜筮完毕,还要系币收藏,岁末统计占验的命中率。所谓系币,郑玄注引杜子春之说,指用帛记录卜辞,系之于龟。郑玄则认为:"谓既卜筮,史必书其命龟之事及兆于策,系其礼神之币而合藏焉。"即由史官将卜辞记录在简策上,系上礼神的币帛一道收藏。① 这也说明西周以后,虽然保存钻龟灼兆的传统,但已不再将卜辞契刻于甲骨之上。②《尚书·金縢》载周公命龟问成王之疾,连卜"三龟"都是吉兆,接着又"启籥见书,乃并是吉",当是检阅史官收藏的卜辞记录加以验证。③

诗与礼乐不可分割。《诗经》中的作品,很多是在各种祭祀、朝仪、宴享和风俗场合演奏或为之制作的歌曲,所谓"诵诗三百,弦诗三百,歌诗三百,舞诗三百"。④ 从《左传》的记载,比如襄公二十九年吴公子季札聘鲁观周乐,"使工为之歌"列国风诗和大、小《雅》的场景,可见由乐师演奏歌舞的礼仪场景。⑤ 不仅如此,诗的文辞、句式与乐器的制作、铭文的辞句也有着密切的关系。陈致认为,青铜铭文特别是钟镈铭文上长篇韵文的出现,恰恰是四声音阶编钟定型和使用的时期,"正是四声音阶的定型,改造了早期的祭祀语词,从《诗·周颂》诸篇与西周金文在成语、习语、韵语的使用,以及同步发展的考察,我们从一个侧面揭示出,在西周中期,伴随着音乐的使用和祭祀礼辞的发展,中国的四言体诗开始逐渐

① [唐]贾公彦《周礼注疏》卷二十四,[清]阮元校刻《十三经注疏》,第 1738—1739 页。
② 李零认为:"东周到西汉的甲骨,已有的发现都无字,文字是写在竹简帛书上。"(李零《简帛古书与学术源流》,第 59 页)
③ [唐]孔颖达《尚书正义》卷十三,[清]阮元校刻《十三经注疏》,第 417 页。按,郑玄《周礼·大卜·占人》注误将《金縢》所载周公藏诸金縢的祝册当作此卜龟之书,曰:"《书》曰:'王与大夫尽弁,开金縢之书,乃得周公所自以为功,代武王之说。'是命龟书。"([唐]贾公彦《周礼注疏》卷二十四,[清]阮元校刻《十三经注疏》,第 1739 页)按,清华简《金縢》无此卜龟情节。
④ [清]孙诒让撰,孙启治点校《墨子间诂》卷十二《公孟》,第 456 页。
⑤ [唐]孔颖达《春秋左传正义》卷三十九,[清]阮元校刻《十三经注疏》,第 4356 页。

形成,并且格式化".①

"藏诸府库""秘不示人"的"记录性"文字其实也不是被封存的文字,它们往往在特定的仪式或政治场合公示于人。简策是重要的视觉道具。甲骨文有"工典"之祭;《尚书·顾命》载"太史秉书,由宾阶隮,御王册命";②《左传》"宣公二年"载晋国大史书"赵盾弑其君","以示于朝";③《礼记·王制》载"大史典礼,执简记,奉讳恶。天子齐戒受谏";④则简册作为卜筮典礼宣示之物诉诸视觉,执简操牍的史臣立于朝堂之中,构成了政治或仪式场景。《论语·乡党》记载孔子"式负版者",即见到"持邦国之图籍者"辄俯凭车前横木致敬。⑤ 即便是封藏简册也是一种重要的展示方式,甚至为此举行隆重的仪式。比如盟誓时杀牲歃血,书盟辞于简册,加于牲上,埋于坎中。盟书亦称载书,会盟仪式及其盟辞多见载于《左传》等文献,如《左传》"僖公二十五年"载"坎血加书",⑥"襄公二十六年"载"坎,用牲,加书"等等。⑦ 盟书文字的载体也是展示的因素。二十世纪六七十年代山西侯马出土和八十年代河南西张计村出土的春秋时期盟书铭刻于玉、石之上。⑧ 后世帝王封禅,也采用封藏简册的仪式。《史记·封禅书》载秦始皇登泰山行封禅礼,"其礼颇采太祝之祀雍上帝所用,而封藏皆祕之,世不得而记也"。⑨ 封藏之物是模仿简册的玉

---

① 陈致《从〈周颂〉与金文中成语的运用来看古歌诗之用韵及四言诗体的形成》,陈致编《跨学科视野下的诗经研究》,上海古籍出版社,2010 年,第 59 页。
② [唐]孔颖达《尚书正义》卷十八,[清]阮元校刻《十三经注疏》,第 511 页。
③ [唐]孔颖达《春秋左传正义》卷二十一,[清]阮元校刻《十三经注疏》,第 4054 页。
④ [唐]孔颖达《礼记正义》卷十三,[清]阮元校刻《十三经注疏》,第 2911 页。
⑤ [宋]邢昺《论语注疏》卷十,[清]阮元校刻《十三经注疏》,第 5421 页。按,详解可参见[清]刘宝楠撰,高流水点校《论语正义》卷十三,中华书局"十三经清人注疏",1990 年,第 430—431 页。亦有异说别解,以"版"为"贩"或"丧服之版",详见程树德撰,程俊英、蒋见元点校《论语集解》卷二十一,中华书局"新编诸子集成",1990 年,第 726—727 页。
⑥ [唐]孔颖达《春秋左传正义》卷十六,[清]阮元校刻《十三经注疏》,第 3952 页。
⑦ [唐]孔颖达《春秋左传正义》卷三十七,[清]阮元校刻《十三经注疏》,第 4322 页。
⑧ 王贵民、杨志清编著《春秋会要》,中华书局,2009 年,第 392—411 页。
⑨ 《史记》卷二十八,第 1367 页。

牒,《汉书·武帝纪》载武帝登封泰山,颜师古注引孟康曰:"有金策石函金泥玉检之封焉。"①

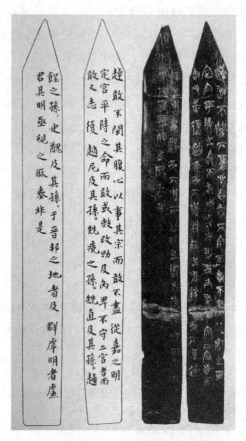

图9 山西侯马出土晋国盟书拓片释文
(春秋,选自张守中、田建文编著《晋邦嘉盟》,
山西出版传媒集团·北岳文艺出版社,2018年)

　　尽管春秋时代的简册未见出土,但从出土的战国秦汉的简册可见,简策文字的重要性也可以直观地诉诸视觉,即以简策的大小表示文字的等级。虽然战国秦汉间出土的简策无定制,但王国维得出"策之大小为

---

　　① 《汉书》卷六,第191页。

书之尊卑"的判断,被视为简牍制度的"重要定律"。① 胡平生总结为:墓主的地位尊卑往往决定墓中出土遣册的大小;事之轻重往往决定出土文书简册的大小;简策的大小决定书籍的尊卑。② 在汉代文献的表述中,简策的定制越来越清晰。王应麟早已注意到汉代简策制度现象,《困学纪闻》曰:

> 《汉·杜周传》"不循三尺法",注谓:"以三尺竹简书法律也。"朱博亦云:"奉三尺律令以从事。"《盐铁论·诏圣篇》乃云:"二尺四寸之律,古今一也。"盖律书以二尺四寸简,举其大数,谓之三尺。曹褒《新礼》写以二尺四寸简。汉礼与律令同录,其制一也。③

王国维亦以"三尺律令"与"二尺四寸律"为一事,前者沿用周尺(八寸为尺)旧制,后者为汉尺。④ 根据富谷至的研究,从汉武帝时代,简牍长度得以制度化,意味着"视觉简牍"和基于此的文书行政的开始。⑤

上述的"文字景观"说明和政治或信仰权威相关联的阅读和观看,区别于私人的阅读行为。由于文字书写或铭刻在具有珍贵或神圣价值的载体之上,就不仅会被当作重要的记录档案和纪念性的文字,而且还伴随着神圣或庄严的公共礼仪场合。文字被展示、观看、宣读、阅读,并不严分其内容是"记录性"的还是"纪念性"的,而是取决于环境,诉诸视觉。在这样的"景观"里,文字、载体和礼仪相互阐释,共同表现权力与信仰的权威。马衡《中国金石学概要》指出:

---

① 胡平生《〈简牍检署考〉导言》,王国维著,胡平生、马月华校注《简牍检署考校注》,第13页。
② 胡平生《〈简牍检署考〉导言》,王国维著,胡平生、马月华校注《简牍检署考校注》,第13—33页。
③ [宋]王应麟著,[清]翁元圻等注,栾保群、田松青、吕宗力校点《困学纪闻(全校本)》中册卷六,上海古籍出版社,2008年,第881页。
④ 王国维著,胡平生、马月华校注《简牍检署考校注》,第23页。
⑤ [日]富谷至著,刘恒武、孔李波译《文书行政的汉帝国》,江苏人民出版社,2013年,第42页。

　　商周之世之视器也,与社稷名位共其存亡轻重,故孔子曰:"惟器与名不可以假人。"其勒铭也,自名以称扬其先祖之美,而明著之后世,亦正所以昭示其重视名器之意。其始因文以见器,后乃藉器以传文,是故器不必皆有文也。自周室衰微,诸侯强大,名器浸轻,功利是重。于是以文字为夸张之具,而石刻之文兴矣。故石刻之文,完全藉石以传文,不似器文之因文以见器也。①

夏含夷也有近似的观点:

　　一方面,在当时的中国,各类青铜器是社会地位的主要表征。另一方面,笔者认为这些青铜器上的铭文增加了这些器具的价值,或者也许可以说,在很大程度上,一些青铜器就是因为铭文而有价值。②

如果将青铜器作为整个礼乐制度的象征符号,则早期经典出现之前的文字,处于"因文以见器"的状态,文字是用来彰显礼器价值的工具,它们附着于具有文化价值的物质载体和仪式之中,直接表现载体或仪式的权威。而"借器以传文"的时代,则是以器物作为工具,彰显文字内容的意义和信息。尽管主客关系不同,但它们相互阐释与表现的功能是一致的。这些"器"可以是青铜、简帛、玉石等,它们之所以能够成为承载、传播、展示文字的工具,除了它们具有的物质条件之外,还因为它们具有的信仰与权威价值,成为经典文化资源的组成部分。和西方上古时期城市广场的"文字景观"比较,形成中国"前轴心时代"文字或书写权威的"文字景观"更多地体现为礼仪场景,这些"文字景观"从未消亡,一直延续在中国古代文献文化的传统之中,即便进入了纸张和印刷时代,政治与宗教文书、文化经典、书籍等仍然会以玉、帛、金属、石刻甚至珍贵、古老的

① 马衡《凡将斋金石丛稿》卷二《中国金石学概要(下)》,第65页。
② [美]夏含夷著,黄圣松等译《孔子之前:中国经典诞生的研究·导论》,第4页。

纸张与装帧的形式存在,这些载体上的文字往往也是诉诸视觉或仪式的,宣示和欣赏的意义远远大于提供给人们阅读的意义。

二、典籍文献的形成

章学诚认为:

> 六艺非孔氏之书,乃《周官》之旧典也。《易》掌太卜,《书》藏外史,《礼》在宗伯,《乐》隶司乐,《诗》领于太师,《春秋》存乎国史。①

按照他的观点,儒家经典来自古代的文献档案,包括占筮文档、行政文档、礼仪和诗乐典章、史官的编年记录等。这也是所有"典籍文献""古书"和"古典文献"的最早来源。关于这个现象,学界有着接近的推断。李零认为,尽管这个来源还缺乏直接线索,因为"还未发现战国以前的竹简,早期档案的面貌和内涵,我们还无从得知",但从青铜器铭文的内容可以看出与档案的交叉与接近的地方,甚至有些铭文如《史墙盘》《述盘》《𬤇公盨》等,"纯粹是讲道德教训","比较类似后世的古书"。②因此他推测早期古书应该与此相似,脱胎于文书档案,经过后人的删选、改编、拟作而成。选择简册文书镂于金石的现象,前引陈梦家《尚书通论》已经揭示。夏含夷在分析西周单氏家族《虞述盘》《虞述鼎》《虞述钟》的三篇铭文后认为,西周史官在书写新的文书时会参考、引用旧的档案文字,而贵族在制作礼器铭文、歌颂祖先功德时,也会增、删、改、削其他的文字材料,其中甚至包括诗歌的文句。③艾兰根据青铜器上的册命文字,认为这些文字应当既在宫廷备案,又抄录一份给被任命的官员,因而可以单

① 章学诚《校雠通义》卷一《原道》,章学诚著,叶瑛校注《文史通义校注》,第951页。
② 李零《简帛古书与学术源流》,第49—50页。另可参见李零《论𬤇公盨发现的意义》,《中国历史文物》2002年第6期。
③ [美]夏含夷《试论西周铜器铭文的写作过程——以眉县单氏家族铜器为例》,见夏含夷《兴与象:中国古代文化史论文集》,上海古籍出版社,2012年,第193—205页。

独传播。于是"自春秋后期到战国时代,人们开始对同类文本进行归纳收集,其中包括《诗》《书》《礼》,门徒们也开始记录他们导师的言辞"。[①]我们从传世文献中也能找到这样的文献编纂迹象。比如《礼记·祭统》中所载"孔悝之鼎铭",就是一篇完整的册命,[②]可能最初也是书写在简册上的文字。《祭统》收录此铭,说明刻在金石中的册命也可以再次转写到简册上。出土的清华简《封许之命》的文字,[③]或许也是从金文转写而来。[④]但是经过转写,甚至在不同的人的话语中转述、转引之后,文本的性质发生了转化,它们摆脱了典册制度或者礼仪场合的语境,转变为独立的"文本",其内容可以被转写、引述、解释、传授,具备了成为后世"古书"或者文化典籍的可能性。

其实,传世文献向我们透露的早期典籍文献的信息远远大于出土文献,这决不仅仅因为出土文献的数量少于传世文献中的记载,而是传世文献为我们提供了早期典籍文献的语境信息。大量的早期典籍都是在古人引称、解说的阐释语境中出现的。在这些语境中,不仅无意识地透露出丰富的典籍名称、类群、字句,而且显示了它们独立的文本内涵和意义,特别是私人的阅读和个体的理解。这是出土文献不可能具备的思想史史料的价值。

《左传》《国语》中许多典籍的名称和内容大都是在事件和对话中被提及和引称的,这个现象充分说明当时已有许多流行的、被精英阶层所共知的典籍,还说明当时的人们已具备引经据典的意识。《国语·楚语上》载士亹问申叔时傅太子之事,申叔时列出了一系列文献:

> 教之《春秋》,而为之耸善而抑恶焉,以戒劝其心;教之《世》,而

---

① [美]艾兰《从楚简发掘看中国文献的起源和早期发展》,陈致主编《简帛·经典·古史》,上海古籍出版社,2013年,第61页。

② [唐]孔颖达《礼记正义》卷四十九,[清]阮元校刻《十三经注疏》,第3487页。

③ 清华大学出土文献研究与保护中心编,李学勤主编《清华大学藏战国竹简(伍)》,中西书局,2015年,第118页。

④ 程浩《〈封许之命〉与册命"书"》,《中国典籍与文化》2016年第1期,第4—6页。

为之昭明德而废幽昏焉,以休惧其动;教之《诗》,而为之导广显德,以耀明其志;教之礼,使知上下之则;教之乐,以疏其秽而镇其浮;教之《令》,使访物官;教之《语》,使明其德,而知先王之务,用明德于民也;教之《故志》,使知废兴者而戒惧焉;教之《训典》,使知族类,行比义焉。①

这段话的旨趣并不在于罗列教科书,而是强调不同文献的内涵和教育功能,而以教育为途径的文献阐释过程及其经典意识却通过这段话流露了出来。在《左传》《国语》记载的贵族言行中,引用《诗》《书》最为活跃,应该是儒家经典的雏形。根据顾栋高《春秋大事表》和罗根泽《战国前无私家著作说》的统计,②《左传》《国语》引述《诗》《书》最多。《左传》中各国君臣引称《诗》约 100 多处,赋诗约 67 处;引《书》约 38 处。《国语》中引《诗》约 21 处,赋诗约 7 处;引《书》约 12 处。《礼记·王制》曰:"顺先王《诗》、《书》、礼、乐以造士。"③王应麟和朱子认为,儒家六经之中,《诗》、《书》、礼、乐是古代"大学之教"的"正业",而《易》与《春秋》掌于太卜和史官之手,并非正业。④ 因此,《诗》《书》之所以被广征博引,在于其进入了教育制度,既为士人所熟知,则其意也多被阐发。

　　史官执掌的《易》和春秋也出现在引述之中。《左传》《国语》记载筮占共约 22 次,其中引称《易》卦和卦爻辞 6 处。⑤ 陈来认为春秋时代,人们对《周易》的运用,"已经渐渐超出了筮问活动的范围,而是把《周易》

────────────

　　① [春秋](旧题)左丘明撰,徐元诰集解,王树民、沈长云点校《国语集解》,第 485—486 页。

　　② [清]顾栋高辑,吴树平、李解民点校《春秋大事表》卷四十七《〈春秋左传〉引据〈诗〉〈书〉〈易〉三经表》,中华书局,1993 年,第 2555—2565 页。罗根泽《诸子考索》,人民文学出版社,1958 年,第 33—39 页。

　　③ [唐]孔颖达《礼记正义》卷十三,[清]阮元校刻《十三经注疏》,第 2905 页。

　　④ [宋]王应麟著,[清]翁元圻等注,栾保群、田松青、吕宗力校点《困学纪闻(全校本)》上册卷五,上海古籍出版社,2008 年,第 641 页。黎靖德编,王星贤点校《朱子语类》,中华书局,1986 年,第 887 页。

　　⑤ 据杨树达《周易古义》(上海古籍出版社,1991 年)的统计。

的卦爻辞与其占问分开，使卦爻辞体系成为独立的文本体系，而加以称引，以说明、证明某种哲理或法则"。①《春秋》被称为"诸侯之策"，《左传》"文公十五年"记载宋华耦曰："君之先臣督，得罪于宋殇公，名在诸侯之策。"②"襄公二十一年"载卫宁惠子引称其中的文字："吾得罪于君，悔而无及也。名藏在诸侯之策，曰：'孙林父、宁殖出其君。'"③《易象》与《鲁春秋》的典籍名称和历史价值，也出现在昭公二年韩宣子"观书于大史氏"时的评语之中。④

礼典、官制、王教之类的文书也见诸引称，如上引《楚语》中所谓《世》《令》《语》《训典》等。春秋时期的很多贵族都能列数古代世系以解说历史，以"昭明德而废幽昏"。如《左传》"文公十八年"载季文子使大史克对鲁宣公列举高阳氏、高辛氏之子八恺八元十六族，称"世济其美，不陨其名"，再举帝鸿氏、少暤氏、颛顼氏三族不才子孙，称"世济其凶，增其恶名"；⑤"昭公十七年"载郯子朝鲁，对昭公列数少暤氏官名以及黄帝、共工、太暤、少暤、颛顼官制。⑥《国语·鲁语上》载展禽言"圣王之制祀"，列述自烈山氏至文王、武王的功德；⑦《晋语四》载司空季子列述少典生黄帝、炎帝以及黄帝之子二十五宗的谱系，劝之以"异德则异类"之理；⑧《郑语》载周大史史伯对郑桓公列述夏、商、周、祝融、伯夷、伯翳子孙谱系，阐说"成天地之大功者，其子孙未尝不章"之理。⑨ 再如《左

---

① 陈来《古代思想文化的世界——春秋时代的宗教、伦理与社会思想》，第27页。

② ［唐］孔颖达《春秋左传正义》卷十九，［清］阮元校刻《十三经注疏》，第4026页。

③ ［唐］孔颖达《春秋左传正义》卷三十四，［清］阮元校刻《十三经注疏》，第4277页。

④ ［唐］孔颖达《春秋左传正义》卷四十二，［清］阮元校刻《十三经注疏》，第4406页。

⑤ ［唐］孔颖达《春秋左传正义》卷二十，［清］阮元校刻《十三经注疏》，第4042—4043页。

⑥ ［唐］孔颖达《春秋左传正义》卷四十八，［清］阮元校刻《十三经注疏》，第4523—4526页。

⑦ ［春秋］（旧题）左丘明撰，徐元诰集解，王树民、沈长云点校《国语集解》，第154—161页。

⑧ ［春秋］（旧题）左丘明撰，徐元诰集解，王树民、沈长云点校《国语集解》，第333—338页。

⑨ ［春秋］（旧题）左丘明撰，徐元诰集解，王树民、沈长云点校《国语集解》，第460—463页。

传》"文公十八年"载季文子使大史克对鲁宣公引称《周礼》《誓命》;①《国语·楚语上》载楚屈建引称《祭典》;②《周语中》载单子对周天子阐论陈国失政,连续引称了先王之教、《夏令》、《时儆》、周制、周之《秩官》等政令制度类文献。③

　　记录事件或言论的志、书、记、语之类的档案文书,可备查考,以"知废兴者而戒惧",因而其文字多被引述。吕思勉认为"史主记载,言、事皆然,故亦通谓之志"。④ 他还指出,《礼记·礼运》载"孔子之告子游曰:'大道之行也,与三代之英,丘未之逮也,而有志焉。'郑注曰:'志,谓识,古文。'(古文,犹言古书,东汉人语如此。)此即《庄子》'《春秋》经世,先王之志'之志"。⑤刘起釪认为"这种作为史书专名的'志',又往往记载当时政治生活中所应注意的要求,或某种规范、某种指导行为的准则等种种近似于格言的守则性的话"。⑥ 陈来认为"志书类的文献对春秋乃至战国前期的知识人有相当广泛的影响"。⑦ 如《左传》"文公二年"载狼瞫引《周志》;⑧"六年"载臾骈引《前志》;⑨"成公十五年"载子臧引《前志》;⑩"襄公四年"载君子引《志》;⑪"二十五年"载孔子引《志》;⑫"三十年"载郑子产引《郑书》;⑬"昭

---

① ［唐］孔颖达《春秋左传正义》卷二十,［清］阮元校刻《十三经注疏》,第4041—4044页。

② ［春秋］(旧题)左丘明撰,徐元诰集解,王树民、沈长云点校《国语集解》,第488页。

③ ［春秋］(旧题)左丘明撰,徐元诰集解,王树民、沈长云点校《国语集解》,第63—68页。

④ 吕思勉《周官五史》,《吕思勉读史札记(增订本)》上册,第215页。

⑤ 吕思勉《先秦学术概论》,第12页。

⑥ 刘起釪《〈逸周书〉与〈周志〉》,刘起釪《古史续辨》,中国社会科学出版社,1991年,第617页。

⑦ 陈来《古代思想文化的世界——春秋时代的宗教、伦理与社会思想》,第143页。

⑧ ［唐］孔颖达《春秋左传正义》卷十八,［清］阮元校刻《十三经注疏》,第3990页。

⑨ ［唐］孔颖达《春秋左传正义》卷十九,［清］阮元校刻《十三经注疏》,第4004页。

⑩ ［唐］孔颖达《春秋左传正义》卷二十七,［清］阮元校刻《十三经注疏》,第4155页。

⑪ ［唐］孔颖达《春秋左传正义》卷二十九,［清］阮元校刻《十三经注疏》,第4195页。

⑫ ［唐］孔颖达《春秋左传正义》卷三十六,［清］阮元校刻《十三经注疏》,第4311页。

⑬ ［唐］孔颖达《春秋左传正义》卷四十,［清］阮元校刻《十三经注疏》,第4372页。

公元年"载郑国公孙侨引《故志》;①"三年"载穆叔引《志》;②"哀公十八年"载君子引《志》;③《国语·晋语四》载齐姜对重耳引《西方之书》,④赵衰对重耳引《礼志》;⑤《晋语九》载晋士茁对智襄子引《志》;⑥《楚语上》载楚范无宇对子皙引《志》等。⑦

    志书中有《军志》一类,吕思勉举僖公二十八年楚成王、文公七年赵宣子、宣公十二年孙叔、昭公二十一年厨人濮引《军志》诸例,认为"古《军志》之语,多为人所诵习"。⑧ 又有以古代史官等人命名的《志》类文献。如《左传》"宣公十二年"随武子引"仲虺有言曰";⑨"襄公三十年"载郑子皮引《仲虺之志》;⑩"隐公六年"载君子引"周任有言曰";⑪"僖公十五年"载子桑引"史佚有言曰";⑫"成公四年"载季文子引《史佚之志》;⑬《国语·周语下》载晋叔向引"史佚有言曰",等等。⑭ 仲虺,杜预注曰:"汤左相,薛之祖奚仲之后。"⑮周任,杜预注曰:"周大夫。"⑯史佚,杜预注曰:

① [唐]孔颖达《春秋左传正义》卷四十一,[清]阮元校刻《十三经注疏》,第 4395 页。

② [唐]孔颖达《春秋左传正义》卷四十二,[清]阮元校刻《十三经注疏》,第 4413 页。

③ [唐]孔颖达《春秋左传正义》卷六十,[清]阮元校刻《十三经注疏》,第 4735 页。

④ [春秋](旧题)左丘明撰,徐元诰集解,王树民、沈长云点校《国语集解》,第 324 页。按,[宋]王应麟著,[清]翁元圻等注,栾保群、田松青、吕宗力校点《困学纪闻(全校本)》下册卷二十:"《晋语》:'《西方之书》有之曰:"怀与安,实疚大事。"'注:'《诗》云:"西方之人。"谓周也。'愚谓'西方之书',盖《周志》之类。"(第 2186 页)

⑤ [春秋](旧题)左丘明撰,徐元诰集解,王树民、沈长云点校《国语集解》,第 338 页。

⑥ [春秋](旧题)左丘明撰,徐元诰集解,王树民、沈长云点校《国语集解》,第 454 页。

⑦ [春秋](旧题)左丘明撰,徐元诰集解,王树民、沈长云点校《国语集解》,第 497 页。

⑧ 吕思勉《军志》,《吕思勉读史札记(增订本)》上册,第 347 页。

⑨ [唐]孔颖达《春秋左传正义》卷二十三,[清]阮元校刻《十三经注疏》,第 4080 页。

⑩ [唐]孔颖达《春秋左传正义》卷四十,[清]阮元校刻《十三经注疏》,第 4370 页。

⑪ [唐]孔颖达《春秋左传正义》卷四,[清]阮元校刻《十三经注疏》,第 3760 页。

⑫ [唐]孔颖达《春秋左传正义》卷十四,[清]阮元校刻《十三经注疏》,第 3921 页。

⑬ [唐]孔颖达《春秋左传正义》卷二十六,[清]阮元校刻《十三经注疏》,第 4128 页。

⑭ [春秋](旧题)左丘明撰,徐元诰集解,王树民、沈长云点校《国语集解》,第 102 页。

⑮ [唐]孔颖达《春秋左传正义》卷二十三,[清]阮元校刻《十三经注疏》,第 4080 页。

⑯ [唐]孔颖达《春秋左传正义》卷四,[清]阮元校刻《十三经注疏》,第 3760 页。

"周武王时大史，名佚。"①杨伯峻以为"即《尚书·洛诰》之'作册逸'。逸、佚古通"。他统计《左传》中引述"史佚之言"有 5 次，认为"史佚之言恐当时人均据《史佚之志》也"。② 与《志》同类的记录类文献还有《记》。如《国语·晋语四》载齐姜对重耳引《瞽史之纪》，③晋大夫董因对重耳引《瞽史记》等，④所言皆是世德教训。

春秋时期的贵族也会引用礼器铭文中的道德教训文字，如《左传》"昭公三年"载叔向引《谗鼎之铭》；⑤"昭公七年"载孟僖子引《鼎铭》；⑥《国语·晋语一》载郭偃（卜偃）曰"商之衰也，其铭有之曰"⑦，等等。箴也是道德规约性的文字，所谓"工诵箴谏""居寝有亵御之箴"。如《左传》"襄公四年"载晋魏绛引《虞人之箴》；⑧《国语·楚语上》载左史倚相引卫武公所作之《箴》等。⑨

故志、故记的名称，说明它们都是过去的档案，因此也具有典藏制度。《周礼·春官·天府》曰："天府掌祖庙之守藏与其禁令。""凡官府乡州及都鄙之治中，受而藏之，以诏王察群吏之治。"郑玄引郑众注曰："治中，谓其治职簿书之要。"⑩《秋官·小司寇》曰："岁终，则令群士计狱弊讼，登中于天府。"疏曰："必登断狱之书于祖庙天府者，重其断刑，使神监之。"⑪《左传》"僖公二十七年"载晋国赵衰曰："《诗》《书》，义之府也；礼、

---

① ［唐］孔颖达《春秋左传正义》卷十四，［清］阮元校刻《十三经注疏》，第 3921 页。

② 杨伯峻《春秋左传注》，中华书局，1981 年，第 359—360 页。

③ ［春秋］（旧题）左丘明撰，徐元诰集解，王树民、沈长云点校《国语集解》，第 325 页。

④ ［春秋］（旧题）左丘明撰，徐元诰集解，王树民、沈长云点校《国语集解》，第 345 页。

⑤ ［唐］孔颖达《春秋左传正义》卷四十二，［清］阮元校刻《十三经注疏》，第 4411 页。

⑥ ［唐］孔颖达《春秋左传正义》卷四十四，［清］阮元校刻《十三经注疏》，第 4453 页。

⑦ ［春秋］（旧题）左丘明撰，徐元诰集解，王树民、沈长云点校《国语集解》，第 252 页。按，阮元《商周铜器说下》误作"史苏述商衰之铭"（［清］阮元著，邓经元点校《揅经室集》，第 634 页）。

⑧ ［唐］孔颖达《春秋左传正义》卷二十九，［清］阮元校刻《十三经注疏》，第 4196 页。

⑨ ［春秋］（旧题）左丘明撰，徐元诰集解，王树民、沈长云点校《国语集解》，第 500—501 页。

⑩ ［唐］贾公彦《周礼注疏》卷二十，［清］阮元校刻《十三经注疏》，第 1674 页。

⑪ ［唐］贾公彦《周礼注疏》卷三十五，［清］阮元校刻《十三经注疏》，第 1888 页。

乐，德之则也；德、义，利之本也。"①《国语·晋语四》载赵衰曰："夫先王之法志，德义之府也。"②赵衰以"义之府""德义之府"比喻《诗》《书》和"先王之法志"，体现了当时府藏文书档案的历史语境。《周语下》载单襄父论孙周曰："吾闻之《太誓故》曰：'朕梦协朕卜，袭于休祥，戎商必克。'"③章太炎考证说："说曰：'故，故事也。'往者，宋之役薛，陈之受赐，其书皆在故府。楚申公得'随兕之占'于《故记》，《故记》者，藏在平府。"④此外，《左传》"定公四年"载卫国子鱼论"晋文公为践土之盟"，称"其《载书》云：'王若曰：晋重，鲁申，卫武，蔡甲午，郑捷，齐潘，宋王臣，莒期。'藏在周府，可覆视也。"⑤《史记·孔子世家》载陈湣公问孔子有隼贯矢死于廷之事，孔子对以先王"以肃慎矢分大姬，配虞胡公而封诸陈"。"试求之故府，果得之"。⑥ 因此，"天府""故府""平府""周府"等，皆是府库之类，是故志、故记等文书档案的庋藏之所。

总之，从传世文献的记载中可以看出，春秋时期是一个典籍文献大量涌现和传播的时代。在这些历史叙述中，贵族君子们在政治、外交、礼仪以及日常生活中随口引述的文献达几十种之多，正是在这个时代，典籍文献的"文本"主体性形成。无论是歌颂祖先功德的礼器铭文还是各

① ［唐］孔颖达《春秋左传正义》卷十六，［清］阮元校刻《十三经注疏》，第 3956 页。

② ［春秋］（旧题）左丘明撰，徐元诰集解，王树民、沈长云点校《国语集解》，第 357 页。

③ ［春秋］（旧题）左丘明撰，徐元诰集解，王树民、沈长云点校《国语集解》，第 91 页。

④ 章太炎撰，庞俊、郭诚永疏证，董婧宸校订《国故论衡疏证》中之三《明解故上》，第 369—370 页。按，宋之役薛，见《左传》"定公元年"，其载薛宰与宋仲幾辩受功，士弥牟曰："晋之从政者新，子姑受功，归，吾视诸故府。"陈之受赐，见《国语·鲁语下》，其载仲尼在陈，对陈惠公论武王铭"肃慎氏之贡矢"，曰："君若使有司求诸故府，其可得也。"楚申公得随兕之占于平府，见《吕氏春秋·至忠》，其载楚臣子培与王争随兕，不出三月病亡，其弟云"臣之兄尝读《故记》曰：'杀随兕者，不出三月。'是以臣之兄惊惧而争之，故伏其罪而死"。"王令人发平府而视之，于《故记》果有，乃厚赏之"。又，《曲礼下》云："在官言官，在府言府，在库言库，在朝言朝。"郑注曰："官谓板图文书之处，府谓宝藏货贿之处也，库谓车马兵甲之处也，朝谓君臣谋政事之处也。"吕思勉据此认为古者政出于朝，而官、府、库皆为庋藏之所，非"政事所自出"（吕思勉《释官》，《吕思勉读史札记（增订本）》上册，第 207 页）。

⑤ ［唐］孔颖达《春秋左传正义》卷五十四，［清］阮元校刻《十三经注疏》，第 4638 页。

⑥ 《史记》卷四十七，第 1922 页。

种行政文书、礼法档案、占筮记录、前言往行的记录、诗歌歌辞,一旦进入纂辑、加工、流传、引用的过程,就脱离了原先的语境,开启了理解和反思文本内容的过程,意义得以不断地展开,文本被当作有价值的权威知识和思想,从各种神圣载体的保存或仪式场合的展示物,转变成供人阅读和查考的独立文本。正如陈来指出的那样,春秋时代"'引证'实践大量涌现,这些既是文化的进步,也凸显了一个已经相当人文化的文化对价值权威的迫切需求。引证文本的本身就是实际的经典化实践,更多地、更权威地、更集中地引述某些文本,这些文本就被经典化了"。①

引证、引述的现象还可以启发我们思考文本形态与经典化的关系。早期经典不一定具备固定的文本形态。所谓"成之者非一人,录之者非一世",②本来就是中国早期经典的常态。不仅有传之于口的文字,即便是书写的文本之中,诸多篇章的形成也是一个编纂的过程。就文本的书写过程而言,由字句组成篇章是一般性的常识。《文心雕龙·章句》曰:"夫人之立言,因字而生句,积句而成章,积章而成篇。"③但是吕思勉则敏锐地指出这个书写过程可能也是一个编纂过程。其《章句论》曰:

> 《晋志》谓汉时法令"集类为篇,结事为章",则一篇之中,事必相类。然考之古籍,十九不然。盖由煨烬之余,佚亡之后,随其所得,即纂为篇。故有一篇之中,事类错杂者,如今《礼记》之《郊特牲》是也。又有前后舛错者,则如《玉藻》是也。若论伦次之义,固当离析篇章,重行编纂。然古人于此,多病未能,不过各就成篇,为之章句而已,或亦传疑不敢辄定之意也。④

---

① 陈来《古代思想文化的世界——春秋时代的宗教、伦理与社会思想》,第 173 页。

② [清]顾炎武撰,黄汝成集释,秦克诚点校《日知录集释》卷四"《春秋》阙疑之书"条,岳麓书社,1994 年,第 111 页。

③ [梁]刘勰著,[清]黄叔琳注,李详补注,杨明照校注拾遗《增订文心雕龙校注》,第 436 页。按,黄侃《文心雕龙札记》曰:"集数字而显一意者,谓之一句;集数意以显一意者,谓之一章。一章已显则不待烦辞,一章未能尽意则更累数章以显之,其所显者仍为一意,无问其章数多寡。或传一人,或论一理,或述一事,皆谓之一篇而已矣。"(黄侃《文心雕龙札记》,第 115 页)

④ 吕思勉《章句论》,商务印书馆,1925 年,第 9 页。

吕思勉由古书篇章的舛错发现这一现象,只是他将这个现象的原因归之于古书经秦火后的散乱而已。其实先秦古书的文本,恰恰是口传、书写、编辑混合的结果。近世出土的大量简帛古书也印证了这个现象。艾兰对战国楚简的研究认为,早期经典可能是"单个章节被口头或者书面传播",此后文字相似的独立章节以不同的方式连缀成顺序不同的文本。①柯马丁认为《诗》"汇集了并非由'创作',而是通过'编辑'生成的'文本群'和'文本亚层'",②"《左传》《国语》中的多次引《诗》,没有哪一处提到使用的是书面文本","引《诗》、诵《诗》,主要是一种口头实践","表演对古典文化的记忆"。③ 这些现象告诉我们,经典的产生并不能以经典文本的诞生为标志,而是取决于它的孕育过程。对礼乐歌诗、礼典政令、档案记录甚至古人之言的阅读、选择、引证、引述、讲论、编纂的过程,不仅是典籍文献的形成过程,也是它们被选择、认同并逐渐固定化的过程。这个过程是试验性的,尽管《左传》《国语》中提及许多古代文书和文献,可是其中的大部分并没有成为影响后世的文化经典,如果不被《左传》《国语》等传世经典记载其名目或者片言只句,它们的身影将永远消失在历史之中,或许还沉睡于地下墓穴,等待着重见天日的时刻。即以《诗经》的经典化过程而言,《左传》《国语》等文献的记载,一方面显示出《诗经》不稳定的口头流传或文本聚散的过程,比如有十多条不见于传世《诗经》文本的"逸诗",④"风诗"的概念尚未流行,称为"曹诗""郑诗""卫诗"等,大、小《雅》称为"周诗",⑤另一方面又显示出《诗经》已经具有一个相

---

① 〔美〕艾兰《从楚简发掘看中国文献的起源和早期发展》,陈致主编《简帛·经典·古史》,第64页。

② 〔美〕柯马丁《〈诗经〉的形成》,傅刚主编《中国古典文献的阅读与理解——中美学者"黄门对话"集》,北京大学出版社,2017年,第37页。

③ 〔美〕孙康宜、〔美〕宇文所安主编,刘倩等译《剑桥中国文学史·上卷》,生活·读书·新知三联书店,2013年,第54—56页。

④ 古今学界关于"逸诗"的研究,参见毕秀洁、叶晓庆《〈诗经〉逸诗辑佚研究综述》,《北京科技大学学报(社会科学版)》2013年第2期,第68—70页。

⑤ 参见朱东润《诗大小雅说臆》,朱东润《诗三百篇探故》,上海古籍出版社,1981年,第51—54页。

对稳定的文本，比如已经有"诗""雅""颂"等类称，《诗》的篇章也相对地稳定。黄侃《文心雕龙札记·章句》指出："寻《左氏》载春秋时人引《诗》，往往标举篇章次第，若楚庄王之述《周颂》，及称《巧言》之卒章，《扬之水》卒章之四言者，知尔时离析章句，为学者所习为矣。"①检《左传》《国语》中多处记载赋诗的场合，有的记录篇名，有的还记录章数。如"僖公二十三年"载秦穆公享晋公子重耳，"公子赋《河水》"，"公赋《六月》"。杜预注曰："古者礼会，因古诗以见意，故言赋《诗》，断章也，其全称《诗》篇者，多取首章之义，他皆放此。"孔颖达《正义》曰："杜言全引《诗》篇者，多取首章之义……若取余章者，《传》皆指言其事，则赋《载驰》之四章，《绿衣》之卒章是也。所以令尹特言《大明》首章者，令尹意特取首章明德，故《传》指言首章，与余别也。杜言多取首章，言多，则非是总皆如此。"②因此，只记录篇名者，多指所赋《诗》篇首章的诗句；它章则多

图10　安徽大学藏《诗经》简图版（战国，选自安徽大学汉字发展与应用研究中心编《安徽大学藏战国竹简（一）》，中西书局，2019年）

---

① 黄侃《文心雕龙札记》，第116页。

② ［唐］孔颖达《春秋左传正义》卷十五，［清］阮元校刻《十三经注疏》，第3942页。按，孔颖达所言"赋《载驰》之四章"，见"文公十三年"："郑伯与公宴于棐，子家赋《鸿雁》。季文子曰：'寡君未免于此。'文子赋《四月》。子家赋《载驰》之四章。文子赋《采薇》之四章。郑伯拜。公答拜。"（第4022—4023页）"《绿衣》之卒章"，见"成公九年"："夏，季文子如宋致女，复命，公享之。赋《韩奕》之五章。穆姜出于房，再拜，曰：'大夫勤辱，不忘先君以及嗣君，施及未亡人，先君犹有望也。敢拜大夫之重勤。'又赋《绿衣》之卒章而入。"（第4137页）"《大明》首章"，见"昭公元年"："（楚）令尹享赵孟，赋《大明》之首章，赵孟赋《小宛》之二章。事毕，赵孟谓叔向曰：'令尹自以为王矣，何如？'对曰：'王弱，令尹强，其可哉！虽可，不终。'赵孟曰：'何故？'对曰：'强以克弱而安之，强不义也。不义而强，其毙必速。《诗》曰："赫赫宗周，褒姒灭之。"强不义也。'"（第4388—4389页）

记录篇名和章数。试想,不管是口传还是书写,如果没有一个相对稳定的文本,就不可能有如此简略的、以标注篇名与章数代替所赋《诗》句的引称体例。

再者,无论是口头的还是书面的,流动的还是固定的文本形态,都不是决定经典形成的关键要素,只有对文本(包括礼仪)内容的解释,对意义的开启,才是其经典化的必要条件。因为文本的本质不是具体的物质载体,而是语言结构。文本阅读与理解,是从语言结构中阐发出意义,甚至付诸实践的行为。① 顾炎武说,"乐师辨乎声诗,故北面而弦;宗祝辨乎宗庙之礼,故后尸;商祝辨乎丧礼,故后主人",皆是小人之事,因为这些表演歌诗和主持仪式的职官尽管精于技艺,却"不能知类通达,以几大学之道",即不具备对文本的解释能力。② 在《左传》《国语》中,乐工表演诗乐的行为与贵族引《诗》赋《诗》的行为有着根本的区别。《左传》载襄公二十九年,吴公子季札聘鲁观乐,对乐工表演的诗乐逐一评论;③襄公四年,鲁国穆叔如晋,晋侯享之,金奏《肆夏》,工歌《文王》,不拜,歌《鹿鸣》则拜,出则引《诗》句,向韩献子阐说自己的理解。④ 这说明贵族可以对仪式进行个人化的反思与解释。贵族赋《诗》多在宴享之会,有一定的仪式和表演性,但这种表演不是礼仪规定的"工歌",也不仅仅是"表演对古典文化的记忆",而是借用《诗》句表达个人的志向和意愿,用共同的文本和话语唤起相互的理解与思想的共鸣,正如《汉书·艺文志》所云:"古者诸侯卿大夫交接邻国,以微言相感,当揖让之时,必称《诗》以谕其志。"⑤杨树达解释"《诗》可以群"曰:"春秋时朝聘宴享动必赋《诗》,所谓可以群也。"⑥引《诗》赋《诗》的本质是对礼仪的运用和对意义的发明。

① 参见[美]G.T.坦瑟勒(G. Thomas Tanselle)《校勘原理》,苏杰编译《西方校勘学论著选》,上海人民出版社,2009年,第189页。
② [清]顾炎武撰,[清]黄汝成集释,秦克诚点校《日知录集释》卷一"童观"条,第11页。
③ [唐]孔颖达《春秋左传正义》卷三十九,[清]阮元校刻《十三经注疏》,第4355—4361页。
④ [唐]孔颖达《春秋左传正义》卷二十九,[清]阮元校刻《十三经注疏》,第4192—4194页。
⑤ 《汉书》卷三十,第1755—1756页。
⑥ 杨树达《论语疏证》卷十七,上海古籍出版社,1986年,第456页。

正是这些具有理解与阐释能力的"君子"们的"引证实践",而不是乐工们、礼官们的表演展示,才使得《诗》篇中的文字摆脱了表演,脱离了礼乐仪式,进入了文字和文本的解读场域,去指向、表达新的语境中新的意义。他们引证的语言或文字都是文本,但重要的是他们的引证方式都是"赋诗断章,余取所求",①所"取"者自然是"义",即知识、道德、文化等内涵。从某种意义上说,这些被他们"断""取"的文字才可能成为真正的经典。皮锡瑞曾指出:

> 孔子以前,未有经名,而已有经说,具见于《左氏》内、外《传》。《内传》所载元亨利贞之解,黄裳元吉之辨,夏后之九功九歌,文武之九德七德,《虞书》数舜功之四凶十六相,以及《外传》之叔向、单穆公、闵马父、左史倚相、观射父、白公子张诸人,或释《诗》,或征礼,(详见王应麟《困学纪闻》。)非但比汉儒故训为古,且出孔子删订以前。②

事实证明,春秋时代的贵族君子不仅通过引称典籍中的文字来表情达意,或作为立论言说的权威依据,而且能够对所引文字的意义,包括字义、句意做出个人直接的解释。《左传》之中,记载贵族君子以训诂的方式解《易》《夏书》《周志》《周书》《诗》等典籍的场合比比皆是。如"僖公九年"载秦国公孙枝解释《大雅·皇矣》"不识不知,顺帝之则"和《大雅·抑》"不僭不贼,鲜不为则";③"文公七年"载晋国郤缺解释《夏书》"戒之用休,董之用威,劝之以《九歌》,勿使坏";④"宣公十二年"载晋国知庄子

---

① [唐]孔颖达《春秋左传正义》卷三十八"襄公二十八年"载卢蒲癸语,[清]阮元校刻《十三经注疏》,第4342页。按,王应麟之言见《困学纪闻》卷二"春秋时,郤缺之言"条([宋]王应麟著,[清]翁元圻等注,栾保群、田松青、吕宗力校点《困学纪闻(全校本)》上册卷二,第262—263页)。

② [清]皮锡瑞著,周予同注释《经学历史》,中华书局,1959年,第30页。

③ [唐]孔颖达《春秋左传正义》卷十三,[清]阮元校刻《十三经注疏》,第3909页。

④ [唐]孔颖达《春秋左传正义》卷十九,[清]阮元校刻《十三经注疏》,第4007—4008页。

解释《周易》"师"卦爻辞"师出以律,否臧,凶";①"成公二年"载楚国申公巫臣解释《周书》"明德慎罚"。② 他们甚至逐字诂解,训释大义。如《左传》"襄公九年"载穆姜在占筮之后,不从史官之劝,对《随》卦卦辞"元、亨、利、贞,无咎"六字做出了道德化的解释:

> 元,体之长也。亨,嘉之会也。利,义之和也。贞,事之干也。体仁足以长人,嘉德足以合礼,利物足以和义,贞固足以干事。然,故不可诬也,是以虽随无咎。③

郑吉雄认为穆姜做出这样的解释,是出于内心的"道德价值"。④ 穆姜说的话也见诸《易·乾卦·文言》,说明个人的解释也会进入经典。⑤ 再如《国语·周语下》载晋叔向聘于周,单靖公向他"语说《昊天有成命》",叔向对饯送他的单靖公的家臣解说了这首诗:

> 其《诗》曰:"昊天有成命,二后受之,成王不敢康。夙夜基命宥密,於,缉熙!亶厥心,肆其靖之。"是道成王之德也。成王能明文昭,能定武烈者也。夫道成命而称昊天,翼其上也。二后受之,让于德也。成王不敢康,敬百姓也。夙夜,恭也。基,始也。命,信也。宥,宽也。密,宁也。缉,明也。熙,广也。亶,厚也。肆,固也。靖,和

---

① [唐]孔颖达《春秋左传正义》卷二十三,[清]阮元校刻《十三经注疏》,第4081页。

② [唐]孔颖达《春秋左传正义》卷二十五,[清]阮元校刻《十三经注疏》,第4117页。

③ [唐]孔颖达《春秋左传正义》卷三十,[清]阮元校刻《十三经注疏》,第4215页。

④ 郑吉雄《〈易经〉身体、语言、义理的开展——兼论〈易〉为士大夫之学》,郑吉雄《周易玄义诠解》,台湾"中央研究院"中国文哲研究所,2013年,第135页。

⑤ 按,朱子《周易本义》卷一《乾卦·文言》曰:"疑古者已有此语,穆姜称之。"([宋]朱熹撰《周易本义》卷一,中华书局,2009年,第35页)《文言》唯首句作"元者,善之长也",与"体仁"前有"君子"二字,与穆姜之言稍异。陈鸿森亦主此说,以为穆姜之言,袭自当时流传的《易说》,曰:"颇疑《左传》之文,正《左传》作者以穆姜多恶端,不得当'君子'及以为'善',因改《易说》之'善'为'体',并删'君子'二字,以为穆姜自承其恶之张本也。"见陈鸿森《〈子夏易传〉考辨》注87,台湾"中央研究院"历史语言研究所集刊》第五十六本第二分,1985年,第377页。

也。其始也,翼上德让,而敬百姓。其中也,恭俭信宽,帅归于宁。其终也,广厚其心,以固和之。始于德让,中于信宽,终于固和,故曰成。①

叔向的这段解释被认为是"先秦训诂萌芽的一个最有说服力的篇章"。②再如《左传》"昭公二十八年"记载晋国成鱄解释《大雅·皇矣》第四章"唯此文王,帝度其心。莫其德音,其德克明。克明克类,克长克君。王此大国,克顺克比。比于文王,其德靡悔。既受帝祉,施于孙子"一段文字,已具备后世说经的章句体式。其曰:

> 心能制义曰度,德正应和曰莫,照临四方曰明,勤施无私曰类,教诲不倦曰长,赏庆刑威曰君,慈和遍服曰顺,择善而从之曰比,经纬天地曰文。九德不愆,作事无悔,故袭天禄,子孙赖之。③

总之,对于穆姜、叔向、成鱄等人来说,《周易》的爻辞、《大雅》和《周颂》的篇章已经是熟悉的文本,他们的解释证明了这些文本如何经由解释而稳定化、经典化的事实。在引证与解说的过程中,文本不再借其载体或仪式诉诸人们的视觉,而是以其内容与意义诉诸人们、特别是个人的思想,文字的政治、信仰权威逐渐转变成道德、历史、知识、思想的权威。

三、册与典的分途

当周公对殷人说"惟尔知,惟殷先人有册有典,殷革夏命"这句话时,

① ［春秋］(旧题)左丘明撰,徐元诰集解,王树民、沈长云点校《国语集解》,第102—104页。

② 郭万青《"叔向说〈昊天有成命〉"〈国语〉、〈新书〉比勘》,柯小刚主编《儒学与古典学评论》(第一辑),上海人民出版社,2012年,第429页。

③ ［唐］孔颖达《春秋左传正义》卷五十二,［清］阮元校刻《十三经注疏》,第4602页。成鱄所引《皇矣》与《毛诗》有异:"文王",《毛诗》作"王季";"莫",《毛诗》作"貊";"国",《毛诗》作"邦"。

将册与典并举，或许只是一种互文见义的修辞手法。至少在目前发现的甲骨文和青铜铭文中，"册"与"典"是可以通用的同义词。但是，在后人的观念当中，册与典是有区别的，因此对这句话的解释也是将册、典分训的。《尚书·多士》《孔传》释周公之言曰："言汝所亲知，殷先世有册书、典籍。说殷改夏王命之意。"孔颖达《正义》曰："惟汝所亲知，惟汝殷先人往世有策书，有典籍，说殷改夏王命之意，汝当案省知之。"[①]他们将"册"归之为"册书"或"策书"，将"典"归之于"典籍"，这个差别，反映出"册"与"典"在思想史和观念史中的分途。也就是说，在后世的解释者看来，周公的话语中至少包含两层含义："有册"，指向"殷革夏命"是一个册书制度中的记录，代表着殷先人拥有的文字权力；"有典"，指向"殷革夏命"是一个典籍文献中的记载，代表着殷先人留下的历史经验。

典与册（策）的含义与用法出现明显的差别，在《左传》《国语》中就已经初露端倪。"册"或"策"多用作"册命"的场合，如《左传》"僖公二十八年"载晋文公向周天子献楚俘，"王命尹氏及王子虎、内史叔兴父策命晋侯为侯伯"。宣王命曰："王谓叔父：'敬服王命，以绥四国，纠逖王慝。'"晋侯三辞，从命，受策以出。[②]"襄公三十年"载郑子产"使大史命伯石为卿，辞。大史退，则请命焉。复命之，又辞。如是三，乃受策入拜"。[③]"昭公三年"载郑伯如晋，"晋侯嘉焉，授之以策"，等等，[④]皆是册命之意。册、策也代指史官的记录，上文提及的"诸侯之策"，除了记录各国君臣的行为，也记录诸侯的赴告和礼仪性的行为。如《左传》"隐公十一年"曰："凡诸侯有命，告则书，不然则否。师出臧否，亦如之。虽及灭国，灭不告败，胜不告克，不书于策。"[⑤]总之，"册"属于文书，"册"的字义停留在文字书写的权力、载体、制度的语境范围之内，没有多少引申与变化。

但是，"典"字的义项与"礼""法"等具有永恒性和原则性的权威观念

---

① ［唐］孔颖达《尚书正义》卷十六，［清］阮元校刻《十三经注疏》，第 468 页。

② ［唐］孔颖达《春秋左传正义》卷十六，［清］阮元校刻《十三经注疏》，第 3962—3963 页。

③ ［唐］孔颖达《春秋左传正义》卷四十，［清］阮元校刻《十三经注疏》，第 4372 页。

④ ［唐］孔颖达《春秋左传正义》卷四十二，［清］阮元校刻《十三经注疏》，第 4412 页。

⑤ ［唐］孔颖达《春秋左传正义》卷四，［清］阮元校刻《十三经注疏》，第 3771 页。

存在关联。《诗经·大雅·荡》曰"尚有典刑";①《周颂·维清》云"维清
缉熙,文王之典";②《左传》"宣公十二年"载晋随武子(士会)曰"德立、刑
行、政成、事时、典从、礼顺,若之何敌之";③"宣公十六年"载随武子访问
王室,闻天子宴飨之礼,"归而讲求典礼,以修晋国之法";④《国语·周语
中》言及"未失周典""和协典礼""各守尔典";⑤《鲁语上》言及"慎制祀以
为国典";⑥《鲁语下》言及"夕省其典刑";⑦《晋语二》言及"怀之以典
言";⑧《晋语八》言及"国家有大事,必顺于典型";⑨《郑语》言及"修典刑
以守之",等等。⑩ 均指政教礼法。故《尔雅·释诂》曰:"典、彝、法、
则……常也。"郭璞注曰:"皆谓常法"。⑪ 礼也被视为"经""义"等最高的
法则。⑫《左传》"昭公二十五年"载郑国子太叔见晋国赵简子,赵简子问
揖让、周旋之礼,子太叔曰:"是仪也,非礼也。"简子曰:"敢问何谓礼?"对
曰:"吉也闻诸先大夫子产曰:'夫礼,天之经也,地之义也,民之

---

①　[唐]孔颖达《毛诗正义》卷十八,[清]阮元校刻《十三经注疏》,第 1193 页。

②　[唐]孔颖达《毛诗正义》卷十九,[清]阮元校刻《十三经注疏》,第 1260 页。

③　[唐]孔颖达《春秋左传正义》卷二十三,[清]阮元校刻《十三经注疏》,第 4080 页。

④　[唐]孔颖达《春秋左传正义》卷二十四,[清]阮元校刻《十三经注疏》,第 4100 页。

⑤　[春秋](旧题)左丘明撰,徐元诰集解,王树民、沈长云点校《国语集解》,第 49 页、59
页、68 页。

⑥　[春秋](旧题)左丘明撰,徐元诰集解,王树民、沈长云点校《国语集解》,第 154 页。

⑦　[春秋](旧题)左丘明撰,徐元诰集解,王树民、沈长云点校《国语集解》,第 196 页。

⑧　[春秋](旧题)左丘明撰,徐元诰集解,王树民、沈长云点校《国语集解》,第 287 页。

⑨　[春秋](旧题)左丘明撰,徐元诰集解,王树民、沈长云点校《国语集解》,第 424 页。

⑩　[春秋](旧题)左丘明撰,徐元诰集解,王树民、沈长云点校《国语集解》,第 464 页。

⑪　[宋]邢昺《尔雅注疏》卷一《释诂》,[清]阮元校刻《十三经注疏》,第 5585 页。

⑫　《国语·吴语》:"挟经秉枹。"韦昭注曰:"在掖曰挟。经,兵书也。"([春秋](旧题)左丘
明撰,徐元诰集解,王树民、沈长云点校《国语集解》,第 549 页)诸多论著据此以为春秋时有经
书之名。如章太炎认为:"案《吴语》称'挟经秉枹',兵书为经。"(章太炎撰,庞俊、郭诚永疏证
《国故论衡疏证》中之二《原经》,第 276 页)然俞樾《群经平议》卷二十九曰:"世无临阵而读兵书
者,经,当读为茎,谓剑茎也。"([清]俞樾著,王其和整理《群经平议》,凤凰出版社,2021 年,第
1025 页)清华简《越公其事》亦有"聿(挟)弪秉囊(枹)"(清华大学出土文献研究与保护中心编,
李学勤主编《清华大学藏战国竹简(柒)》,中西书局,2017 年,第 114 页)。

行也。'"①

典、礼、法、经等观念来自历史,是先王们的彝则,不仅具有政治和信仰的权威,还具有历史文化的权威。《国语·周语中》载晋随武子"遂不敢对而退,归乃讲聚三代之典礼,于是乎修执秩以为晋法"。② 其"讲聚三代之典礼"当如孔子所云损益三代之礼。③ 如《左传》"哀公十一年"载孔子对冉有说:"且子季孙若欲行而法,则周公之典在。"④"周公之典"当是孔子"郁郁乎文哉,吾从周"的礼法根据。⑤《国语·晋语四》载晋文公围阳,阳人不服,称"阳有夏、商之嗣典"。⑥ "嗣"指前代的后裔,"典"指前代的礼法。《楚语下》载楚大夫观射父对楚昭王之问,提及"使名姓之后,能知四时之生……而心率旧典者为之宗"。⑦ 因此,"三代典礼""周公之典""夏、商之嗣典""旧典"等作为历史上的礼法而被后人援引、解说。

作为文书和文献的"典籍"的观念也在春秋时代出现,上文所举《训典》《祭典》等文献皆以"典"为名。《左传》"昭公十二年"载楚左史倚相"能读《三坟》《五典》《八索》《九丘》"等古书,⑧"《五典》"当属记载礼法的文献。"昭公二十六年"载"王子朝及召氏之族、毛伯得、尹氏固、南宫嚚奉周之典籍以奔楚",⑨它们或许是礼法类的文献,或许是档案文书,但被统称为"典籍"以示其价值的珍贵,甚至被认为是国家的重器,因而孟

---

① [唐]孔颖达《春秋左传正义》卷五十一,[清]阮元校刻《十三经注疏》,第 4576 页。

② [春秋](旧题)左丘明撰,徐元诰集解,王树民、沈长云点校《国语集解》,第 61 页。

③ [宋]邢昺《论语注疏》卷二《为政》:"子张问:'十世可知也?'子曰:'殷因于夏礼,所损益,可知也。周因于殷礼,所损益,可知也。其或继周者,虽百世,可知也。'"([清]阮元校刻《十三经注疏》,第 5349 页)

④ [唐]孔颖达《春秋左传正义》卷五十八,[清]阮元校刻《十三经注疏》,第 4707 页。

⑤ [宋]邢昺《论语注疏》卷三《八佾》,[清]阮元校刻《十三经注疏》,第 5358 页。

⑥ [春秋](旧题)左丘明撰,徐元诰集解,王树民、沈长云点校《国语集解》,第 352 页。

⑦ [春秋](旧题)左丘明撰,徐元诰集解,王树民、沈长云点校《国语集解》,第 513—514 页。

⑧ [唐]孔颖达《春秋左传正义》卷四十五,[清]阮元校刻《十三经注疏》,第 4482—4483 页。

⑨ [唐]孔颖达《春秋左传正义》卷五十二,[清]阮元校刻《十三经注疏》,第 4590 页。

子曰:"诸侯之地方百里。不百里,不足以守宗庙之典籍。"①《左传》"昭公十五年"载晋荀跞如周一事最能说明当时的士人对"典籍"价值的理解。该年晋国史官籍谈陪同晋国大夫荀跞参加周景王王后的葬礼,既葬,周景王举行宴飨并向晋国索要贡物。籍谈为晋国开脱,于是周景王提醒籍谈:"且昔而高祖孙伯黡,司晋之典籍,以为大政,故曰籍氏。及辛有之二子董之晋,于是乎有董史。女,司典之后也,何故忘之?"籍谈不能对,返回晋国后告诉叔向。叔向认为周王丧期宴飨且索求贡物二事为无礼之举,他批评道:

> 礼,王之大经也。一动而失二礼,无大经矣。言以考典,典以志经,忘经而多言,举典,将焉用之?②

在叔向看来,典籍文献是记录礼经、礼法的文本,王者说出来的话应该符合礼法,如果忘记了何为大经大法,再怎么引据先王的典故也没有意义。这说明叔向已经认识到典籍的权威来自其内容,而不是外在的制度(王言)和典籍载体。可以说,"典以志经"是一种经典意识萌生的表现。

总之,春秋以降的文献记载中,"典"的观念比"册"的观念活跃得多,反映出文献观念的发展趋势:"册"更多地指向了文字的载体及其现实的政治权威,成为档案文书的代称。简牍文书的主体性和发展空间,在战国秦汉兴起的郡县制帝国以文书行政的政治实践中得到确立与拓展;而具有礼、法、经、常之义的"典",则代表了更加丰富的文献或书籍的集合,更多地指向历史资源及其道德文化权威,同样在后世的郡县制帝国的文教实践中得以确立和发展。

经过历史的淘洗,思想史上的观念和话语固化为辞典的义项。东汉许慎《说文解字》恰恰根据册、典二字分化后的观念加以定义:"册,符命

---

① 《孟子注疏》卷十二下《告子章句下》,[清]阮元校刻《十三经注疏》,第 6006 页。
② [唐]孔颖达《春秋左传正义》卷四十七,[清]阮元校刻《十三经注疏》,第 4511—4513 页。

也，诸侯进受于王者也。""典，五帝之书也。从册在丌上，尊阁之也。庄都说，典，大册也。"①刘熙《释名》又将与策书和经籍相关的名词分别归入"书契"和"典艺"两类。② 因此，在汉人看来，"册"属于行政文书与社会文书，"典"则是具有更大的视觉景观和历史文化权威与价值的"册"，因此被视为文化经典。南朝时顾野王编纂的《玉篇》也给出了明确的定义：

> 册，《尚书》："史乃册告。"孔安国曰："史为册书也。"《周礼》"凡命诸侯则册命之。"郑玄曰："谓简册书王命也。"
> 典，《尚书》："有典有则。"孔安国曰："谓经籍也。"③

"册"与"典"的字义从此分道扬镳。

四、结论

"前轴心时代"的中国古代礼乐文明，为中国早期经典的形成奠定了基础。文字、书写和文书依附于相应的制度、载体和仪式获得了政治与信仰的权威力量；这些权威性的文字被后人不断地选择、编纂为不同的文献，或奉为礼经和法典，或施诸教育，或见诸引证与理解，文本的独立性和个人解释的机制逐渐形成，其中一部分演进为文化典籍甚至成为经典。这一现象在春秋时代大量地涌现，构成了"轴心时代"经典产生的前奏与渊源。在这个过程中，经典的文本得以孕育，经典的意识得以萌生，人文精神的价值和历史文化权威得以确立；而简册仍旧代表着政治和信仰的权威，继续发挥沟通人神和治理社会的文书功能。

---

① [汉]许慎撰，陶生魁点校《说文解字》，第70页、152页。

② 见[汉]刘熙撰，[清]毕沅疏证，[清]王先谦补，祝敏彻、孙玉文点校《释名疏证补》卷六《释书契》《释典艺》，中华书局，2008年。

③ [梁]顾野王《玉篇》(残卷)，《续修四库全书》编委会编《续修四库全书·经部·小学类》第228册据中国科学院图书馆藏日本昭和八年京都东方文化学院编《东方文化丛书》本影印，上海古籍出版社，2002年，第321页、379页。本章节录两字的第一个义项。

第二章
文以足言
——诸子的言说与书写

一、文化传统的视野和背景

先秦诸子的思想和文献,是中国"轴心时代"或者"哲学突破"最具代表性的文化现象。胡适指出:"自老子至韩非,为古代哲学。这个时代,又名'诸子哲学'。""中国哲学到了老子、孔子的时候,才可当得'哲学'两个字。"①史华兹说,研究轴心时代的"有创造力的少数人",包括研究中国儒家、道家和墨家的兴起,"都发现了一种高瞻远瞩的倾向,一种追问与反思,一种新型的积极的视野和通见(visions)。这些'少数人'已不再仅仅是阐述他们文化中的既定'规则'的'文化专家'。即使他们继续接受这些'规则',也常常是以一种全新的眼光来看待它们的"。②

诸子时代是个体思想涌现的时代,冯友兰说:"哲学为哲学家之有系统的思想,须于私人著述中表现之。"③从中国文献文化的角度来看,这些"有创造力的少数人"的计算单位是"家",他们的思想载体是"言"或"语"。《汉书·艺文志·诸子略》曰:"修六艺之术,而观此九家之言。"④

---

① 胡适《中国哲学史大纲(卷上)》,第 4 页、28 页。

② [美]本杰明·史华兹著,程钢译,刘东校《古代中国的思想世界》,第 2 页。

③ 冯友兰《中国哲学史》上册,华东师范大学出版社,2000 年,第 18 页。

④ 《汉书》卷三十《艺文志》,第 1746 页。

章太炎云:"'家'字在《孟子》里头已经说'法家拂士',《荀子》里头也说'小家纷说',《庄子》里头也说'大方之家'。"①钱穆认为《儒林传》中辕固生称《老子书》为"家人言","即谓平民私家之言。秦博士鲍白令之对始皇曰:'五帝官天下,三王家天下。''官''家'对文,官言其公,家言其私。家人言即对王官之学而说,犹云民间私家言耳。扬子云《博士箴》亦云:《诗》《书》是泯,家言是守。'以《诗》《书》、家言对文,正犹《七略》《艺文志》以王官六艺之学与九流十家对列也"。② 因此,我们可以认为,班固所言"六艺之术"是经过不断选择、整理、解释的,来自"前轴心时代"的经典,而"九家之言"则是中国古代思想在"轴心时代"的主要表达方式。所以,相对于源自政治、道德、历史权威的"王教之典籍",诸子思想更多地表现为个体与独立的言论,具有明显的非制度性的特征。

不过,即便没有"六艺之术"依靠的政治和文化制度权威,诸子也有着建构话语制度和话语形式的自觉。有趣的是,在中国的文化传统中,诸子的思想言论从诞生的时刻起,就被视为道德和文化衰微的现象,而不是我们的思想史和哲学史所欣赏的创造性、超越性、个性化的现象。即便在诸子争鸣的时代,诸子们都很自觉地认同于古代圣王的政治文化传统,借助其权威作为立言的策略。《淮南子·修务训》曰:

> 世俗之人,多尊古而贱今,故为道者必托之于神农、黄帝而后能入说。③

康有为《孔子改制考》于诸子改制托古之事罗列详尽,④兹不赘举。余英时认为中国古代"哲学突破"的温和性格,"至少一部分源于诸子立言所

① 章太炎《论诸子的大概》,傅杰编校《章太炎学术史论集》,中国社会科学出版社,1997年,第187页。
② 钱穆《两汉博士家法考》,钱穆《两汉经学今古文平议》,第201页。
③ 〔汉〕刘安编,刘文典撰,冯逸、乔华点校《淮南鸿烈集解》卷十九《修务训》,第653页。
④ 参见康有为《孔子改制考》卷四《诸子改制托古考》,中华书局,2012年,第48—100页。

采取的'托古'的方式"。① 诸子的书写,也包括对他们选择阐说的古代典籍的解说、传记,甚至是模拟经传的文本。不仅如此,诸子们皆视其他学派的思想是背离古代文化传统的偏颇异端之说。《孟子·滕文公》曰:

> 圣王不作,诸侯放恣,处士横议,杨朱、墨翟之言盈天下。②

《庄子·天下》曰:

> 悲夫,百家往而不反,必不合矣! 后世之学者,不幸不见天地之纯,古人之大体,道术将为天下裂。③

《荀子·非十二子》:

> 假今之世,饰邪说,交奸言,以枭乱天下,矞宇嵬琐,使天下混然不知是非治乱之所存者有人矣。④

诸子思想之所以发生,在于所谓的世乱失道;诸子之所以有是非争论,在于救时之弊,故而诸子时代也必须结束于政治的统一。秦汉之后,诸子中的杂家、道家学说如《吕氏春秋》、《淮南子》、司马谈《论六家要旨》等,运用道家和阴阳家色彩的道论、宇宙构成论等话语形式将诸子整合

---

① 余英时《古代知识阶层的兴起与发展》,他甚至认为康氏说诸子"托古""尚微有语病。'托古'有明知非古而故说为古之意,这至少对'述而不作,信而好古'的孔子来说,是不恰当的"。(余英时《士与中国文化》,第 31 页、46 页注释 3)

② [宋]孙奭《孟子注疏》卷六下《滕文公章句下》,[清]阮元校刻《十三经注疏》,中华书局,2009 年影印清嘉庆刊本,第 5903 页。按,本章所引《十三经注疏》皆据此版本。

③ [清]郭庆藩撰,王孝鱼点校《庄子集释》卷十下《天下》,中华书局"新编诸子集成",2012 年,第 1064 页。

④ [清]王先谦撰,沈啸寰、王星贤点校《荀子集解》卷三《非十二子》,第 89—91 页。

为一个体系。① 《吕氏春秋·序意》自称："凡《十二纪》者，所以纪治乱存亡也，所以知寿夭吉凶也。上揆之天，下验之地，中审之人，若此则是非可不可无所遁矣。"②《淮南子·要略》篇中论述了诸子之"学"与诸子之"书"的发生，皆起于拯救时弊，自称"刘氏之书，观天地之象，通古今之事……斟其淑静，以统天下，理万物，应变化，通殊类，非循一迹之路，守一隅之指，拘系牵连之物，而不与世推移也"。③ 司马谈《论六家要旨》认为："夫阴阳、儒、墨、名、法、道德，此务为治者也，直所从言之异路，有省不省耳。"他同样以道家的立场诠衡诸子的思想：

> 道家使人精神专一，动合无形，赡足万物。其为术也，因阴阳之大顺，采儒墨之善，撮名法之要，与时迁移，应物变化，立俗施事，无所不宜，指约而易操，事少而功多。④

除了将诸子的学术和思想统一在宇宙论的话语形式之中，还可以统一在历史的话语形式之中。随着汉代独尊儒术，确立经学，政治与文化的制度构成和价值取向发生了转向，道家的自然之道更替为儒家提倡的王道，诸子之学又被解释为六经的支裔和王官之学在民间的流失。基于

---

① 胡适认为："杂家是道家的前身，道家是杂家的新名。汉以前的道家可叫做杂家，秦以后的杂家应叫做道家。"（胡适《中国中古思想史长编》，华东师范大学出版社，1996年，第33页）

② ［战国］吕不韦编，许维遹集释，梁运华整理《吕氏春秋集释》卷十二，第274页。张尔田曰："《序意》虽《十二纪》之总序，实不啻《吕览》全书纂要也。"（张尔田著，黄曙辉点校《史微》卷二《原杂》，上海书店出版社，2006年，第37页）吕思勉认为："《吕氏春秋》二十六篇。凡为《纪》者十二，为《览》者八，为《论》者六。其编次，实当以《览》居首，《论》次之，《纪》居末。""古书《自序》，率居全书之末，今此书《序意》，实在《十二纪》后"，"《有始览》从天地开辟说起，宜冠全书之首"。"《序意》一篇，当兼该全书，而但及《十二纪》者，以有缺脱也。"（吕思勉《先秦学术概论》，东方出版中心，1985年，第159页、162页）另，杨树达亦主"八《览》六《论》十二《纪》"之次序，说见其《读〈吕氏春秋〉书后》（杨树达《积微居小学金石论丛（增订本）》，中华书局，1983年，第245—246页）。

③ ［汉］刘安编，刘文典撰，冯逸、乔华点校《淮南鸿烈集解》卷二十一《要略》，第711页。

④ 《史记》卷一百三十《太史公自序》，第3289页。

刘向、歆父子《别录》《七略》撰写的《汉书·艺文志》中,对诸子之学做出了系统的描述:九流十家皆出于不同的王官,所谓"儒家者流,盖出于司徒之官","道家者流,盖出于史官","阴阳家者流,盖出于羲和之官","法家者流,盖出于理官","名家者流,盖出于礼官","墨家者流,盖出于清庙之守","从横家者流,盖出于行人之官","杂家者流,盖出于议官","农家者流,盖出于农稷之官","小说家者流,盖出于稗官"。又总论其学说曰:

> 诸子十家,其可观者九家而已。皆起于王道既微,诸侯力政,时君世主,好恶殊方,是以九家之术蜂出并作,各引一端,崇其所善,以此驰说,取合诸侯。其言虽殊,辟犹水火,相灭亦相生也。……今异家者各推所长,穷知究虑,以明其指,虽有蔽短,合其要归,亦六经之支与流裔。……仲尼有言:"礼失而求诸野。"方今去圣久远,道术缺废,无所更索,彼九家者,不犹愈于野乎? 若能修六艺之术,而观此九家之言,舍短取长,则可以通万方之略矣。①

葛瑞汉认为,公元前三世纪以来的诸子争鸣过程出现了"由'你非我是'到'你偏我全'的基本转变"。先秦"理智思潮在持续综合中开始找到自我的位置的方法"的过程,在基于刘歆《七略》的《汉书·艺文志》中得以完成。这种将 A 置于 B 之上而不是排除 B 的做法,是调和而非冲突的倾向,甚至是"中国社会持续稳定的另一因素"。②在《汉书·艺文志》的确定的文化坐标中,再有创发性和个性的诸子思想,也只能在道、六经、王官之学的话语结构中找到自身的位置和存在价值。因为诸子不是"制礼作乐"的圣人,因而不是政治和文化制度的创造者,而是继承者或批判者。所以,诸子的思想学说被视为一种次生性的文化现象,但这种次生性的文化之所以也能够具有经典的地位和价值,正是因为它们同样出身于古代经典及其话语制度构成的文化传统,因而可以为我们回返、复兴

---

① 《汉书》卷三十《艺文志》,第 1746 页。
② [英]葛瑞汉著,张海晏译《论道者:中国古代哲学论辩》,第 433—434 页。

古代的经典传统提供不同的途径。

吕思勉指出："先秦诸子之学，非至晚周之世，乃突焉兴起者也。其在前此，旁薄郁积，蓄之者既已久矣。至此又遭遇时势，乃如水焉，众派争流；如卉焉，奇花怒放耳。""诸家之学，《汉志》谓皆出王官，《淮南·要略》则以为起于救时之弊，盖一言其因，一言其缘也。"①因为内，缘为外，在考察诸子思想与文献时，这两个因素都具有重要的参考价值，但内因更为重要。反观哲学史和思想史对诸子们的"哲学时代"或"轴心时代"的描述，如果与秦汉杂家、道家对诸子的诠衡相较，尽管立意不同，但在方法上有相似之处，即都是从时代与思想的突变而不是从一个传统的演变来考察诸子思想的发生及其特征。胡适的《诸子不出于王官论》认为《淮南子》对诸子的评说"最近理"，因为这样的诸子更符合像他这样的现代哲学家和思想家的期待。因此，胡适必须将诸子与王官之学的传统切割开来："诸子之学，不但决不能出于王官，果使能与王官并世，亦定不为所容"，"诸子之学皆春秋战国之时势世变所产生，其一家之兴，无非应时而起。及时变事异，则向之应世之学翻成无用之文。于是后起之哲人乃张新帜而起。新者已兴而旧者未踣，其是非攻难之力往往亦能使旧者更新。"②

尽管胡适推翻了《汉书·艺文志》的诸子发生论，但是推翻不了这种解释的历史价值和思想史的意义。我们可以认为《汉书·艺文志》的解释缺乏真实的历史知识或者文献考证的支撑，其本质上不过是汉人对古代学术的构拟性解释，但我们似乎不太考虑古人如此解释的原因。这种解释当然受到了汉代学术制度和话语的影响，但也是从先前的历史传统及其对后世的影响中得出的抽象，特别是先秦诸子文献在汉代长期整理的学术基础所奠定的自觉和认知。因为汉人和我们一样，都不能回到历史的现场，都是从历史遗存当中认识历史的。

根据《汉书·艺文志》的统计数字，经过刘向、歆父子校雠的中秘图

---

① 吕思勉《先秦学术概论》，第 4 页、16 页。

② 胡适《中国哲学史大纲（卷上）·附录》，第 354 页、359 页。

书当中,六艺计 3123 篇,诸子计 4324 篇,诗赋 1318 篇,兵家 790 篇,数术 2528 卷,方技 868 卷,诸子文献超过三分之一。九流十家之中,儒 53家、道 37 家、阴阳 21 家、法 10 家、名 7 家、墨 6 家、纵横 12 家、杂 20 家、农 9 家、小说 15 家,而现今出土的先秦诸子文献中,亦以儒、道两家为多。① 这说明史料的记载与诸子文献形成的历史基本相符。这些诸子的文献在先秦时代大多缺乏全帙,单篇流行,且篇章文字不定,经过刘向、歆父子长达近二十年的校雠,"凡诸子传记,皆以各本相校,删除重复,著为定本"。② 也就是说,刘向校书的过程也是诸子文献书写过程的结束。而刘向的校雠又不止于校理文字篇章,还在于分辨学术。章学诚曰:"校雠之义,盖自刘向父子部次条别,将以辨章学术,考镜源流,非深明于道术精微、群言得失之故者,不足与此。"③《汉书·艺文志》载刘向校书,"每一书已,向辄条其篇目,撮其指意,录而奏之"。④ 现存刘向、歆父子的《书录》遗文约八篇,除《战国策》在六艺"春秋家",《山海经》在数术"形法家",其余《晏子》《孙卿子》《管子》《邓析子》《说苑》《列子》皆是诸子《书录》,⑤其中叙论诸子的思想学术源流,至为明辨。班固于其本《传》盛赞刘氏"七略"剖判艺文,总百家之绪。⑥ 孙德谦《刘向校雠学纂微》总结其事,有"通学术""叙源流""究得失""撮旨意""撰序录""述疑似""准经义""征史传""辟旧说""考师承"诸项。⑦ 由此可见,《汉书·艺文志》诸子流别之说具有坚实的文献整理与思想分析的基础,之所以在中国古代学术史上占据主流地位,产生重大影响,是因为它符合诸子思想和学术发生发展的历史逻辑,特别是"轴心时代"对"前轴心时代"的继承性。

---

① 参见李零《简帛古书与学术源流》第九讲《简帛古书导读三:诸子类》,第 300—306 页。

② 余嘉锡《古书通例》,第 103 页。

③ 章学诚《校雠通义自序》,[清]章学诚著,叶瑛校注《文史通义校注》,第 945 页。

④ 《汉书》卷三十《艺文志》,第 1701 页。

⑤ 参见徐兴无《刘向评传》,南京大学出版社,2005 年,第 204—207 页。

⑥ 《汉书》卷三十六《楚元王传》,第 1973 页。

⑦ [清]孙德谦《刘向校雠学纂微》,《孙隘堪所著书》第三册,民国十二年(1923)四益宧刊本。

诸子的研究集中于两大领域：一是文献整理与研究，二是思想的阐论。前者集中于清代，后者始于近现代。罗振玉曰："自炎汉表章六经，诸子之学已为儒家所统一。故本朝治诸子之学者特以其多存古事、古训以为研经之助已耳。"①吕思勉曰："清代考证学盛，始焉借子以证经，继乃离经而治子。校勘训释，日益明备。自得西学相印证，义理之焕然复明者尤多。治此学于今日，盖远非昔时之比矣。"②李零认为，清人治子之弊，在于"以经术治子"，而近人治子，其弊在"以西方观念为取舍"。③上述研究主要关注两个问题：诸子留下的作品是什么？诸子都说了些什么？如果我们进而再关注两个问题：诸子作品是怎样产生的？诸子是怎样说话的？这就要综合文献学、修辞学和思想史的研究方法，将诸子放在它自身的文献文化视野中加以考察，关注诸子表达思想与言论的自觉意识，关注他们的话语与文献的形成轨迹和传统，因此，《汉书·艺文志》中著录的诸子文献信息及其对诸子源流的解释应该是这项工作的历史起点和逻辑起点，因为只有这种解释，才为我们考察诸子提供了一个文化传统的视野和背景。

二、立言的传统

和汉儒将诸子对应于不同的王官系统不同，也与其他清代学者以文献学的方式治子学的路径不同，章学诚尝试解释诸子文献与六经之间的学术继承传统。其《文史通义·诗教上》认为，战国时代"六艺道息"，"著述之事专"，"至战国而后世之文体备"，诸子之书皆得六艺之道之一端，

---

① 罗振玉《本朝学术源流概略》，罗振玉撰，顾迁校点《清代学术源流考》，江苏文艺出版社，2011年，第129页。

② 吕思勉《先秦学术概论》，第19页。吕思勉认为："昔时治子者，多注意于名物训诂，典章制度，而于大义顾罕研求。此由当时偏重治经，取以与经相证；此仍治经，非治子也。""当先求其大义……然后读诸子书，可谓能得其要。至于校勘疏解，偶有所得，亦宜随时札记，以备他日精研。"（吕思勉《经子解题》，华东师范大学出版社，1995年，第100页、101页）

③ 李零《简帛古书与学术源流》，第290—291页。

恣肆其说,以成一家之言,而战国之文皆本于六艺:

> 《老子》说本阴阳,《庄》《列》寓言假象,《易》教也。邹衍侈言天地,关尹推衍五行,《书》教也。管、商法制,义存政典,《礼》教也。申、韩刑名,旨归赏罚,《春秋》教也。①

章氏既以六经属于不同的王官,故诸子及其流派只能来自不同的"六艺"之"教"。这个观点虽然也基于诸子出于王官的逻辑,但不再是出于官制中的官职或职官所守的典籍,而是出于不同的政教。他还提出一个特别的观点,即"战国之文多出于《诗》教":

> 战国之文,既源于六艺,又谓多出于《诗》教,何谓也? 曰:战国者,纵横之世也。纵横之学,本于古者行人之官。观春秋之辞命,列国大夫,聘问诸侯,出使专对,盖欲文其言以达旨而已。至战国而抵掌揣摩,腾说以取富贵,其辞敷张而扬厉,变其本而加恢奇焉,不可谓非行人辞命之极也。孔子曰:"诵诗三百,授之以政,不达;使于四方,不能专对,虽多奚为?"是则比兴之旨,讽谕之义,固行人之所肄也。纵横者流,推而衍之,是以能委折而入情,微婉而善讽也。九流之学,承官曲于六典,虽或原于《书》《易》《春秋》,其质多本于礼教,为其体之有所该也。及其出而用世,必兼纵横,所以文其质也。古之文质合于一,至战国而各具之质,当其用也,必兼纵横之辞以文之,周衰文弊之效也。②

诸子虽出于六艺,但至战国文质离析,发为九流纵横之辞,而辞命则根源于六经中的《诗》教。因为《诗》具有比兴之旨、讽谕之义,体现为古代行人之官的文言达旨、修饰辞命的传统。我们同样可以认为,章氏的说法

---

① [清]章学诚著,叶瑛校注《文史通义校注》,第60页。
② [清]章学诚著,叶瑛校注《文史通义校注》,第60—61页。

早期经典的形成与文化自觉

是根据史料中对春秋时代贵族在政治和外交场合引诗、赋诗以及润色辞令等"文言达旨"的记载所做的构拟性解释，但这种解释启发我们关注诸子形成的重要因素，即诸子的言论可能源自一个深厚的言辞传统。

言辞，或者说是言语、辞命、辞令，而不是书写，是古代与人、神交流的主要形式。事神为祝辞，事人为言辞。《左传》"襄公二十七年"载：

> 子木问于赵孟曰："范武子之德何如？"对曰："夫子之家事治，言于晋国无隐情，其祝史陈信于鬼神无愧辞。"①

《周礼·春官宗伯·大祝》曰：

> 掌六祝之辞以事鬼神示，祈福祥，求永贞。一曰顺祝，二曰年祝，三曰吉祝，四曰化祝，五曰瑞祝，六曰筴祝。
> 作六辞以通上下亲疏远近。一曰祠，二曰命，三曰诰，四曰会，五曰祷，六曰诔。②

郑玄注引郑司农（众）曰："此皆有文雅辞令，难为者也。"③天子对邦国诸侯的镇抚，也是言语与辞命的统一。《秋官司寇·大行人》曰：

> 王之所以抚邦国诸侯者，岁遍存；三岁遍眺；五岁遍省；七岁属象胥，谕言语，协辞命；九岁属瞽史，谕书名，听声音；十有一岁达瑞节，同度量，成牢礼，同数器，修法则；十有二岁王巡守、殷国。④

书写主要执掌在巫史手中，而辞命和言语则是贵族君子治民事神的话语。《曲礼上》曰："史载笔，士载言。"《正义》曰："史谓国史书录王事者，

---

① [唐]孔颖达《春秋左传正义》卷三十八，[清]阮元校刻《十三经注疏》，第4335页。
② [唐]贾公彦《周礼注疏》卷二十五，[清]阮元校刻《十三经注疏》，第1746—1747页。
③ [唐]贾公彦《周礼注疏》卷二十五，[清]阮元校刻《十三经注疏》，第1746—1747页。
④ [唐]贾公彦《周礼注疏》卷三十七，[清]阮元校刻《十三经注疏》，第1928页。

王若举动,史必书之。王若行往,则史载书具而从之也……士载言者,士谓司盟之士,言谓盟会之辞。"①历史上最生动的场景,大概是《史记·廉颇蔺相如列传》所记战国时秦赵渑池之会。倘证之于古史,亦可证此说不诬。《左传》"襄公十四年"载:

> 自王以下,各有父兄子弟,以补察其政。史为书,瞽为诗,工诵箴谏,大夫规诲,士传言。②

《国语·周语上》曰:

> 故天子听政,使公卿至于列士献诗,瞽献曲,史献书,师箴,瞍赋,矇诵,百工谏,庶人传语,近臣尽规,亲戚补察,瞽史教诲,耆艾修之,而后王斟酌焉。③

《楚语上》载左史倚相谏申公子亹曰:

> 昔卫武公年数九十有五矣,犹箴儆于国,曰:"自卿以下至于师长士,苟在朝者,无谓我老耄而舍我,必恭恪于朝,朝夕以交戒我;闻一二之言,必诵志而纳之,以训导我。"在舆有旅贲之规,位宁有官师之典,倚几有诵训之谏,居寝有亵御之箴,临事有瞽史之导,宴居有师工之诵。史不失书,矇不失诵,以训御之,于是乎作《懿》诗以自儆也。④

---

① [唐]孔颖达《礼记正义》卷三,[清]阮元校刻《十三经注疏》,第 2705—2706 页。

② [唐]孔颖达《春秋左传正义》卷三十二,[清]阮元校刻《十三经注疏》,第 4250—4251 页。

③ [春秋](旧题)左丘明撰,徐元诰集解,王树民、沈长云点校《国语集解》,第 11—12 页。

④ [春秋](旧题)左丘明撰,徐元诰集解,王树民、沈长云点校《国语集解》,第 500—502 页。

上述政治场合中，除了史官"为书""献书""不失书"之外，其他职官和人民皆以辞命、诗歌、言语等语言传达政治诉求，履行政治职责。而言语教育也是贵族君子在乐官、礼官或长老那里接受的道德与礼仪教育科目。《诗经·大雅·抑》曰："其维哲人，告之话言，顺德之行。"①《周礼·春官宗伯·大司乐》中的大司乐，不仅要授国子乐舞，还要教授乐德与乐语，因为这些皆包含在礼乐之中，甚至是礼乐修养的内涵和意义的表达方式：

> 以乐德教国子：中，和，祗，庸，孝，友。以乐语教国子：兴，道，讽，诵，言，语。②

郑玄注"乐语"曰："兴者，以善物喻善事。道，读曰导。导者，言古以剀今也。倍文曰讽，以声节之曰诵，发端曰言，答述曰语。"又《礼记·文王世子》曰：

> 凡祭与养老乞言、合语之礼，皆小乐正诏之于东序。大乐正学舞干、戚。语说，命乞言，皆大乐正授数，大司成论说在东序。③

郑玄注曰："养老乞言，养老人之贤者，因从乞善言可行者也。合语，谓乡射、乡饮酒、大射、燕射之属也。《乡射记》曰：'古者，于旅也语。'""语说，合语之说也。"《正义》曰："言合语者，谓合会义理而语说也。"④孙希旦《礼记集解》曰："语说、乞言二者，小乐正诏其礼，大乐正又授以篇数而使习之……大司成，有道德而教于国学者也……诏其礼，授其数者，所以习其事也。论说者，所以明其义也，习其事者易，明其义者难，此所以必属

---

① ［唐］孔颖达《毛诗正义》卷十八，［清］阮元校刻《十三经注疏》，第1198页。
② ［唐］贾公彦《周礼注疏》卷二十二，［清］阮元校刻《十三经注疏》，第1700页。
③ ［唐］孔颖达《礼记正义》卷二十，［清］阮元校刻《十三经注疏》，第3043页。
④ ［唐］孔颖达《礼记正义》卷二十，［清］阮元校刻《十三经注疏》，第3043页。

之大司成也。"①《国语·晋语六》有一则关于向老人乞言,再由一位长辈论说的记载。赵文子冠,分别去见栾武子、中行宣子、范文子、郤驹伯、韩献子、智武子、苦成叔子、温季子等长辈卿大夫,每人皆赠以善言,最后见张老(张孟)而语之,张老一一评价道:"善矣,从栾伯之言可以滋,范叔之教可以大,韩子之戒可以成,物备矣,志在子。若夫三郤,亡人之言也,何称述焉!智子之道善矣,是先主覆露子也。"②总之,向长辈学习善言,在各种礼仪政教场合的言语训练以及这些言语中的义理解释,构成了贵族教育的重要内容。

言辞之于礼乐政教至为重要,这使得言辞获得了政治与文化权威,《韩非子·问辩》曰:"令者,言最贵者也。"③孔颖达云:"君口出言即书为法。"④宋代古文家真德秀将春秋时代的言辞视为"王言之体",其《文章正宗》首列"辞命"一类,以《尚书》中的"诰""誓""命"为祖,参之以"《春秋》内、外《传》所载周天子谕告诸侯之辞,列国往来应对之辞"。⑤ 出于礼乐政教权威和实际需要,对人和对神的言辞皆要加以修饰,故而修辞、文言的意识非常强烈。《诗经·大雅·板》曰:"辞之辑矣,民之洽矣。辞之怿矣,民之莫矣。"郑玄笺曰:"辞,辞气,谓政教也。"⑥《左传》"桓公六年"载季梁曰:"所谓道,忠于民而信于神也。上思利民,忠也;祝史正辞,信也。"⑦"昭公二十六年"载闵马父曰:"文辞以行礼也。"⑧春秋时列国外交,更是讲求辞命。刘知幾《史通·言语》曰:

---

① [清]孙希旦撰,沈啸寰、王星贤点校《礼记集解》,中华书局,1989年,第559页。

② [春秋](旧题)左丘明撰,徐元诰集解,王树民、沈长云点校《国语集解》,第389页。

③ [清]王先慎撰,钟哲点校《韩非子集解》卷十七《问辩》,中华书局"新编诸子集成",1998年,第394页。

④ [唐]孔颖达《尚书正义》卷一《尚书序》,[清]阮元校刻《十三经注疏》,第235页。

⑤ [元]马端临撰,上海师范大学古籍研究所、华东师范大学古籍研究所点校《文献通考》卷二百四十九《经籍考·集·总集》,中华书局,2011年,第6712页。

⑥ [唐]孔颖达《毛诗正义》卷十七,[清]阮元校刻《十三经注疏》,第1183页。

⑦ [唐]孔颖达《春秋左传正义》卷六,[清]阮元校刻《十三经注疏》,第3799页。

⑧ [唐]孔颖达《春秋左传正义》卷五十二,[清]阮元校刻《十三经注疏》,第4593页。

　　盖枢机之发,荣辱之主,言之不文,行之不远,则知饰词专对,古之所重也。……周监二代,郁郁乎文。大夫、行人,尤重词命,语微婉而多切,言流靡而不淫。[①]

考之史籍,《左传》"襄公三十一年"列数郑国子产从政之善,极称其善为辞令:

　　子产之从政也,择能而使之。冯简子能断大事;子大叔美秀而文;公孙挥能知四国之为,而辨于其大夫之族姓、班位、贵贱、能否,而又善为辞令;裨谌能谋,谋于野则获,谋于邑则否。郑国将有诸侯之事,子产乃问四国之为于子羽,且使多为辞令;与裨谌乘以适野,使谋可否;而告冯简子,使断之;事成,乃授子大叔使行之,以应对宾客,是以鲜有败事。[②]

又《国语·楚语下》载楚大夫对晋赵简子曰:

　　楚之所宝者,曰观射父,能作训辞,以行事于诸侯,使无以寡君为口实。[③]

《左传》"襄公二十五年"的记载,则阐述了文言的意义:

　　仲尼曰:"《志》有之:'言以足志,文以足言。'不言,谁知其志?言之无文,行而不远。"[④]

---

① [唐]刘知幾撰,[清]浦起龙释《史通通释》,上海古籍出版社,1978年,第149页。
② [唐]孔颖达《春秋左传正义》卷四十,[清]阮元校刻《十三经注疏》,第4376页。
③ [春秋](旧题)左丘明撰,徐元诰集解,王树民、沈长云点校《国语集解》,第526页。
④ [唐]孔颖达《春秋左传正义》卷三十六,[清]阮元校刻《十三经注疏》,第4311页。

这里的"言",指言说。黄侃认为古人"以一句为一言也"。①"文"即修饰文辞之意。段玉裁《说文解字注》认为,词即文字,由意(文字之义)、言(文字之声)构成,词为文字形声之合;而"辞"即文辞、篇章。"积文字而为篇章,积词而为辞。《孟子》曰'不以文害辞',不以词害辞也。孔子曰'言以足志',词之谓也。'文以足言',辞之谓也。"②据此,则"言以足志",即组织思想为文字词语;"文以足言",即组织文字词语成为文辞篇章。必须指出的是,段氏此解,仅可适用于孟子之言,而孔子所引《志》中的"言",应指言说这个行为,而不是字词。不然孔子为何又补充"不言,谁知其志"之语?"言说"意义上的"言",其字义即《说文解字》所云"直言曰言"。段注引《大雅毛传》"直言曰言,论难曰语",又引郑注《大司乐》"发端曰言,答述曰语",注《杂记》"言,言己事;为人说为语"。③据此,则心志在我,故曰"言以足志",指的是直言自己之心志。若想让他人接受自己的言说,就要按照礼乐场合以及社会环境加以修辞文饰,形成说辞,故曰"文以足言"。心志(思想)、言说、修辞是一个逐层递进表达的关系。"文"的修饰功能影响着"言"的传播效率,阮元《文言说》对此解释道:

> 许氏《说文》:"直言曰言。论难曰语。"《左传》曰:"言之无文,行之不远。"此何也?古人以简策传事者少,以口舌传事者多,以目治事者少,以口耳治事者多,故同为一言,转相告语,必有愆误,是必寡其词,协其音,以文其言,使人易于记诵,无能增改,且无方言俗语杂于其间,始能达意,始能行远。④

孔子所引"言以足志,文以足言",一方面是说"文"是对"言"的修饰

---

① 黄侃《文心雕龙札记》,第 15 页。

② [汉]许慎撰,[清]段玉裁注《说文解字注》,上海古籍出版社影印经韵楼刊本,1981 年,第 430 页。焦循《孟子正义》释孟子此语即引段氏之说([清]焦循撰,沈文倬点校《孟子正义》,中华书局"新编诸子集成",1987 年,第 638—639 页)。

③ [汉]许慎撰,[清]段玉裁注《说文解字注》,第 89 页。

④ [清]阮元著,邓经元点校《揅经室集》,中华书局,1993 年,第 605 页。

与表达,同时也是说"言"是对心志的修辞与表达。这就触及个体与言辞的关系以及个体言辞的价值。因此,修辞的意义也就和礼乐的意义一样,可以内化为个人的道德与精神修养,言(修饰过的身心)和文(修饰过的言)是个体身心与道德品质的必然表现与外发过程。《左传》"襄公三十一年"载北宫文子对卫侯问威仪曰:

> 故君子在位可畏,施舍可爱,进退可度,周旋可则,容止可观,作事可法,德行可象,声气可乐,动作有文,言语有章,以临其下,谓之有威仪也。①

"言语有章"是君子的威仪之一,是个人思想、品德的外在表现。《左传》"僖公二十四年"载介之推不言禄,其母劝其上言,使晋文公知其心志,介之推曰:"言,身之文也。身将隐,焉用文之?是求显也。"②如果说介之推的定义过于简略,那么,《国语·晋语五》载宁嬴氏之语则言之更详:

> 夫貌,情之华也;言,貌之机也。身为情,成于中。言,身之文也,言文而发之,合而后行,离则有衅。③

身情与言貌必须合一才能成为一个有德者,因此,言语的修养就是道德修养,"立言"也就成为实现理想人生的重要途径之一,成为当时流行的"三不朽"的人生观之一。《左传》"襄公二十四年"载穆叔对范宣子"古人有言曰'死而不朽'"之问曰:

> 豹闻之:"太上有立德,其次有立功,其次有立言。"虽久不废,此之谓不朽。若夫保姓受氏,以守宗祊,世不绝祀,无国无之。禄之大

---

① [唐]孔颖达《春秋左传正义》卷四十,[清]阮元校刻《十三经注疏》,第4378页。
② [唐]孔颖达《春秋左传正义》卷十五,[清]阮元校刻《十三经注疏》,第3944页。
③ [春秋](旧题)左丘明撰,徐元诰集解,王树民、沈长云点校《国语集解》,第376页。

者,不可谓不朽。①

与个体身心道德合一的言辞,作为个体的卓越思想及其表达,其价值超过权势和富有,这是从礼乐政教的言论权威中产生的个体精神和价值的自觉,也是诸子继承的光辉传统。

春秋时代的君子之所以有"立言"的自觉,一个重要的原因就是,古代存在一个以"言"的形式表达与传播个体思想的悠久传统。长期以来,我们囿于文献学的常识,认为诸子的思想兴起于个人的著述与书写。章学诚《校雠通义·原道》认为古代"官守学业皆出于一,而天下以同文为治,故私门无著述文字"。② 其《文史通义·诗教上》认为"古未尝有著述之事",因为"官师守其典章,史臣录其职载。文字之道,百官以之治,而万民以之察,而其用已备矣"。由于"道不行而师儒立其教","至孟子而其文然后闳肆焉"。即便是《论语》以及托诸春秋管仲的《管子》等,皆成于战国。③ 罗根泽《战国前无私家著作说》用文献索引和统计的方法对章氏的论断做出了坚实详尽的考证。④ 但是章学诚和罗根泽只关注战国之前是否存在"私家著作",而没有关注是否存在"私人言论"——诸子文化更深远的源头——"立言"的传统。

"立言"的传统,见诸《左传》《国语》等春秋史料所载贵族君子们的言辞实践,特别是柳下惠、臧文仲、叔向、子产、晏子、季札等一大批博学多识者的言论,其中不乏析事论理的精彩论说,堪称前诸子时代个人思想言论的表达。这些"言"不仅成为后世古文选本如《文章正宗》《古文观止》等选择的典范,而且也受到现代哲学史的重视。比如冯友兰《中国哲

① 　[唐]孔颖达《春秋左传正义》卷三十五,[清]阮元校刻《十三经注疏》,第 4297 页。

② 　[清]章学诚著,叶瑛校注《文史通义校注》,第 1015 页。

③ 　[清]章学诚著,叶瑛校注《文史通义校注》,第 62 页。

④ 　罗根泽编著《古史辨》第四册《诸子丛考》,上海古籍出版社,1982 年,第 8—68 页。按,宁镇疆对"私家著作"亦有反思,认为私人著作也可出现于战国之前。见宁镇疆《先秦学术史上的"私家著作"问题》,《光明日报》2021 年 2 月 22 日第 13 版。但其文中所举例证,皆非诸子文献。本章则主张诸子文献的书写过程始于战国以后。

学史》中专设《孔子以前及其同时之宗教的哲学的思想》一章，以"孔子以前，无私人著作，今搜集《诗》《书》《左传》《国语》中所说，足以代表孔子以前及其同时之宗教的、哲学的思想者，以见孔子以前及其同时人智之大概"，从中分析诸子时代之前关于鬼神、术数、自然之天、开明思想、人本主义等内容。① 这些内容其实也是诸子们最关注的天人之道，只是如张岱年所评价的那样："此等贵族学者，皆多见多闻而有卓识，然尚无特异的学说，更无有系统的哲学思想。"②

从《左传》《国语》等春秋史料可见，这些善于辞令的贵族君子们往往引述"古人之言"。罗根泽统计《左传》引述文献的情况，也发现除了引《诗》、《书》、《易》、礼及诸多政典史志之外，还有引人的情况：

> （《左传》）所引之人，曰史佚，曰周任，皆史官，其言必见其所修之史（原注：成四年引《史佚之志》，志即史）。曰周文、武，曰楚庄、文，曰叔向，曰辛伯，曰子犯，曰臧孙纥，皆历史人物，其言故见于史书……曰泛引古人、先民，或史籍所载，或口碑所传，决非有私人著作……三《传》及他战国初年书所引孔子之言，除荒缈无稽者（如《庄子》所引），概得之传闻，或孔门弟子之口授。③

这些"史佚有言曰"（《国语·周语下》亦引）、"周任有言曰"、"叔向有言曰"、"臧孙纥有言曰"、"子犯有言曰"、"古人有言曰"、"先民有言曰"等，包括记录古人言论的《志》《语》，当皆是春秋时代君子们口耳传诵的名人名言，或是他们习知的史、志记录的古人言论。这些言论或记录的文字，因其是个人的思想言论，故可视作诸子的先河。对这些言论的传诵、引述以及记录的意识，也是诸子文献形成的先河。吕思勉认为，古代简牍

---

① 冯友兰《中国哲学史》上册，第 29—41 页。按，胡适《中国哲学史大纲》中讨论老子、孔子之前三个世纪的"中国哲学结胎的时代"，只关注到《诗经》中的材料，故将诸子之前的时代称为"诗人时代"（胡适《中国哲学史大纲（卷上）》，第 27—37 页）。

② 张岱年《中国哲学大纲》，中国社会科学出版社，1982 年，第 10 页。

③ 罗根泽编著《古史辨》第四册《诸子丛考》，第 37 页。

用少,事与言多凭口耳相授,故史、志亦可称为"语",诸子的文献也源自记录诸子们言行的"语"类文献:

> 古重言辞,书诸简牍盖其变。既重言辞,则其所书者,亦必如其口语;虽有润饰,所异固无多也。
>
> ……
>
> 然则《论语》者,孔子及其门弟子之言行之依类纂辑者;《国语》,则贤士大夫之言行分国纂辑者耳。故吾谓《国语》实《尚书》之支流余裔也。不惟《国语》,《晏子春秋》及《管子》之大、中、小《匡》诸篇,凡记贤士大夫之言行者,皆《国语》类也。亦不惟《论语》,诸子书中,有记大师巨子之言行者,皆《论语》类也。①

总之,在口耳治事与礼乐政教的时代,言说与辞命的权威酝酿了个体修辞和立言的文化自觉与传统。这样的自觉与传统,以及相关的传诵、引述、记录与编辑言辞的传统,而不是后来司马迁所说的圣贤"发愤著书"的意识与传统,与诸子的产生有着更为直接的关联。

三、诸子的"立言"

《文心雕龙·诸子》曰:"诸子者,入道见志之书。太上立德,其次立言。百姓之群居,苦纷杂而莫显;君子之处世,疾名德之不章。"②可以说,先秦诸子们自觉地继承了古代贤士大夫们的"立言"传统。刘勰所谓"入道见志",指出了诸子超越前人之处,在于提出了特异的学说和系统的思想。章学诚又曰:"古人之言,所以为公也,未尝矜于文辞,而私据为己有也。志期于道,言以明志,文以足言。其道果明于天下,而所志无不

---

① 吕思勉《周官五史》,《吕思勉读史札记(增订本)》上册,第 214—215 页。

② [梁]刘勰著,[清]黄叔琳注,李详补注,杨明照校注拾遗《增订文心雕龙校注》卷四,第 227 页。

申,不必其言之果为我有也。"①尽管诸家各派"道"不相同,争鸣论辩,但皆以明道之言为天下至理,因此,诸子皆从各自所处的时代和思想逻辑出发,提出了各自的立言策略。

(一) 儒家的"文言"

孔子是诸子的开创者,他直接继承了春秋时代的立言思想,视君子的言辞为礼乐政教的关键。《论语·子路》载孔子曰:

> 名不正,则言不顺;言不顺,则事不成;事不成,则礼乐不兴;礼乐不兴,则刑罚不中;刑罚不中,则民无所措手足。故君子名之必可言也,言之必可行也,君子于其言无所苟而已矣。②

但孔子处于礼崩乐坏的时代,所以孔子意识到言说与行为的分离。《宪问》载子曰:

> 邦有道,危言危行;邦无道,危行言孙。③

基于言辞的重要,孔子认为立言的根据在于言说者个体的道德品性。《宪问》载子曰:"有德者必有言,有言者不必有德。"④《周易·乾卦·文言》载子曰:"君子进德修业。忠信,所以进德也;修辞立其诚,所以居业也。"⑤皆是阐论言辞与道德修养及实践的关系。王应麟曰:"修其内则为诚,修其外则为巧言。"⑥言既是"身之文",则言说必须有身体力行的

---

① [清]章学诚《文史通义·言公》,[清]章学诚著,叶瑛校注《文史通义校注》,第169页。
② [宋]邢昺《论语注疏》卷十三,[清]阮元校刻《十三经注疏》,第5445页。
③ [宋]邢昺《论语注疏》卷十四,[清]阮元校刻《十三经注疏》,第5453页。
④ [宋]邢昺《论语注疏》卷十四,[清]阮元校刻《十三经注疏》,第5453页。
⑤ [唐]孔颖达《周易正义》卷一,[清]阮元校刻《十三经注疏》,第27页。
⑥ [宋]王应麟著,[清]翁元圻等注,栾保群、田松青、吕宗力校点《困学纪闻(全校本)》上册卷一,第1页。

真实性,可是在孔子的时代,言说的内容与言说者的德操发生了离析,所以他主张"君子不以言举人,不以人废言"(《论语·卫灵公》)。① 言与德,言与行的关系也成为孔子论述较多的问题,如孔子曰:"巧言令色,鲜矣仁"(《学而》《阳货》皆载);②"巧言乱德"(《卫灵公》);③"君子欲讷于言而敏于行"(《里仁》);④"君子耻其言而过其行"(《宪问》)。⑤ 孔子也将知言作为观人品行的方法,所谓"不知言,无以知人也"(《尧曰》),⑥"始吾于人也,听其言而信其行;今吾于人也,听其言而观其行"(《公冶长》)。⑦ 而察仁犹为知言之要。《子路》载子曰:"刚、毅、木、讷近仁。"⑧《颜渊》:"司马牛问仁。子曰:'仁者,其言也讱。'曰:'其言也讱,斯谓之仁已乎?'子曰:'为之难,言之得无讱乎?'"⑨

孔子同样重视修辞、文言。前论《左传》载孔子引述并解释《志》中所载"言以足志,文以足言"之语,以心志发为言说进而发为文辞。上博简《孔子诗论》所载孔子之言曰:"诗亡隐志,乐亡隐情,文亡隐言。"⑩其文与言的关系和《左传》之旨相近。又《易·系辞上》:"子曰:'书不尽言,言不尽意。'"⑪孔颖达《尚书序正义》曰:"言者意之声,书者言之记。是故存言以声意,立书以记言。故《易》曰:'书不尽言,言不尽意。'是言者,意

① [宋]邢昺《论语注疏》卷十五,[清]阮元校刻《十三经注疏》,第5470页。
② [宋]邢昺《论语注疏》卷一,[清]阮元校刻《十三经注疏》,第5336页。
③ [宋]邢昺《论语注疏》卷十五,[清]阮元校刻《十三经注疏》,第5470页。
④ [宋]邢昺《论语注疏》卷四,[清]阮元校刻《十三经注疏》,第5368页。
⑤ [宋]邢昺《论语注疏》卷十四,[清]阮元校刻《十三经注疏》,第5458页。
⑥ [宋]邢昺《论语注疏》卷二十,[清]阮元校刻《十三经注疏》,第5510页。
⑦ [宋]邢昺《论语注疏》卷五,[清]阮元校刻《十三经注疏》,第5373页。
⑧ [宋]邢昺《论语注疏》卷十三,[清]阮元校刻《十三经注疏》,第5449页。
⑨ [宋]邢昺《论语注疏》卷十二,[清]阮元校刻《十三经注疏》,第5436页。
⑩ 马承源主编《上海博物馆藏战国楚竹书(一)》,上海古籍出版社,2001年,第123页。按,此书释"隐"为"离"。本章从李学勤、裘锡圭之说。见李学勤《诗论》的体裁和作者》,上海大学古代文明研究中心、清华大学思想文化研究所编《上博馆藏战国楚竹书研究》,上海书店出版社,2002年,第60页;裘锡圭《关于〈孔子诗论〉》,裘锡圭《中国出土古文献十讲》,复旦大学出版社,2004年,第304页。
⑪ [唐]孔颖达《周易正义》卷七,[清]阮元校刻《十三经注疏》,第170页。

之筌蹄，书、言相生者也。"①则书写是对言说的表达，言说是对心意的表达，与《左传》之旨相近，当皆是战国儒家传承的孔门修辞观念。因此，孔子既重视言辞的道德根据和内容，所谓"法语之言，能无从乎?"（《子罕》），②又重视言辞的功用，所谓"辞达而已矣"（《卫灵公》）。③他对弟子的教育内容中，有"言语"（《先进》）一科。其言语训练，有修辞之教，所谓"为命，裨谌草创之，世叔讨论之，行人子羽修饰之，东里子产润色之"（《宪问》）。④"不学《诗》，无以言"（《季氏》）。⑤有雅言之教，所谓"子所雅言，《诗》《书》执礼，皆雅言也"（《述而》）。⑥有乞言合语之教，所谓"孔子于乡党，恂恂如也，似不能言者。其在宗庙朝廷，便便言，唯谨尔。朝，与下大夫言，侃侃如也；与上大夫言，誾誾如也"（《乡党》）。⑦"可与言而不与言，失人；不可与言而与之言，失言。知者不失人，亦不失言"（《卫灵公》）。⑧

　　和孔子的处境不同，孟子面对的是一个百家争鸣的时代，辩论成为诸子立言的

图 11　上博简《孔子诗论》图版（战国，选自马承源主编《上海博物馆藏战国楚竹书(一)》，上海古籍出版社,2001 年）

---

① ［唐］孔颖达《尚书正义》卷一，［清］阮元校刻《十三经注疏》，第 235 页。

② ［宋］邢昺《论语注疏》卷九，［清］阮元校刻《十三经注疏》，第 5410 页。

③ ［宋］邢昺《论语注疏》卷十五，［清］阮元校刻《十三经注疏》，第 5471 页。

④ ［宋］邢昺《论语注疏》卷十四，［清］阮元校刻《十三经注疏》，第 5454 页。

⑤ ［宋］邢昺《论语注疏》卷十六，［清］阮元校刻《十三经注疏》，第 5480 页。

⑥ ［宋］邢昺《论语注疏》卷七，［清］阮元校刻《十三经注疏》，第 5392 页。

⑦ ［宋］邢昺《论语注疏》卷十，［清］阮元校刻《十三经注疏》，第 5416 页。

⑧ ［宋］邢昺《论语注疏》卷十五，［清］阮元校刻《十三经注疏》，第 5468 页。

主要方式。孟子以距杨、墨,正人心,息邪说为己任,故曰:"予岂好辩哉?
予不得已也。"(《孟子·滕文公下》)①在辩论的话语场域中,孟子特别重
视言辞是否符合道义,而不拘于言辞的表述及其行为的结果。其曰:"大
人者,言不必信,行不必果,惟义所在。"(《离娄下》)②他和孔子一样,注
重言辞的内容,曰:"言无实不祥。不祥之实,蔽贤者当之。"(《离娄
下》)③但与孔子注重言辞的道德根据不同,孟子更加注重言辞的思想根
据及其论辩的力量。孟子批评告子的论辩方式,曰:"不得于心,勿求于
气,可。不得于言,勿求于心,不可。"(《公孙丑上》)④他认为,内心没有
想清楚道理,就不能在论辩时求助于情绪和意气,但不能既说错了话,又
不在心里想清楚错在何处。在论辩的驱动下,孟子发展了孔子"知言"
"知人"的思想与方法。其曰:"我知言,我善养吾浩然之气。"浩然之气,
"配义与道","是集义所生者";知言则"诐辞知其所蔽,淫辞知其所陷,邪
辞知其所离,遁辞知其所穷"(《公孙丑上》)。⑤朱子《孟子集注》曰:"盖
惟知言,则有以明夫道义,而于天下之事无所疑;养气,则有以配夫道义,
而于天下之事无所惧。"⑥冯友兰曰:"何以能知?即因其对于义理已有
完全底知识也。"⑦孟子知言知人之术,在于直达人的心志,故曰:"存乎
人者,莫良于眸子。眸子不能掩其恶。胸中正,则眸子瞭焉;胸中不正,
则眸子眊焉。听其言也,观其眸子,人焉廋哉?"(《离娄上》)⑧孟子还将
知言、知人的思想与方法发展为经典的解释方法,《万章下》:

> 孟子谓万章曰:"一乡之善士斯友一乡之善士,一国之善士斯友

① [宋]孙奭《孟子注疏》卷六下《滕文公章句下》,[清]阮元校刻《十三经注疏》,第 5903 页。
② [宋]孙奭《孟子注疏》卷八上《离娄章句下》,[清]阮元校刻《十三经注疏》,第 5930 页。
③ [宋]孙奭《孟子注疏》卷八上《离娄章句下》,[清]阮元校刻《十三经注疏》,第 5931 页。
④ [宋]孙奭《孟子注疏》卷三上《公孙丑章句上》,[清]阮元校刻《十三经注疏》,第 5840 页。
⑤ [宋]孙奭《孟子注疏》卷三上《公孙丑章句上》,[清]阮元校刻《十三经注疏》,第 5840—
5841 页。
⑥ [宋]朱熹《四书章句集注》,中华书局"新编诸子集成",1983 年,第 231 页。
⑦ 冯友兰《孟子浩然之气章解》,冯友兰《中国哲学史》下册,第 430 页。
⑧ [宋]孙奭《孟子注疏》卷七下《离娄章句上》,[清]阮元校刻《十三经注疏》,第 5920 页。

> 一国之善士,天下之善士斯友天下之善士。以友天下之善士为未
> 足,又尚论古之人。颂其诗,读其书,不知其人,可乎?是以论其世
> 也,是尚友也。"①

通过阅读诗、书理解古人及其时代,进而通过经典的文字理解辞章、解说
古人的心志,《万章上》曰:

> 故说《诗》者不以文害辞,不以辞害志。以意逆志,是为得之。②

既"知人论世",又"以意逆志",因而孟子能够反思经典中的文字,甚至可
以质疑经典的文字:"尽信《书》,则不如无《书》。吾于《武成》,取二三策
而已矣。仁人无敌于天下,以至仁伐至不仁,而何其血之流杵也?"(《尽
心下》)③

　　值得我们注意的是,知言、知人的思想不仅仅是解释的方法,也是立
言的方法。先秦儒家的著作中,不仅继承了春秋君子辞命中引证《诗》
《书》等经典的传统,而且也继承了解释古代经典的传统。清儒皮锡瑞强
调"经学开辟时代,断自孔子删定六经为始。孔子以前,不得有经"。因
为《诗》《书》"虽卷帙繁多,而未经删定,未必篇篇有义可为法戒"。"《易》
自孔子作卦、爻《辞》,《象》,《象》,《文言》,阐发羲、文之旨,而后《易》不仅
为占筮之用。《春秋》自孔子加笔削褒贬,为后王立法,而后《春秋》不仅
为记事之书。"④其说虽在尊崇今文经学,但也揭示了六经的文本是儒家
学派不断编纂与解释的产物。因此,以孔子为代表的儒家具有系统编纂
并解释古代经典、建构六经体系的自觉意识,而孟子又发展了经典解释
的方法。由于儒家既是王官之学和礼乐政教传统的继承者,又是诸子的
开创者,所以儒家的立言途径既通过编纂或书写个体思想,还通过编纂

---

① [宋]孙奭《孟子注疏》卷十下《万章章句下》,[清]阮元校刻《十三经注疏》,第 5974 页。

② [宋]孙奭《孟子注疏》卷九上《万章章句上》,[清]阮元校刻《十三经注疏》,第 5950 页。

③ [宋]孙奭《孟子注疏》卷十四上《尽心章句下》,[清]阮元校刻《十三经注疏》,第 6035 页。

④ 皮锡瑞《经学历史》,中华书局,1959 年,第 19—20 页。

与解说古代经典,所谓"依经立义"。①《史记·孟子荀卿列传》载孟子
"退而与万章之徒序《诗》《书》,述仲尼之意,作《孟子》七篇"。② 在儒家
的传统里,解说经典可能比成一家之言更为重要,因为先王政教典籍中
的思想与制度才是儒家效法的经世理想。吕思勉指出:"与经相辅而行
者,大略有三:传、说、记是也。《汉书·河间献王传》曰:'献王所得,皆
经、传、说、记,七十子之徒所论。'盖传、说、记三者,皆与经相辅而行;孔
门所传之书,大略可分此四类也。"由于孔子系统编订、解释六经的开创
地位,孔子也因此成为儒家甚至其他学派所依托的古代经典解释权威,
如吕思勉所云:"六经皆古籍,而孔子取以立教,则又自有其义。""儒家所
重者,孔子之义,非自古相传之典籍也。"③以重孔子之义之故,则孔子之
言不仅见诸儒家的子书之中,而且见诸战国秦汉间儒家诸多经传、说、
记。当代出土文献中的儒家类古书中,如马王堆诸《易传》、上博简《孔子
诗论》,盖为儒家相传或托诸孔子的解经之传;郭店简和上博简的《缁
衣》,郭店简《穷达以时》,上博简《民之父母》、《子羔》、《鲁邦大旱》等,盖
为引述孔子言论的《礼记》类文献。

荀子比孟子更加积极地提倡论辩,主张"君子必辩",或者说,有德者
必须有言。《荀子·非相篇》认为,"有小人之辩者,有士君子之辩者,有
圣人之辩者"。④ 所谓的"君子之辩",不仅是合乎先王之道、顺乎礼义、
关乎政治的"仁言",而且是君子的志向与使命:

> 凡言不合先王,不顺礼义,谓之奸言,虽辩,君子不听。法先王,
> 顺礼义,党学者,然而不好言,不乐言,则必非诚士也。故君子之于

---

① 此处借用刘勰《文心雕龙·辨骚》《离骚》之文,依经立义"之语([梁]刘勰著,[清]黄
叔琳注,李详补注,杨明照校注拾遗《增订文心雕龙校注》卷一,第50页)。
② 《史记》卷七十四《孟子荀卿列传》,第2343页。
③ 吕思勉《传、说、记》,《吕思勉读史札记(增订本)》中册,第748—749页。
④ [清]王先谦撰,沈啸寰、王星贤点校《荀子集解》卷三,第88页。

图 12　上博简《缁衣》图版
（战国，选自马承源主编《上海博物馆藏战国楚竹书（一）》，上海古籍出版社，2001 年）

言也，志好之，行安之，乐言之。故君子必辩。①

……

　　是以小人辩言险，而君子辩言仁也。……故仁言大矣。起于上所以道于下，正令是也；起于下所以忠于上，谋救是也；故君子之行仁也无厌。志好之，行安之，乐言之，故言君子必辩。②

────────

　　① ［清］王先谦撰，沈啸寰、王星贤点校《荀子集解》卷三，第 83 页。按，刘宝楠《论语正义》即引此语疏证"有德者必有言"（［清］刘宝楠《论语正义》，第 202 页）。
　　② ［清］王先谦撰，沈啸寰、王星贤点校《荀子集解》卷三，第 87 页。

孟子辟杨墨,而荀子则非十二子,他的论敌更多,因而他可以在广泛地论衡、批判诸子思想的基础上,提出统一政治和文教的主张,《非十二子》曰:

> 今夫仁人也,将何务哉?上则法舜、禹之制,下则法仲尼、子弓之义,以务息十二子之说,如是则天下之害除,仁人之事毕,圣王之迹著矣。①

在荀子看来,舜、禹是"圣人之得势者",代表着"一天下,财万物,长养人民,兼利天下"的理想政治;②仲尼、子弓是"圣人之不得势者",代表着"总方略,齐言行,一统类,而群天下之英杰而告之以大古,教之以至顺"的理想文教。③

如何统一政治和文教,荀子关注于思想和言论的统一,由于荀子对于道家、名家、墨家皆做了批判和吸收,故可出入名学、墨学。他吸收了道家"知者不言,言者不知"的辨证观念,主张"言而当,知也;默而当,亦知也。故知默犹知言也"。④ 他的立论方式与墨辩一样,主张"凡论者,贵其有辨合、有符验。故坐而言之,起而可设、张而可施行"。⑤ 其《正名》一篇兼综诸家而发展了孔子"名正言顺"的思想,系统地阐论了事物、思想、概念、语言的关系,为论辩确立了立论的方法和标准:⑥

---

① [清]王先谦撰,沈啸寰、王星贤点校《荀子集解》卷三,第97页。
② [清]王先谦撰,沈啸寰、王星贤点校《荀子集解》卷三,第97页。
③ [清]王先谦撰,沈啸寰、王星贤点校《荀子集解》卷三,第95页。按,"大古",《韩诗外传》作"大道"([汉]韩婴撰,许维遹校释《韩诗外传集释》卷四"第二十二章",中华书局,1980年,第150页)。
④ [清]王先谦撰,沈啸寰、王星贤点校《荀子集解》卷三《非十二子》,第97页。
⑤ [清]王先谦撰,沈啸寰、王星贤点校《荀子集解》卷十七《性恶》,第440页。
⑥ 章太炎曰:"墨有《经》上下,儒有孙卿《正名》,皆不为造次辩论,务穷其柢。"(章太炎撰,庞俊、郭诚永疏证,董婧宸校订《国故论衡疏证》下之四《原名》,第597页)

夫民易一以道而不可与共故。故明君临之以埶，道之以道，申之以命，章之以论，禁之以刑。故其民之化道也如神，辨说恶用矣哉！今圣王没，天下乱，奸言起，君子无埶以临之，无刑以禁之，故辨说也。实不喻然后命，命不喻然后期，期不喻然后说，说不喻然后辨。故期、命、辨、说也者，用之大文也，而王业之始也。名闻而实喻，名之用也。累而成文，名之丽也。用丽俱得，谓之知名。名也者，所以期累实也。辞也者，兼异实之名以论一意也。辨说也者，不异实名以喻动静之道也。期命也者，辨说之用也。辨说也者，心之象道也。心也者，道之工宰也。道也者，治之经理也。心合于道，说合于心，辞合于说，正名而期，质请而喻，辨异而不过，推类而不悖。听则合文，辨则尽故。以正道而辨奸，犹引绳以持曲直。是故邪说不能乱，百家无所窜。①

在"圣王没，天下乱，奸言起"的时代，政治权威丧失，所以，说清事实、辨明道理的话语实践成为拯救世道人心的"用之大文"和"王业之始"。通过名称（字词、概念），可以表明事实；通过连缀排列名称，可以形成文辞。名称和文辞都运用恰当，才能算得上知晓名称。人们运用表示不同事实的名称概念组成文辞，就是为了说明一种思想，而辨说，就是对同一个事实和名称概念进行不同的争论，所以，辨说就是对事实进行形容体会和命名定义的过程，就是内心思想活动的表达过程。思想活动是我们理解道的主宰，而道又是政治的大法。道、思想、辨说、文辞、名称相互协调，名称与形容、与事实相符，才能把握事实的本质，正确地辨别异同。由此类推，人们才能听从合乎礼法的思想，进行合乎逻辑的争辨。做到这些，如何纠正思想方法，如何辨别奸邪之说就有了客观的标准。

荀子阐明辨说之理，是为了明道，而荀子的道论既像道家那样具有抽象、根本的特征，但又归结、落实于圣人和经典。《儒效》曰：

---

① ［清］王先谦撰，沈啸寰、王星贤点校《荀子集解》卷十六，第422—423页。

曷谓一？曰：执神而固。曷谓神？曰：尽善挟治之谓神。万物莫足以倾之之谓固。神固之谓圣人。圣人也者，道之管也。天下之道管是矣，百王之道一是矣，故《诗》《书》《礼》《乐》之归是矣。①

在荀子这里，我们已经看出《汉书·艺文志》中以"六经"统一诸子思想学说的倾向。这个倾向不满足于将不同的思想统合在道家和阴阳家的自然之道与宇宙结构中，而是要统合在对历史和文化传统的继承之中。

（二）墨家的"辩言"

从孔子到荀子的儒家学说，贯彻诸子时代的始终，构成诸子继承发展"立言"传统的主脉，但在这个过程中，发生了一些重要的变革，丰富并深化了诸子的立言方式。

墨子的言说也引述《诗》《书》，杂引"百国《春秋》"，②如《明鬼下》引"周之《春秋》""燕之《春秋》""宋之《春秋》"等，③还有"先王之书《距年》""先王之言"④"先王之书《汤之官刑》"⑤等，但是墨子完全否定礼乐。⑥ 这说明墨家对礼乐政教的传统既继承又扬弃。墨子更看重贤人的言辩、品行以及实践能力。《尚贤上》曰："贤良之士厚乎德行，辩乎言谈，博乎道术。"⑦《修身》曰："志不强者智不达，言不信者行不果。据财不能以分人

---

① ［清］王先谦撰，沈啸寰、王星贤点校《荀子集解》卷四，第 133 页。

② ［清］毕沅撰，［清］孙诒让校补《墨子佚文》，［清］孙诒让撰，孙启治点校《墨子间诂》附录，第 656 页。

③ ［清］孙诒让撰，孙启治点校《墨子间诂》卷八，第 226 页、230 页、232 页。

④ ［清］孙诒让撰，孙启治点校《墨子间诂》卷二《尚贤中》，第 56 页、64 页。

⑤ ［清］孙诒让撰，孙启治点校《墨子间诂》卷八《非乐上》，第 259 页。

⑥ 据王桐龄《儒墨之异同》（北平文化学社刊于 1923 年）统计，《墨子》书中引《诗》凡十一见，引《书》二十七见，与今之《诗》文字颇有歧异之处，且好引逸《诗》、逸《书》。未提及《鲁春秋》，但所引《春秋》不限于《鲁春秋》。未言及《易》，极端反对礼乐（蔡尚思主编《十家论墨》，上海人民出版社，2004 年，第 24—49 页）。

⑦ ［清］孙诒让撰，孙启治点校《墨子间诂》卷二《尚贤上》，第 44 页。

者,不足与友;守道不笃,遍物不博,辩是非不察者,不足与游。"①"务言而缓行,虽辩必不听。"②墨子反对礼乐,故而反对文言与修辞,认为言不必追求文饰,而要追求思想和认识的正确,故《修身》曰:"言无务为多而务为智,无务为文而务为察。"③而要做到"智"与"察",就要确立与之相关的立论标准,《非命上》提出了所谓的"三表法":

> 子墨子言曰:必立仪。言而毋仪,譬犹运钧之上而立朝夕者也,是非利害之辨,不可得而明知也。故言必有三表。何谓三表?子墨子言曰:有本之者,有原之者,有用之者。于何本之?上本之于古者圣王之事。于何原之?下原察百姓耳目之实。于何用之?废以为刑政,观其中国家百姓人民之利。此所谓言有三表也。④

立言的标准有历史、现实和功利三个向度,墨家借此否定了礼乐、厚葬等传统文化中包含的价值观念,故而墨子的言辩,或引古代圣王之法,或述耳目可见之事,再衡之以功用利弊。如主张节用,反对"厚葬久丧",墨子引述古者圣王制为节用、饮食、衣服、节葬诸法(《节用中》),⑤再描写厚葬之靡费,久丧毁伤,指出其"令国家百姓之不治"之害在于:"细计厚葬为多埋赋之财者也,计久丧为久禁从事者也。财以成者,扶而埋之,后得生者而久禁之,以此求富,此譬犹禁耕而求获也,富之说无可得焉。"(《节葬下》)⑥后墨学派又发展出严密的辩说规则,见诸《墨子》中被称为《墨

---

① [清]孙诒让撰,孙启治点校《墨子间诂》卷一《修身》,第 10 页。
② [清]孙诒让撰,孙启治点校《墨子间诂》卷一《修身》,第 10 页。
③ [清]孙诒让撰,孙启治点校《墨子间诂》卷一《修身》,第 10 页。
④ [清]孙诒让撰,孙启治点校《墨子间诂》卷九,第 264—265 页。
⑤ [清]孙诒让撰,孙启治点校《墨子间诂》卷六,第 163—168 页。
⑥ [清]孙诒让撰,孙启治点校《墨子间诂》卷六,第 175—176 页。

辩》的《经》上、下、《经说》上、下和《大取》、《小取》六篇。① 胡适认为,"这六篇《墨辩》乃是中国古代名学最重要的书","是分别是非真伪的方法"。② 在《小取》中,后墨学派论述了"辩"的六种作用:

> 夫辩者,将以明是非之分,审治乱之纪,明同异之处,察名实之理,处利害,决嫌疑。③

冯友兰认为,墨者主张"言须精坚如石,所谓'言犹石致'(《经说上》)也。欲达此目的,则吾人之言,须遵守一定之法则,即《小取篇》所说'辩'之诸法则也"。④ 对于孔、孟等儒家而言,立言即立德立身,故"有德者必有言"(《论语·宪问》),⑤"其身正,不令而行"(《论语·子路》)。⑥ 而修辞立其诚,文言足其志,皆是立言的方式,以期文质彬彬而已。在儒家"文言"的修辞语境中,孔子既可以主张"言忠信,行笃敬"(《论语·卫灵公》),⑦也可以讥讽"言必信,行必果"为"硁硁然小人哉"(《论语·子路》)。⑧ 孟子也可以说:"大人者,言不必信,行不必果,惟义所在。"(《孟子·离娄下》)⑨可是,墨家将"辩乎言谈"作为对事物的准确把握和对道

---

① 汪中、孙诒让皆以此六篇即《庄子·天下》篇所云墨家各派俱诵之"《墨经》",见汪中《述学·墨子序》,[清]汪中撰,李金松校笺《述学校笺》,中华书局,2014 年,第 216 页;孙诒让《墨子后语·墨学传授考》,[清]孙诒让撰,孙启治点校《墨子间诂》,第 717 页。但胡适则以为"《墨经》乃是墨教的经典如《兼爱》《非攻》之类",主张根据《晋书·鲁胜传》载鲁胜注《经》上、下,《经说》上、下的《墨辩注》,"统称这六篇为《墨辩》",见胡适《中国哲学史大纲(卷上)》,第 165 页。谭戒甫对此有详辨,认为"《墨经》为墨家之道之所在,《墨辩》为墨家之术之所在",见谭戒甫《墨辩发微》,中华书局"新编诸子集成",1964 年,第 3 页。

② 胡适《中国哲学史大纲(卷上)》,第 166—177 页。

③ [清]孙诒让撰,孙启治点校《墨子间诂》卷十一,第 415 页。

④ 冯友兰《中国哲学史》上册,第 196 页。

⑤ [宋]邢昺《论语注疏》卷十四《宪问》,[清]阮元校刻《十三经注疏》,第 5453 页。

⑥ [宋]邢昺《论语注疏》卷十三《子路》,[清]阮元校刻《十三经注疏》,第 5446 页。

⑦ [宋]邢昺《论语注疏》卷十五《卫灵公》,[清]阮元校刻《十三经注疏》,第 5467 页。

⑧ [宋]邢昺《论语注疏》卷十三《子路》,[清]阮元校刻《十三经注疏》,第 5448 页。

⑨ [宋]孙奭《孟子注疏》卷八上《离娄章句下》,[清]阮元校刻《十三经注疏》,第 5930 页。

理的正确阐论，所以在墨家的语境中，就必须强调"言不信者行不果"。按照墨辩的原则，立论的概念都有严格的界定："信，言合于意也"，"行，为也"。[①] 言论与思想是否一致和在此思想引导下的行为结果之间有着严格的逻辑关联，真话和假话皆会被其实际的行为所证明。葛瑞汉指出，墨辩"提出了名的知识、实的知识、联合名实的知识和行的知识这四种规则构成的普遍知识的图景"。四种知识分别对应论证、科学、言说和伦理。[②] 所以墨家的言辩是对客观知识和实践行为的理性论证与表达，依靠的是名实之间的逻辑关系和现实功用的验证。墨家的"辩"是对言说的察辨参验，而不是文采与巧辩。《韩非子·外储说左上》中记载后墨学者田鸠对楚王"墨子者，显学也，其身体则可，其言多不辩"之问，曰：

> 墨子之说，传先王之道，论圣人之言以宣告人。若辩其辞，则恐人怀其文，忘其直，以文害用也。[③]

韩非子之所以认同田鸠的观点，因为在他看来，无用的辩说就是政治上的失败，所谓"好辩说而不求其用，滥于文丽而不顾其功者，可亡也"。[④]

总之，从墨子开始，古代君子立言修辞传统发生了革命，"辩乎言谈"的立言意识和方法将传统的"文言"转变为"辩言"，言说辩论的工具性被发现，从此，言辩的形式和逻辑被法家、名家、儒家的荀子等学派广泛地关注、讨论、运用。[⑤]

---

① ［清］孙诒让撰，孙启治点校《墨子间诂》卷十《经上》，第 313 页、311 页。

② ［英］葛瑞汉著，张海晏译《论道者：中国古代哲学论辩》，第 161—199 页。

③ ［清］王先慎撰，钟哲点校《韩非子集释》卷十一《外储说左上》，第 266 页。

④ ［清］王先慎撰，钟哲点校《韩非子集释》卷五《亡征》，第 110 页。

⑤ 胡适甚至认为惠施、公孙龙子等人"是直接的墨者"（胡适《中国哲学史大纲（卷上）》，第 200 页）。吕思勉认为"名法二家，关系最密……顾其学与墨家关系有尤密者"（吕思勉《先秦学术概论》，第 102 页）。谭戒甫认为"名墨二家，流派混淆，尤难疏浚"（谭戒甫《墨辩发微》，第 27 页）。至于荀子的《正名》，葛瑞汉称赞"是先秦有关名实关系的作品中论述最充分与最易理解的一篇。它与《墨经》关系密切，并大体可以看做是一个为儒家所用的有关后期墨家争论的摘要"（［英］葛瑞汉著，张海晏译《论道者：中国古代哲学论辩》，第 302 页）。

（三）道家的"去言"

《庄子·知北游》曰："至言去言，至为去为。"①和儒、墨二家的立言之道不同的是，道家的立言之道是反向的。由于他们始终站在自然的立场反思人类的文明，所以对立言的传统甚至语言和文字均采取了批判与否定的态度。

道家认为语言具有不可摆脱的局限性，因此不能表达自然之道或者宇宙的本体。《老子》开篇便否定了人类的语言和概念：

> 道，可道，非常道；名，可名，非常名。无名，天地始；有名，万物母。常无，欲观其妙；常有，欲观其徼。此两者，同出而异名，同谓之玄。玄之又玄，众妙之门。②

言说和概念词语不能形容、体现作为世界本体和万物根本的道，因为相对于自然，它们是次生性的人类文化的产物，仅仅是暂时的指代而已。有与无的对立，其实是人为划分界定的不同概念，其本体并无差异，因为它们皆出于道，而玄之又玄的道又是我们人类有限的能力和经验无法体察、定义的抽象。老子又曰："道出言，淡无味，视不足见，听不足闻，用不可既。"③"道隐无名。"④对此，老子提出以"常无"观其妙、"常有"观其徼的体道方法，从有、无二者的对立统一和循环往复之中，思辨出道的抽象

---

① ［清］郭庆藩撰，王孝鱼点校《庄子集释》卷七下《知北游》，中华书局"新编诸子集成"，2012年，第765页。王叔岷《庄子校诠》卷三《知北游》曰："钱《纂笺》（引者按，指钱穆《庄子纂笺》）引陶光曰：'《列子·黄帝》《说符》《淮南·道应》皆作"至为无为"。'案古帛书《称篇》云：'至言不饰。'此谓'至言去言'，更进一境。'至言去言，至为去为'，所谓'无为谓'也，与篇首假托'无为谓'其人相应。《吕氏春秋》（引者按，见《审应览》）'去为'亦作'无为'，义同（《文子·微明篇》作'去为'，与《庄子》合）。"（中华书局，2007年，第849页）
② 朱谦之《老子校释》一章，中华书局"新编诸子集成"，1984年，第3—7页。
③ 朱谦之《老子校释》三十五章，第141页。
④ 朱谦之《老子校释》四十一章，第171页。

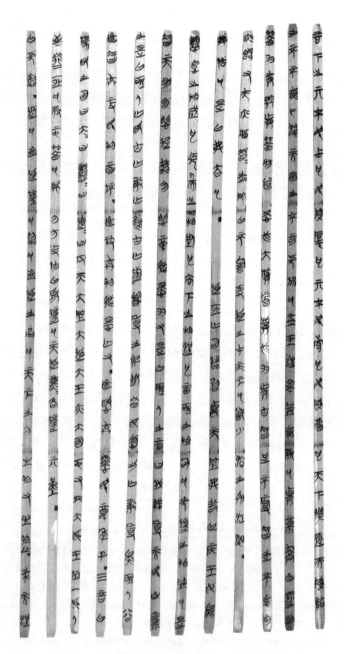

图 13 湖北荆门郭店出土楚竹书《老子》图版
（战国，选自荆门市博物馆编《郭店楚墓竹简》，文物出版社，1998 年）

性,把握道的深奥与无穷。而要能"观"察到万物的根本,必须去除内心的杂念与欲望,让心灵思想处于虚静的状态,所谓"致虚极,守静笃。万物并作,吾以观其复"。①

基于这样的认识,老子特别运用"反"的思维否定我们的文化传统与经验习惯,唯此才符合道的规律,故曰:"反者道之动,弱者道之用。天下万物生于有,有生于无。"②就言说而言,老子也提出了"反"的方案:

> 正言若反。③
> 信言不美,美言不信;善者不辩,辩者不善。④

华美巧辩的言说既不真也不善,因此老子主张少言或不言:"希言自然";⑤"多言数穷,不如守中";⑥"知者不言,言者不知"。⑦ 老子的去言并非不再言说或改变世界,而是让我们反思语言的局限性并去寻找正确的言说与行动方式:

> 是以圣人处无为之事,行不言之教。万物作而不辞,生而不有,为而不恃,成功不居。夫唯不居,是以不去。⑧
> 天下之至柔,驰骋天下之至坚。无有入无间,是以知无为有益。不言之教,无为之益,天下希及之。⑨

所以,只有"处无为之事,行不言之教"才能顺应自然,作成万物。"教"和

---

① 朱谦之《老子校释》十六章,第64—65页。
② 朱谦之《老子校释》四十章,第165页。
③ 朱谦之《老子校释》七十八章,第303页。
④ 朱谦之《老子校释》八十一章,第310页。
⑤ 朱谦之《老子校释》二十三章,第94页。
⑥ 朱谦之《老子校释》五章,第24页。
⑦ 朱谦之《老子校释》五十六章,第227页。
⑧ 朱谦之《老子校释》二章,第10—11页。
⑨ 朱谦之《老子校释》四十三章,第177—179页。

"益"分别是言说和行为产生的作用,但老子提出了最有价值的问题:"不言"与"无为"本身不就是最真实的"言"和最有力的"为"吗?

和老子一样,庄子也否定我们日常生活中的语言和文字,也主张不言。《知北游》借黄帝之口说:"夫知者不言,言者不知,故圣人行不言之教。"①《天下》讥刺"惠施多方,其书五车,其道舛驳,其言也不中"。②《天道》中记载了轮扁对齐桓公说的话:"君之所读者,古人之糟魄已夫。"③又曰:

> 世之所贵道者书也,书不过语,语有贵也。语之所贵者意也,意有所随。意之所随者,不可以言传也,而世因贵言传书。世虽贵之,我犹不足贵也,为其贵非其贵也。故视而可见者,形与色也;听而可闻者,名与声也。悲夫,世人以形色名声为足以得彼之情! 夫形色名声果不足以得彼之情,则知者不言,言者不知,而世岂识之哉!④

言不可传意,得知意者不言,所以《田子方》中说孔子与温伯雪子相见而不言,"目击而道存矣"。⑤ 另一方面,意虽由言传,但得意即应忘言。《外物》曰:

> 荃者所以在鱼,得鱼而忘荃;蹄者所以在兔,得兔而忘蹄;言者所以在意,得意而忘言。吾安得夫忘言之人而与之言哉!⑥

成玄英《疏》曰:"玄理假于言说,言说实非玄理。鱼兔得而荃蹄忘,玄理

---

① [清]郭庆藩撰,王孝鱼点校《庄子集释》卷七下,第731页。
② [清]郭庆藩撰,王孝鱼点校《庄子集释》卷十下,第1102页。
③ [清]郭庆藩撰,王孝鱼点校《庄子集释》卷五中,第490页。
④ [清]郭庆藩撰,王孝鱼点校《庄子集释》卷五中,第488—489页。
⑤ [清]郭庆藩撰,王孝鱼点校《庄子集释》卷七下,第706页。
⑥ [清]郭庆藩撰,王孝鱼点校《庄子集释》卷九上,第944页。

图 14　长沙马王堆汉墓出土帛书《老子》图版
（西汉，选自裘锡圭主编《长沙马王堆汉墓简帛集成》，中华书局，2014 年）

明而名言绝。"①和老子一样,庄子否定语言的价值,也因为它是人类文化的产物。庄子指出,人的言说不同于天地之气遇物发声而自然吹响的"地籁"和"天籁",而是出于人们被是非得失所困扰、蒙蔽的思想,因而"大知闲闲,小知閒閒;大言炎炎,小言詹詹。其寐也魂交,其觉也形开,与接为构,日以心斗"。②"夫言非吹也,言者有言,其所言者特未定也"。③ 由于任何言说都是没有根据的,所以庄子质问言说对大道的遮蔽背离以及对纷争的引发:

> 道恶乎隐而有真伪?言恶乎隐而有是非?道恶乎往而不存?言恶乎存而不可?道隐于小成,言隐于荣华。故有儒墨之是非,以是其所非而非其所是。欲是其所非而非其所是,则莫若以明。④

既然言说出于人类的争辨是非、真伪的心机,违背了自然,那就必须去言、不言。但是,有没有一种符合自然之道的言,或者没有是非真伪之辨的言说方式呢?庄子恰恰在此有了创造。《天下》曰:

> 以谬悠之说,荒唐之言,无端崖之辞,时恣纵而不傥,不以觭见之也。以天下为沉浊,不可与庄语;以卮言为曼衍,以重言为真,以寓言为广。独与天地精神往来而不敖倪于万物,不谴是非,以与世俗处。其书虽瑰玮而连犿无伤也。其辞虽参差而诙诡可观。彼其充实不可以已,上与造物者游,而下与外死生无终始者为友。⑤

如果要形容自然造物的状态,庄子就运用"谬悠之说,荒唐之言,无端崖之辞"。这些言说的特征就是没有是非真伪和边界标准。如果要对沉浊

---

① 〔清〕郭庆藩撰,王孝鱼点校《庄子集释》卷九上,第 946 页。
② 〔清〕郭庆藩撰,王孝鱼点校《庄子集释》卷一下《齐物论》,第 51 页。
③ 〔清〕郭庆藩撰,王孝鱼点校《庄子集释》卷一下《齐物论》,第 63 页。
④ 〔清〕郭庆藩撰,王孝鱼点校《庄子集释》卷一下《齐物论》,第 63 页。
⑤ 〔清〕郭庆藩撰,王孝鱼点校《庄子集释》卷十下,第 1098—1099 页。

无知的世俗之人阐说大道,庄子就放弃端庄的正论,运用卮言来突破规范,用重言来构拟真实,用寓言来推广道理。这些话语方式都违反了日常的言说习惯。《寓言》曰:"寓言十九,重言十七,卮言日出,和以天倪。"①意为合乎自然之道的言说,都属于这三种"言"。所谓"寓言十九",是"藉外论之",借他人之口说话,就像父亲不为儿子做媒一样,这样就避免了"与己同则应,不与己同则反;同于己为是之,异于己为非之"之类的是非争执。②所谓"重言十七",是"耆艾"长者之言,借他们的口说话,"所以已言也",即用来中止争辩。③所谓"卮言日出",是每天不停地流露的言说,"和以天倪,因以曼衍,所以穷年",这样的语言和自然的运行一样,弥漫无边,无穷无尽。庄子告诉我们,"卮言"之所以能合乎自然,是因为它是没有成见的无心之言,因为"不言则齐,齐与言不齐,言与齐不齐也,故曰无言"。当人们不说话时,万物都处于完整平等、无高下优劣的自在状态。一旦被人们或者人们去加以命名、定义、言说,万物就具有了不同的定义和价值,失去了平等自在的状态,所以我们应该说另一种语言,它可以叫做"无言",即"不言之言"。"不言"是指不说世俗的"言","言无言"是指说卮言这样的超越世俗的言。"无言"没有言与不言的界限,既是无,又是有,所以庄子说:"言无言,终身言,未尝不言;终身不言,未尝不言。"④

寓言、重言都是托言,即借助第三者说话的虚构语境,消除了在场辩论的对话语境,让事理在旁观的语境中展开,实现了话语的转喻。卮言则消除了言说的目标,无所指向,让话语的所指与能指之间失去了习惯造成的关联。当人们面对这些"谬悠之说,荒唐之言,无端崖之辞",听闻"大而无当、往而不返"之说而"惊怖其言"之时,就无法运用"期、命、辨、说"或者"有本之者,有原之者,有用之者"之类的方法推知其意,只能凭借自己的心意去体会这些荒诞言说的启示,达到"此中有真意,欲辨已忘

---

① [清]郭庆藩撰,王孝鱼点校《庄子集释》卷九上,第 947 页。
② [清]郭庆藩撰,王孝鱼点校《庄子集释》卷九上,第 948 页。
③ [清]郭庆藩撰,王孝鱼点校《庄子集释》卷九上,第 949 页。
④ [清]郭庆藩撰,王孝鱼点校《庄子集释》卷九上,第 949 页。

言"的境界①。庄子的言本质上都是诗的语言,正如闻一多所云,辞令在其他诸子手里只是纯熟的工具,没有独立的价值,只有到了庄子手里,"辞令正式蜕化成文学了"。② 冯友兰也指出,中国的艺术理想有着哲学背景,这就是"富于暗示,而不是明晰得一览无遗,是一切中国艺术的理想"。"言透露道,是靠言的暗示,不是靠言的固定的外延和内涵"。③ 其实,仍如冯友兰所云,包括《老子》《庄子》甚至《孟子》《荀子》在内的"中国哲学家惯于用名言隽语、比喻例证的形式表达自己的思想",④只不过道家对此有更深的洞见,更为自觉地运用这些语言。

四、诸子文本的书写

章太炎曰:"辞为口说,文为文字。"⑤只有书写下来的文本,才会将思想和知识抽离其发生的话语现场,传递给后人。因此,我们不妨用"文以足言"四个字来形容诸子通过书写实现文本化的目标。与古代圣王和春秋时代君子的言说不同的是,诸子的言说主要不是通过《尚书》《左传》《国语》之类的文档或史籍的形式传世的,而是以具有主名的文献形式自由地传世,其背后没有政治制度或礼乐制度的支撑。可是诸子的文本又不是个人独立撰写的著作,和上述史籍及其他传世的先秦古书一样,其书写皆是动态的阐述、记录、编写的过程。正如顾炎武《日知录》总结《左传》的撰述过程时所说:"成之者非一人,录之者非一世。"⑥章学诚认为

---

① [晋]陶渊明著,逯钦立校注《陶渊明集》卷三《饮酒二十首(之五)》,中华书局,1979年,第89页。

② 闻一多《庄子》,胡晓明、傅杰主编《释中国》第二卷,上海文艺出版社,1998年,第916页。

③ 冯友兰《中国哲学简史》,北京大学出版社,1996年,第11—12页。

④ 冯友兰《中国哲学简史》,第11页。

⑤ 章太炎撰,庞俊、郭诚永疏证,董婧宸校订《国故论衡疏证》中之一《文学总略》,第293页。

⑥ [清]顾炎武撰,黄汝成集释,秦克诚点校《日知录集释》卷四"《春秋》阙疑之书"条,第111页。

诸子皆非自著书,而是"援述于前与附衍于后"。① 吕思勉论及诸子文献,亦云:"先秦诸子,大抵不自著书。今其书之存者,大抵治其学者所为;而其纂辑,则更出于后之人。"② 冯友兰《中国哲学史》以先秦时代的古书"仅为不相连属之各篇,如《尚同》《兼爱》《齐物论》《逍遥游》等,汉人于整理先秦典籍之时乃取同一学派之各篇,聚而编为一书,题曰'某子',意谓此某学派之著作耳"。③ 余嘉锡《古书通例》则发凡起例,曰:

> 古人著书,多单篇别行;及其编次成书,类出于门弟子或后学之手,因推本其学之所自出,以人名其书。
>
> 诸子著书,皆只有篇名,无书名;又因全书不可胜举,故只随举数篇,以见其大凡。盖由古人著书,其初仅有小题(谓篇名),并无大题(谓书名)也。
>
> 古之诸子,即后世之文集也。出于门弟子所编,其中不皆手著,则题为某子;出于后人所编,非其门弟子,则书其姓名。④

傅斯年也提出如下定例:

> (1)战国时"著作者"之观念不明了。
>
> (2)战国时记言书多不是说者自写,所托只是有远有近有切有不相干罢了。
>
> (3)战国书除《吕览》外,都只是些篇,没有成部的书,战国书之成部,是汉朝人集合的。⑤

---

① [清]章学诚《文史通义》卷二《内篇二·言公上》,[清]章学诚著,叶瑛校注《文史通义校注》,第 170—171 页。
② 吕思勉《论读子之法》,吕思勉《经子解题》,第 102 页。
③ 冯友兰《中国哲学史》上册,第 28 页。
④ 余嘉锡《古书通例》,第 30 页、33 页。
⑤ 傅斯年《战国文籍中之篇式书体》,傅斯年《中国古代思想与学术十论》,广西师范大学出版社,2006 年,第 136 页。

总之,先秦诸子文献的文本不成于一时一人,先是单篇别行,唯有篇名,且不题撰人;后编次成书,始多以人名为书名。我们所见传世诸子文献的文本,其篇章及书名的确定以刘向、歆父子校书作为一个里程碑。

上述学者们的通识洞见,多是通过传世文献的研究获得的。让人钦佩的是,随着出土文献的增加与研究,这些洞见并没有被颠覆,而是由于"二重证据"的增加得以更加深入细致。特别是出土文献中出现了传世先秦文献的文本内容或文本的雏形,其中诸子就有《老子》《庄子》《管子》《晏子春秋》《孙子兵法》《尉缭子》《鹖冠子》《文子》等等,因而出土文献学的研究为我们认识先秦古书的文本形成过程又提供了一系列新颖的认知,正如黄侃所言:"凡新发见之物,必可助长旧学,但未能推翻旧学。新发见之物,只可增加新材料,断不能推倒旧学说。"[①]比如,"单篇别行"的文本也不一定是固定、完整的篇章,全篇的编定也要经历章句的汇集过程。李零认为,"早期的古书多由'断片'(即零章碎句)而构成,随时所作,即以行世,常常缺乏统一的结构,因此排列组合的可能性很大,添油加醋的改造也很多,分合无定,存佚无常"。[②]艾兰则构拟了一个"更为广泛的早期中国文本发展的方式":先是单个章节被口头或者书面传播;然后几个独立的章节被连缀起来,被人反复抄录,形成顺序不同的连续片断;由片段或更短的章节连缀成较长的文本,被按照明确的次序书写出来。到了汉代,文献被进一步编辑,统一用隶书按标准样式写于帛卷,存放于皇家图书馆。[③]再如,编纂抄写的过程也会产生不同的文本。夏含夷认为,"每一抄写者都会在某一程度上造出异文","这些异文常常是根据抄写者的思想环境而造出来的"。"无论经典原来是圣贤的作品与否,我们两千年以来阅读的儒家经典并不是圣贤的作品,反而在相当程

---

① 黄侃讲,黄焯记《黄先生语录》,张晖编《量守庐学记续编——黄侃的生平和学术》,生活·读书·新知三联书店,2006年,第3页。

② 李零《简帛古书与学术源流》,第198页。

③ [美]艾兰《从楚简发掘看中国文献的起源和早期发展》,陈致主编《简帛·经典·古史》,第64页。

度上是后代抄写者的作品。"①又如,古书已无法简单地辨别真伪。郑良树认为,由于有了出土文献的冲击,让我们看到先秦古籍是一个有生命的机体,有新陈代谢的功能和现象,因此古籍"辨伪学"已不能适应学术的发展,而应转变为"就个别篇章的作成及流传时代及传播情况加以考订研究"的"古籍时代学"。②

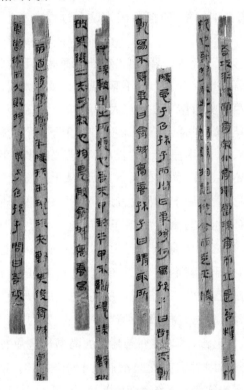

图 15　山东银雀山汉墓出土《孙膑兵法》图版
(西汉,选自山东博物馆、中国文化遗产研究院编
《银雀山汉墓简牍集成》,文物出版社,2021 年)

---

① ［美］夏含夷《重写儒家经典——谈谈在中国古代写本文化中抄写的诠释作用》,夏含夷《兴与象:中国古代文化史论集》,第 104 页。

② 郑良树《论古籍辨伪的名称及其意义》,郑良树《诸子著作年代考》,北京图书馆出版社,2001 年,第 8 页。

但是,上述研究描述的诸子文本的生产过程,并不能直接回答一个重要的问题,即诸子为何能够成为早期中国的文化经典?因为这个问题的回答不取决于文本的形成过程和物质构成。经典的成立条件,首先取决于文本中的思想、知识的丰富性,其次取决于对这些文本的书写意识以及解释、传播、接受等行为。就诸子而言,其成为经典的原因当然不能脱离文本的生产过程,因为这个过程中产生了文化变革与创新。

太史公所记诸子,皆独立著书。"老子乃著书上下篇",老莱子"著书十五篇",庄子"著书十余万言",申不害"著书二篇",韩非"善著书",①孟子"作《孟子》七篇",驺衍作"《终始》《大圣》之篇十余万言",稷下先生"各著书言治乱之事",慎到"著十二论",环渊"著上下篇",荀卿"序列著数万言而卒",公孙龙、剧子、李悝、尸子、长卢、吁子,"世多有其书"。② "是时诸侯多辩士,如荀卿之徒,著书布天下。"③但从上述文献学的研究可见,诸子思想的书写大大滞后于他们的言说。如果按照墨子所云"故书之竹帛,传遗后世子孙"的书写意识,④诸子也应该有太史公那种"仆诚已著此书,藏之名山,传之其人通邑大都"的文化自觉,⑤连篇累牍,发愤著书。可是诸子们一开始就继承了"史载笔,士载言"的传统,⑥由他者或与他者一道书写自己的思想和言说。所谓"史载笔"式的书写传统,指的是专注于古代档案、史志、政典等所谓"官书"的书写。其中记事者如"断烂朝报"的《春秋》,记言者如"佶屈聱牙"的《尚书》,这种书写的共同特点就是记录性的书写,因为它们受政治制度和书写体例(话语制度)的规定,只需面对特定的读者——统治者(鬼神、天子、后嗣),而不诉诸一切

① 《史记》卷六十三《老子韩非列传》,第 2141 页、2143 页、2146 页。
② 《史记》卷七十四《孟子荀卿列传》,第 2343 页、2344 页、2346 页、2347 页、2348 页、2349 页。
③ 《史记》卷八十五《吕不韦列传》,第 2510 页。
④ [清]孙诒让撰,孙启治点校《墨子间诂》卷八《明鬼下》,第 237 页。
⑤ 《汉书》卷六十二《司马迁传》,第 2735 页。
⑥ [唐]孔颖达《礼记正义》卷三《曲礼上》,[清]阮元校刻《十三经注疏》,第 2705 页。

人类。这只是一种遵守书法义例的代笔书写的行为,因而缺乏独立议论与叙事的动力,其传播效率也不高。我们从《左传》《国语》的记载中也可见此迹象,其中贵族引述《诗》《书》以及官书政典的文字如《故志》《史佚之志》等,皆是诗句、言行或礼法的记录性文字。偶尔引述"古人有言""先民有言""人有言"等名言,也是简略的文字记录或口传的韵语格言。这样的书写不可能像《左传》《国语》《战国策》那样充分展开地叙写人物的行为和言辞。

尽管诸子延续了由他者书写的传统,但是文献文化史上的书写革命还是发生了。

首先,书写者的身份改变了。由于学在民间,过去的史官书吏代之以掌握了书写能力的弟子门生后学,他们不仅仅是记录者,也是读者、讨论者和阐释者,所以他们的书写不是制度性的记录,而是自由的思想创作,诸子文献中保留的师生对话就是明证,即便是太史公的叙事,所谓孔子作《春秋》,"子夏之徒不能赞一辞",[①]孟子退而与万章之徒"作《孟子》七篇"[②]等,也流露出诸子师生合作书写的痕迹。

其次,书写的话语形式改变了。不仅诸子个人和学派的言辞被有意识地收集、编写,古代经典的解释文字——传、记,以及编纂春秋史事的史传如《左传》《国语》等也成为诸子写作的一部分。吕思勉既以诸子皆出"语"类(见前引),还认为古代史书亦可称为"语",如记武王牧野之事为"牧野之语"(《礼记·乐记》),《史记》中亦多用"语"代史文,如《秦本纪》述商鞅说孝公变法曰"事在《商君》语中"。[③] 李零则认为诸子与经书、史书关系密切,经书赖子学而传,诸子即当时的私史,故可称为"诸子百家语""诸子传记""春秋"等。但诸子的文字不同于源自文书档案的典籍,其语言不再是记录性强的"书面化的口语",而是故事性、文学性强的

---

① 《史记》卷四十七《孔子世家》,第 1944 页。
② 《史记》卷七十四《孟子荀卿列传》,第 2343 页。
③ 吕思勉《周官五史》,《吕思勉读史札记(增订本)》上册,第 214 页。

"口语化的书面语","类似后世的白话创作"。① 从《礼记》《左传》《国语》《战国策》以及诸子文献中可见,春秋、战国时代人物的辞令言说被有条理、有语境地叙写出来,而不再类似如《尚书》某些篇章中单纯的口语记录;事件被叙述成情节丰富、本末完整的文字,而不再是义例严简的《春秋》书法。诸子的书写当中,出现了真正创作意义上的叙事与议论,这两种文字的大量涌现,说明读者群体的增加,赋予诸子再现历史和阐论思想的书写动力。即便我们抛开经过长期编定的传世文献,就以出土的战国简帛文献中的子、史类文献而言,其记事记言文字的生动性和丰富性也远远超过《尚书》中的诰誓典谟、《春秋》经文以及《左传》《国语》中引述的先王政典与古人之言。

再次,书写的过程和书写的意图改变了。不再是史官时代用之于政治与礼仪的典册记录及其收藏与展陈,而是个人或集体的言说、书写、阅读以及思想建构的相伴过程。漫长不定的文本编写与连缀,如郑良树所云,是一个有生命的机体的"新陈代谢的功能和现象";亦如艾兰所云,"这种松散的古文文献,来自学术气氛宽松活跃的战国时期"。② 如果我们借用罗兰·巴特《写作的零度》中提出的文本概念,先秦诸子的文本属于"可写的文本"(scriptible),经过刘向等人校书编定、校勘以及后世注释过的诸子文本则属于"可读的文本"(lisible)。"可写的文本"具有颠覆性,要求读者不断地加入;"可读的文本"向读者提供阅读的参考框架,垄断了言说的资格。③ 因此,作为"可写的文本"的诸子文献,其书写与生产的过程本身就是其思想、知识和话语的创造过程,而不是简单地"书于竹帛"。由此观之,无论早期文本是由不同来源的短章还是由短篇不断编织而成,也不论早期文本的书写编纂过程是一个单线演进的过程还是多元演进的过程,文献学和出土文献学的知识都不能明确书写方式后面

---

① 李零《简帛古书与学术源流》,第203—205页。

② [美]艾兰《从楚简发掘看中国文献的起源和早期发展》,陈致主编《简帛·经典·古史》,第62页。

③ [英]丹尼·卡瓦拉罗著,张卫东、张生、赵顺宏译《文化理论关键词》,江苏人民出版社,2006年,第61页。

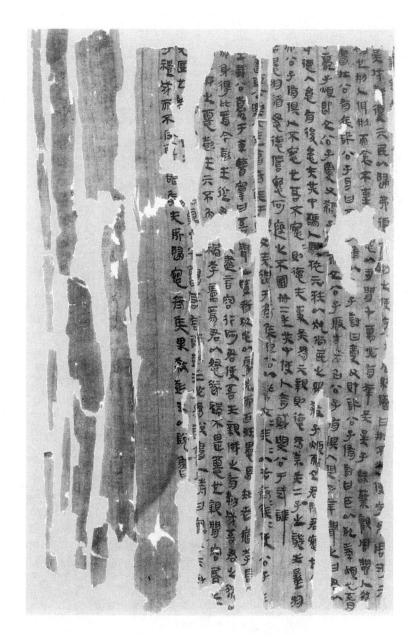

图 16　长沙马王堆汉墓出土帛书《春秋事语》图版
（西汉，选自裘锡圭主编《长沙马王堆汉墓简帛集成（壹）》，中华书局，2014 年）

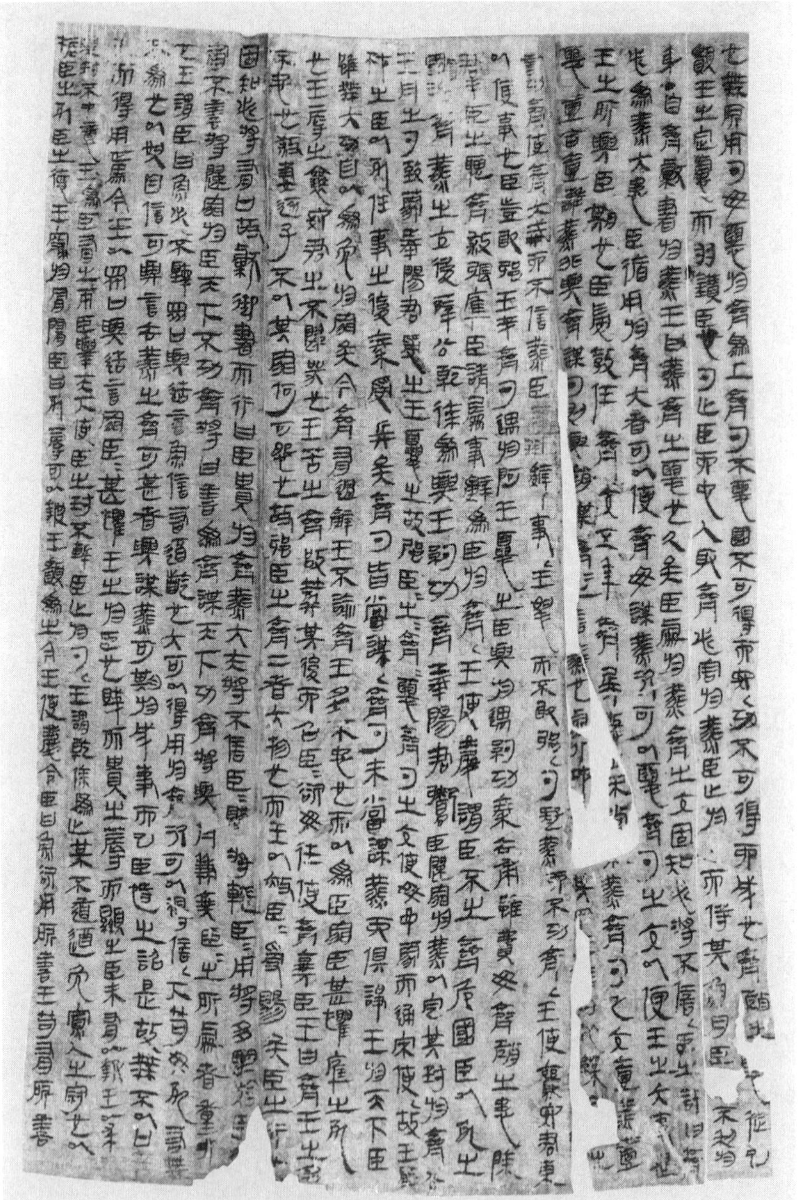

图 17　长沙马王堆汉墓出土帛书《战国纵横家书》图版
（西汉，选自裘锡圭主编《长沙马王堆汉墓简帛集成（壹）》，中华书局，2014 年）

的书写意图。这个书写意图可能不出于一位作者和一个学派,但是这些文本的书写者、包括后来的解释者们都有一个共同的意图,那就是制造经典。由此我们可以赞同太史公"发愤著书"的观点,即诸子时代,著书的意识开始自觉。《管子·宙合》提出了贤人处于乱世,"退身不舍端,修业不息版,以待清明"的思想。清儒宋翔凤注曰:"《曲礼》'请业则起',郑注:'业,谓篇卷也。'此言'修业不息版',古人写书用方版,《尔雅》'大版谓之业',故书版亦谓之业。郑训'业'为篇卷,以今证古也。"①所以,无论短章、短篇如何组织成不同学派的文本,甚至在不同的诸子文献中同载互见,因而被文献学误作辨伪的证据,但从思想史的角度来看,它们的本质是书写者、编纂者的思想表达,最终受制于表达的思想内容与书写编纂的意图。孙德谦早就指出:"古书之中,有同载此事而其义则各异者。夫著一书也,所述之事与他书同,使其义则全然无异,亦何贵有此书乎?""夫古人立言,各有宗旨,得其宗旨,则文虽从同,用意自异。不然,彼此从同,岂两书可以互训乎?"②孙氏所揭古书"事同义异"与"文同意异"二例,是我们判断诸子文本书写性质的重要权衡。

从书写的形式来看,文体是诸子思想书写意识的重要体现。傅斯年认为战国文籍的篇式书体经历了记言、著论与成书三个阶段。从《论语》的"简约的记言"到《孟子》《庄子》书中"铺排的记言",《庄子》中的"托言"等,是战国文体的初步;"据题抒论"形成的独立散篇是第二步;做一部全始要终的书是第三步,故《吕氏春秋》是中国第一部整书。③中国文学史和散文史将诸子作为议论文或说理散文加以研究,一般归纳为语录体、对话体、专题论文三大类,此外还有韵散结合、寓言等体式分类,认为从语录体到专题论文是古代说理文体制成熟的过程。④上述的观点,构拟了诸子书写能力和文学创作能力的演进过程,但这个过程不仅仅是一个

---

① 黎翔凤撰,梁运华整理《管子校注》卷四,中华书局"新编诸子集成",2004 年,第 219 页、222 页。

② 孙德谦撰,黄曙辉整理《古书读法略例》,广西师范大学出版社,2006 年,第 3 页、7 页。

③ 傅斯年《战国文籍中之篇式书体》,傅斯年《中国古代思想与学术十论》,第 137—138 页。

④ 袁行霈主编《中国文学史》第一卷,高等教育出版社,1999 年,第 108 页。

文体发展史的过程,还是一个书写意识的形成与演进过程。

诸子的书写是对立言传统的超越。记言既是文本世界的诞生,是对口头场景与具体语境的摆脱,也是诸子文本最质朴自然的书写体式,其中既有对宗师和弟子言说内容的记录,也有对话场景的记录,遵守诸子的言说形态与话语制度。《论语》《孟子》的书写,以忠实于言说或对话现场的文字,在向读者展示言说者思想的同时,也展示了宗师的身份及其话语的权威。但是《墨子》的文本已经是书写者"据题抒论"和引用"子墨子曰"的言说混合书写了。比如首篇《亲士》、次篇《修身》皆是"据题抒论";《兼爱》《非攻》诸篇则在论理之间杂以"子墨子曰"的内容作为论据或结论。孙诒让曰:"此书文多阙失,或称'子墨子曰',或否,疑多非古本之旧,未可据以定为墨子所自著之书也。"①我们无法考订是否"古本之旧"或"墨子自著之书",但从这些文本的体式可见,记言者已经突破了言说现场的限制,将宗师的言说作为阐说论题的材料加以编辑运用了。所以记言、对话体向"据题抒论"的文本演进,是独白意识和独立书写意识的形成过程。

另一方面,托言的现象大量地出现在诸子的书写中,特别是《庄子》《韩非子》《吕氏春秋》当中的寓言、历史故事,通过诸子学派的宗师、历史人物、动物、神灵的言说与对话来传达思想。② 这些内容或许源自口说

---

① 〔清〕孙诒让撰,孙启治点校《墨子间诂》卷一《亲士》,第1页。

② 按,邢猛于《墨子》《孟子》《庄子》《荀子》《韩非子》《战国策》《吕氏春秋》七部子书中统计《战国诸子记忆中的春秋热点人物统计表》,以"提及范围不少于三部书的春秋人物就可以被确定为热点人物"为标准,依次排名,七部皆提及者为:孔子(112次)、齐桓公(78次)、管子(63次)、晋文公(41次)、勾践(34次)、秦穆公(22次)。《墨子》中提及人物最多者为勾践、晋文公、夫差;《孟子》提及最多者为孔子、曾子、齐景公、柳下惠;《庄子》提及最多者为孔子、老子、颜回;《荀子》提及最多者为孔子、齐桓、管子、子贡、楚庄王;《韩非子》提及最多者为管子、齐桓公、孔子、田成子、伍子胥、晋文公;《战国策》提及最多者为智伯瑶、齐桓公、管子、伍子胥;《吕氏春秋》提及最多者为孔子、齐桓公、管子、晋文公、楚庄王、伍子胥、吴王夫差、吴王阖闾、子贡、赵简子、鲍叔牙、赵襄子、智伯瑶。《墨子》中孔子仅3见;《战国策》中孔子仅5见。此二家盖于儒家思想和春秋历史知识最疏远者。参见邢猛博士毕业论文《战国诸子的春秋记忆》,南京师范大学,2017年,第72—75页。

流行,但也有出自直接的书写创作,比如《韩非子》中的《储说》《说林》《喻老》,《吕氏春秋》各《览》《论》《纪》当中的寓言和故事,皆是按照思想的框架安排的。因此,书写不仅可以走向独白,还可以再现、制造言说与对话现场,借重立言传统的权威形式表达思想。这就如同源自说书艺术的白话章回体小说,尽管是书写创作,但在章回的始终都要虚构"话说""且听下回分解"之类的说书现场展开叙事,借用传统的影响力吸引读者。

古代史官书写传统在诸子的书写中也得到继承与变革。尽管书写与言说是两个传统,但是产生于"前轴心时代"的《诗》《书》以及先王典籍很早就受到立言者的推崇与引述。诸子既托古立言,其言说与书写过程也是对古代典籍的解释和模仿的过程:一则大量引述《诗》《书》和古代典籍,这既是援引权威的手段,也是春秋贵族君子修辞文言传统的延续。二则依经立义,形成传、说、记一类的经典阐释文本,不仅有儒家的经传,还有法家《韩非子》中《解老》《喻老》诸篇。三则模拟古代史官记录格言的文书体式,如《老子》的文本,八十一章虽是独白,但不是"据题抒论"的体式,其简练隽永的哲理格言,与《左传》《国语》引述《故志》《军志》《史佚之志》《仲虺之志》等文献中的格言形式有着形与神的相似,甚至有人认为《老子》与古代的箴铭及《周易》的爻辞有着关联。① 四则创造经传文本。章学诚曰:

> 当时诸子著书,往往自分经传,如撰辑《管子》者之分别经言,《墨子》亦有《经》篇,《韩非》则有《储说》经传,盖亦因时立义,自以其说相经纬尔,非有所拟而僭其名也。经同尊称,其义亦取综要,非如后世之严也。圣如夫子,而不必为经。诸子有经,以贯其传,其义各有攸当也。②

---

① 参见郑良树《〈金人铭〉与〈老子〉》,郑良树《诸子著作年代考》,第12—20页;张碧波、雷啸林《先秦散文论略——中国古代文学发展规律探微》,《社会科学战线》1982年第2期。

② [清]章学诚撰,叶瑛校注《文史通义校注》卷一《经解上》,第94页。

出土文献如汉代马王堆帛书中儒家文献《五行》也由经与说构成,[1]而郭店战国楚简《五行》只有经文没有说文,池田知久考证其文字,认为此本也应有相应的说文。[2] 由于这样的文体意识,史官书写传统中产生的先王政教典章也获得了"经"的名称,儒家传习的经典被称为"六经""十二经",见诸《庄子·天运》《天道》诸篇。[3] 章学诚认为,学在王官时代,六经无有经名,"犹人各有我而不容我其我也"。唯有依经之传和诸子私家之言出现,"对人而有我",始有尊经之称。[4]

随着诸子思想的论辩、融合,特别是在宇宙论话语框架中的统一趋势,形成了公共话语的体系,增强了诸子系统著书的意识。冯友兰说《吕氏春秋》是先秦诸子中的"例外","原来即是一部整书"。[5] 傅斯年指出战国晚年著书趋于系统化的现象,其原因在于思想的系统化。《吕氏春秋》"八览六论十二纪,六为秦之圣数,八则卦数,十二则记天之数";此后的《淮南子》《史记》等汉代著作皆是"贯天地人的通书"。[6] 不过,体大思精的系统著书方式也不是独立地书写,而是更加有系统地集体编纂、改写。陈奇猷认为,《吕氏春秋》是由吕不韦令门客"人人著所闻"而成的,而"门客的文章多是现成的,是抄袭师传下来的著作"。[7] 但是《吕氏春

---

① 参见庞朴《帛书五行篇研究》,齐鲁书社,1980 年。

② [日]池田知久《郭店楚简〈五行〉研究》,[日]池田知久著,曹峰译《池田知久简帛研究论集》,中华书局,2006 年,第 53—55 页。

③ 《庄子·天道》载孔子"往见老聃,而老聃不许,于是繙十二经以说"。陈鼓应《庄子今注今译》引严灵峰之说改为"六经",详见陈鼓应《庄子今注今译》,中华书局,1983 年,第 347—348 页。

④ [清]章学诚撰,叶瑛校注《文史通义校注》卷一《经解上》,第 93—94 页。张尔田则以章氏之论为非,称"古人政教编著官府则曰经,李悝《法经》是也。三代简略,六艺不称经,而经之实具,其后国异政、家异俗,六艺已非当代颁行之书,但可名史,不得称经。称经,儒家崇奉孔子耳。故七十子后学所有《经解》篇,而诸子著书,其徒亦以经尊之,而经之名始不专属政典矣。实斋所言辨而实舛。"(张尔田撰,黄曙辉点校《史微》卷二《原墨》,第 35 页)然张氏以古代政典为经、六艺为史亦为假设,并不能推翻章氏之说。

⑤ 冯友兰《中国哲学史》上册,第 28 页。

⑥ 傅斯年《战国文籍中之篇式书体》,傅斯年《中国古代思想与学术十论》,第 137—138 页。

⑦ 陈奇猷校释《吕氏春秋校释》,学林出版社,1984 年,第 1889 页。

秋》的价值在于,它设计了一个全新的话语形式与文献体式,"兼儒、墨,合名、法",①将诸子百家的思想、知识与文字摘抄改写,汇编为类书或者百科全书式的文本。因此被目为类书之祖。章学诚曰:"征材聚事,《吕览》类辑之义也。"②汪中曰:"司马迁谓不韦使其客人人著所闻,以为备天地万物、古今之事,然则是书之成,不出于一人之手,故不名一家之学,而为后世《修文御览》《华林遍略》之所托始。""先哲之话言,前古之佚事,赖此以传于后世。"③梁启超曰:"《吕氏春秋》实类书之祖。后世《艺文类聚》《太平御览》《永乐大典》等,其编纂之方法及体裁,皆本于此。"④张涤华《类书流别》亦以《吕览》"大抵撢取往说,区分胪列,而古今巨细之事,靡不综贯。相其体制,益近类事家言"。⑤ 但是这些概括都忽略了一个重要的问题,即这些来自不同学派"师传"的文字,在进入新的文本世界之后,不仅得到保存与流传,而且告别了过去的语境与文本,获得了新的意义。

以天道统摄人事的思想模式有着深远的古代信仰与礼制渊源,然而张政烺认为,"古代学者,法天之数,著书立说,影响深远者,当推孔子"。⑥ 何休称孔子作《春秋》"所以二百四十二年者,取法十二公,天数备足,著治法式"。⑦ 战国时又有《周官》,综合礼制,"象天立官"。⑧ 诸子

---

① 《汉书》卷三十《艺文志》,第 1742 页。

② 章学诚《校雠通义》卷三《汉志诗赋第十五》,[清]章学诚撰,叶瑛校注《文史通义校注》,第 1064 页。

③ 汪中《述学·补遗·吕氏春秋序(代毕尚书作)》,[清]汪中撰,李金松校笺《述学校笺》,第 535 页。按,《史记》卷八十五《吕不韦列传》:"吕不韦乃使其客人人著所闻,集论以为八《览》、六《论》、十二《纪》,二十余万言。以为备天地万物古今之事,号《吕氏春秋》。"(第 2510 页)

④ 梁启超《浙江书局覆毕校本〈吕氏春秋〉》,《梁启超全集》第 9 册,北京出版社,1999 年,第 5267 页。

⑤ 张涤华《类书流别(修订本)》,商务印书馆,1985 年,第 9 页。

⑥ 张政烺《"十又二公"及其相关问题》,张岱年等《国学今论》,辽宁教育出版社,1991 年,第 73—107 页。

⑦ [唐]徐彦《春秋公羊传注疏》卷一,[清]阮元校刻《十三经注疏》,第 4774 页。

⑧ [唐]贾公彦《周礼注疏序》,[清]阮元校刻《十三经注疏》,第 1368 页。

的思想变革了封建礼乐文化由祖先鬼神构成的上天和上帝,代之以可以
计数度量的宇宙自然,天地万物皆可按照阴阳五行分类,相生相克,关联
感应。他们同样将天道的秩序作为著书的话语结构,让不同的思想和知
识统一关联为一个综合性的文本。《吕氏春秋》自称"上揆之天,下验之
地,中审之人",①汉代的《淮南子》自称"观天地之象,通古今之事",②直
到司马迁自称"究天人之际,通古今之变,成一家之言",③皆是天人合一
的话语结构与书写逻辑。杂家与道家运用完美的宇宙结构终止了诸子
的辩论,也结束了诸子文本的单篇书写。章学诚云:《吕氏》将为一代之
典要。"④因此,杂家的著作已经不再是诸子私家之言的文本,而是更加
博大的、适应统一郡县制帝国文化格局的新型王教典章。汉代经学的经
典意识,一方面沿着荀子的途径将"九家之言"纳入"六艺之术"的话语体
系,另一方面正是沿着杂家的途径,将"六艺"纳入阴阳五行的宇宙结构
之中:"幽赞神明,通合天人之道者,莫著乎《易》《春秋》。"⑤"故《易》与
《春秋》,天人之道也。"⑥"五(经)者,盖五常之道,相须而备,而《易》为之
原。"⑦这些言说,充分体现了汉人将六艺宇宙化的意识,也开启了经典
神圣化的进程。

五、余论

现在,我们可以回顾本章开头引述史华兹对诸子的赞美之言,所谓
诸子们阐述的"既定规则",可以被视为一个深远的、不同于书写文化的
传统,它源自古代政治言说的权威,进而演进为以"立言"追求个体价值

---

① [战国]吕不韦编,许维遹集释,梁运华整理《吕氏春秋集释》卷十二《序意》,第 274 页。
② [汉]刘安编,刘文典撰,冯逸、乔华点校《淮南鸿烈集解》卷二十一《要略》,第 711 页。
③ 《汉书》卷六十二《司马迁传》,第 2735 页。
④ [清]章学诚撰,叶瑛校注《文史通义校注》卷二《言公上》,第 171 页。
⑤ 《汉书》卷七十五《眭两夏侯京翼李传》,第 3194 页。
⑥ 《汉书》卷二十一上《律历志上》,第 981 页。
⑦ 《汉书》卷三十《艺文志》,第 1723 页。

的理想和文化自觉。诸子"继承接受"了这个传统,并且在时代的变革与思想的辩论过程中丰富、发展、突破了这个传统。在这个过程中,诸子们"述道言治,枝条五经",①既表达了个体的思想,又以个体的方式阐释了古代的经典;既革新了语言,又创造了文本,为中国古代经典文化创造了新的个体言说与书写传统。尽管诸子的文化形式消失在统一时代的文化制度之中,但其精神不绝如缕,汉代的诸子、魏晋玄学和宋明理学的经注经说,禅宗和理学的语录以及整个中国古代的集部等文献,②从某种意义上说,就是诸子在不同时代的言说与书写。

---

① [梁]刘勰著,[清]黄叔琳注,李详补注,杨明照校注拾遗《增订文心雕龙校注》卷四《诸子》,第228页。

② 章学诚曰:"后世专门子术之书绝而文集繁。"([清]章学诚撰,叶瑛校注《文史通义校注》卷一《诗教下》,第78页)

第三章
从"六经"到"七经"
——先秦两汉经学文献体系的思想史考察

一、"六经"次第

中国古代经学以"六经"作为思想载体,而且认为"六经"的组成形式和排列次序是有意义的。这是一个思想史的现象,体现了中国传统文化对经典权威的塑造方式。

"六经"之名,始见于《庄子·天运》,其中说:"丘治《诗》《书》《礼》《乐》《易》《春秋》六经。"[1]又称"六艺",始见于《史记·太史公自序》引司马谈语:"夫儒者以'六艺'为法。"[2]汉代确立经学博士时,《乐经》已亡,故汉人亦称"五经"。[3] 但是"六经"或"五经"的次第如何排列,构成了传统经学中阐述圣人设教的重要内容。这个问题,首先由唐代陆德明《经典释文》提出,其中例举三种"次第",分别以《诗经》《周易》和《孝经》居群经之首,认为不同的次序"义各有旨",其《序例》曰:

---

① [清]郭庆藩撰,王孝鱼点校《庄子集释》卷五下,第 531 页。

② 《史记》卷一百三十《太史公自序》,第 3290 页。按,"六艺"又见诸《史记》中的《封禅书》《孔子世家》《伯夷列传》《李斯列传》《平津侯主父列传》《司马相如列传》《儒林列传》《滑稽列传》等。任铭善《礼记目录后案》曰:"汉人或称经,或称艺。"(齐鲁书社,1982 年,第 60 页)

③ "五经"之名,始见《史记》卷二十四《乐书》:"集会五经家,相与共讲习读之。"(第 1177 页)《汉书》卷六《武帝纪》:"(建元五年春)置五经博士。"(第 159 页)

> 五经六籍，圣人设教，训诱机要，宁有短长？然时有浇淳，随病投药，不相沿袭，岂无先后？所以次第互有不同。如《礼记·经解》之说，以《诗》为首；《七略》《艺文志》所记，用《易》居前，阮孝绪《七录》亦同此次；而王俭《七志》，《孝经》为初。原其后前，义各有旨。今欲以著述早晚，经义总别，以成次第。①

陆氏《释文》根据“著述早晚”列出的次第是：《周易》、《古文尚书》、《毛诗》、三《礼》、《春秋》，后面附上了《孝经》、《论语》。这个“用《易》居前”的次第与刘向、歆父子的《七略》，班固《汉书》中的《艺文志·六艺略》、《儒林传》，范晔《后汉书·儒林传》中的叙述次序基本相同，也是后世著录或排列“五经”“六经”的通例。

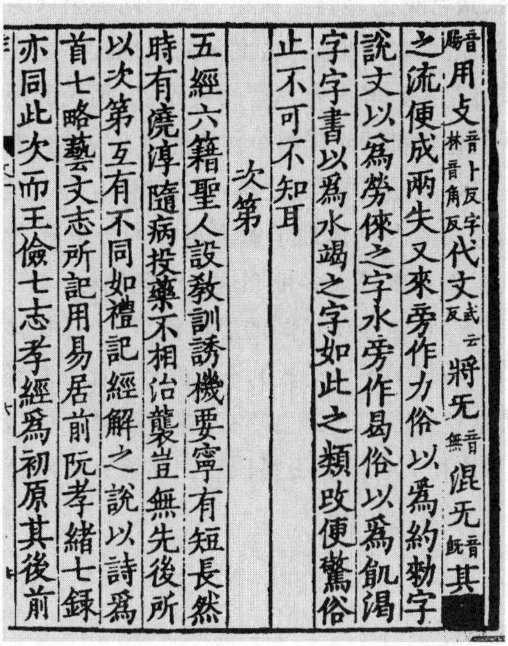
音暢用攴音卜反林音角反字代文武云反將无音無惃无音既其
之流便成兩失又來旁作力俗以爲約勑字
說文以爲勞倈之字水旁作曷俗以爲飢渴
字字書以爲水竭之字如此之類改便驚俗
止不可不知耳
次第
五經六籍聖人設教訓誘機要寧有短長然
時有澆淳隨病投藥不相沿襲豈無先後所
以次第互有不同如禮記經解之說以詩爲
首七略藝文志所記用易居前阮孝緒七錄
亦同此次而王儉七志孝經爲初原其後前

图 18　宋刊本《经典释文》书影（国家图书馆藏）

① ［唐］陆德明撰，黄焯汇校《经典释文汇校》卷一，中华书局，2006 年，第 4—5 页。

陆氏对《孝经》《论语》的次第安排与前人有些不同,依照他自家心目中的历史次序。他一方面反对王俭《七志》以《孝经》为群经之首,居于《周易》之前,认为《孝经》"虽与《春秋》俱是夫子述作,然《春秋》周公垂训,史书旧章,《孝经》专是夫子之意,故宜在《春秋》之后。《七志》以《孝经》居《易》之首,今所不同。"①一方面又反对《汉书·艺文志·六艺略》等将《论语》排在《孝经》之前,他认为《孝经》是孔子的述作,而《论语》"是门徒所记,故次《孝经》。《艺文志》及《七录》以《论语》在《孝经》前,今不同此次"。② 以《孝经》列于《论语》之前的次第亦见诸《隋书·经籍志》、两《唐志》、《崇文总目》等,同样成为后世经书著录的通例之一。

"用《易》居前"的次第,即《易》《书》《诗》《礼》《乐》《春秋》的次序,而"以《诗》为首"的次第,即《诗》《书》《礼》《乐》《易》《春秋》的次序。这两个六经次序是两汉最常见的"六经"次第。周予同甚至认为这正是汉代古文学派和今文学派的判教标志:"古文家的排列次序是按六经产生时代的早晚,今文家却是按六经内容程度的浅深。"③周氏的观点虽然值得商榷,但他和陆氏的论述都揭示出整个传统经学在论述经典次第时的两种思维取向:其一,以《周易》居群经之首,意在表明从先圣至孔子陆续创作"六经"的过程,经典的次序体现了圣人设教的历史脉络。从《七略》开始,"六经"的文献著录次第大多依照这一时间结构。其二,以《诗经》或《孝经》居群经之首,意在表明不同的经典代表了不同的内涵,经典之间存在着义理结构,体现了圣人设教的不同途径。比如对《经解》中"六经"次第的理解,孔颖达《礼记正义》引郑玄《礼记目录》曰:"名曰《经解》者,以其记六义政教之得失也。"又引皇氏云:"此篇分析六经,体教不同,故

---

① [唐]陆德明撰,黄焯汇校《经典释文汇校》卷一,第5页。

② [唐]陆德明撰,黄焯汇校《经典释文汇校》卷一,第6页。

③ 周予同《经今古文学》,朱维铮编《周予同经学史论著选集(增订版)》,上海人民出版社,1996年,第6页。

名曰《经解》也。六经其教虽异，总以礼为本，故记者录入于礼。"①清儒皮锡瑞《经学历史》认为："孔子删定六经，《书》与《礼》相通，《诗》与《乐》相通，而《礼》《乐》又相通。《诗》《书》《礼》《乐》教弟子三千，而通六艺止七十二人；则孔门设教，犹乐正四术之遗，而《易》《春秋》非高足弟子莫能通矣。"②

　　无论是时间结构还是义理结构，从思想史的角度观察，其实都是经学的文献编纂与经典阐释观念，而这些观念之间的差异，恰恰体现了经学中有关经典权威与价值的思想内涵。因此，经学具有建构经典文化体系的自觉意识，这一意识首先体现为通过安排与解说经典的次第，来呈现经典蕴含的意义法则和功能系统。

二、以《诗》为首

《朱子语类》曰：

> 古之为儒者，只是习《诗》《书》《礼》《乐》。言"执礼"，则乐在其中。如《易》则掌于太卜，《春秋》掌于史官，学者兼通之，不是正业。③

朱熹的观点，说明"六经"的形成是一个历史过程，和上古时期的文教制度有关。他的观点极富启发性，此后许多经学家也有发挥。比如南宋应镛曰：

> 乐正崇四术以训士，则先王之《诗》《书》《礼》《乐》，其设教固已

　　①　[唐]孔颖达《礼记正义》卷五十，[清]阮元校刻《十三经注疏》，中华书局影印世界书局本，1980年，第1609页。按，本章所引《十三经注疏》皆据此版本。任铭善《礼记目录后案》曰："'六艺'，孔疏误作'义'。"（第60页）
　　②　[清]皮锡瑞著，周予同注释《经学历史》，中华书局，1959年，第43页。
　　③　[宋]黎靖德编，王星贤点校《朱子语类》卷三十四，第887页。

久。《易》虽用于卜筮，而精微之理非初学所可语。《春秋》虽公其纪载，而策书亦非民庶所得尽窥，故《易象》《春秋》，韩宣子适鲁始得见之，则诸国之教未必尽备六者。①

再如清儒汪中曰：

> 古之为学士者(官师之长)，但教之以其事，其所诵者，《诗》《书》而已。其他典籍则皆官府藏而世守之，民间无有也。苟非其官，官亦无有也。其所谓士者，非王后公卿大夫之子，则一命之士，外此则乡学、小学而已。②

刘师培亦云：

> 《易经》掌于太卜，(以《易经》可备卜筮之用也。)《书经》《春秋》掌于太史、外史，《诗经》掌于太师，《礼经》掌于宗伯，《乐经》掌于大司乐。有官斯有法，故法具于官。有法斯有书，故官守其书。(用章学诚《校雠通义》说。③)而《礼》《乐》《诗》《书》复备学校教民之用。

---

① 〔元〕马端临撰，上海师范大学古籍研究所、华东师范大学古籍研究所点校《文献通考》卷一百七十四《经籍考一·总叙》，中华书局，2011年，第5186页。

② 见〔清〕汪喜孙《容甫先生年谱》"四十四年己亥"所引汪中《述学》，北京图书馆编《北京图书馆藏珍本年谱丛刊》第111册影印"重刊江都汪氏丛书"本，北京图书馆出版社，1999年，第55—56页。按，此条不见刊行本《述学》。李详《愧生丛录》曰："《汪容甫先生年谱》一册，计四十页，后附年表十二页，《寿母小记》三记。江宁顾兰台镌，容甫子喜孙撰录。此谱表章先生不遗余力，所载容甫绪言，论学术文章源流，在章实斋、阮文达前，早为先觉。当以容甫碎金视之。"(江苏古籍出版社，2000年，第70页)

③ 〔清〕章学诚《校雠通义》卷一《原道》："有官斯有法，故法具于官；有法斯有书，故官守其书；有书斯有学，故师传其学；有学斯有业，故弟子习其业……六艺非孔氏之书，乃《周官》之旧典也。《易》掌太卜，《书》藏外史，《礼》在宗伯，《乐》隶司乐，《诗》领于太师，《春秋》存乎国史。"(〔清〕章学诚撰，叶瑛校注《文史通义校注》，第951页)

（《礼记·王制》篇云："春秋教以《礼》《乐》，冬夏教以《诗》《书》。"）①

从这些论述中可见，《诗》《书》《礼》《乐》《易》《春秋》原是古代各种职官的典籍，其中《诗》《书》《礼》《乐》施用于贵族君子的教育，《易》与《春秋》则为史巫秘籍，为君子不常习。这样的论断应该是有历史依据的，因为我们可以从《左传》《国语》中看到许多古代典籍的名称，比如《夏训》《夏令》《周志》《周制》《周之秩官》《周礼》《礼志》《前志》《军志》《史佚之志》《志》《郑书》《先王之令》《瞽史记》《瞽史之纪》《令》《语》《训典》《三坟》《五典》《八索》《九丘》，等等，但这些掌于史巫等职官之手的典籍并不为君子们常常引用，古代君子之学以"六艺"即礼、乐、射、御、书、数为教。其中的经典教育当以《诗》《书》为主。《左传》与《国语》中所载春秋各国，特别是华夏国家的君子引称的典籍，皆以《诗》为最多，《书》为其次。② 值得注意的是，上述《夏训》等许多古代典籍都没有成为经典，传授于后世，而《诗》《书》《礼》《乐》为何能够成为经典呢？ 这正是因为它们"备学校教民之用"，所以，《诗》《书》《礼》《乐》应该是从不同官守文献中选编出来的教科书，并在教育过程中被不断地阐释，形成了丰富的意义世界。

培养君子的目的，决非使他们精于六艺礼乐之业，能够世守其事，知其数度，而是培养他们修、齐、治、平的道德和能力，使之通过学习六艺之事而汲取其中之义，其最高的理想是成为圣贤。《荀子·劝学》曰："学恶乎始？恶乎终？曰：其数则始乎诵经，终乎读礼；其义则始乎为士，终乎

① 刘师培《经学教科书》第四课《西周之〈六经〉》，刘师培《刘申叔遗书》，江苏古籍出版社影印宁武南氏刊本，1997 年，第 2075 页。

② 据顾栋高《春秋大事表·〈春秋左传〉引据〈诗〉〈书〉〈易〉三经表》和罗根泽《战国前无私家著作说》统计，《左传》中贵族君子引称《诗》约 160 处，其中"君子曰"所引 42 处，"孔子曰""仲尼曰"所引 6 处，"子思曰"所引 2 处，其他 110 处均为各国君臣所引（楚人所引仅 21 处）。贵族赋诗约 67 处（楚国 3 处，戎人 1 处）；引《书》约 47 处，其中"君子曰"所引 7 处，"仲尼曰""孔子曰"所引 2 处，其他 38 处皆为各国君臣所引（楚人仅 3 处）。《国语》中引《诗》约 21 处（楚国仅 2处）；赋诗约 7 处（无楚人）；引《书》约 12 处（楚人仅 2 处）。见 [清]顾栋高辑，吴树平、李解民点校《春秋大事表》第三册，第 2551—2566 页；罗根泽《诸子考索》，第 33—39 页。

为圣人。真积力久则入,学至乎没而后止也!故学数有终,若其义则不可须臾舍也!"①又《礼记·郊特牲》曰:"礼之所尊,尊其义也。失其义,陈其数,祝史之事也。故其数可陈也,其义难知也。知其义而敬守之,天子之所以治天下也。"②

顾炎武认为"乐师辨乎声诗,故北面而弦;宗祝辨乎宗庙之礼,故后尸;商祝辨乎丧礼,故后主人"之类皆是"小人之事"而非"大人之事",因为"其在学术则不能知类通达,以几大学之道"。③《礼记·文王世子》引《语》曰"乐正司业,父师司成"。④又曰:"春诵夏弦,大师诏之;瞽宗秋学礼,执礼者诏之;冬读《书》,典《书》者诏之。礼在瞽宗,书在上庠。凡祭与养老乞言、合语之礼,皆小乐正诏之于东序。大乐正学舞干、戚。语说,命乞言,皆大乐正授数,大司成论说在东序。"⑤大师(乐官)、执礼者(宗伯)、典《书》者(史官)均是教授专业(司业)的教师,而发明六艺中的意义、指导成人(司成)的责任则由来自贵族阶层的父师们担任。孙希旦《礼记集解》曰:"大司成无定人,无专职,必其位望尊重而道德充盛者乃得为之。诏其礼,授其数者,所以习其事也。论说者,所以明其义也。习其事者易,明其义者难,此所以必属之大司成也。"⑥《左传》"成公十八年"载晋国命"荀家、荀会、栾黡、韩无忌为公族大夫,使训卿之子弟共、俭、孝、弟"。⑦《国语·晋语七》称赞四人分别具有"惇惠、文敏、果敢、镇静"四德,⑧这就是"父师司成"之事。这些父师们在论说《诗》、《书》、六

---

① 〔清〕王先谦撰,沈啸寰、王星贤点校《荀子集解》卷一,第11页。按,钱基博《国学文选类纂·总叙》发挥荀子之义至明,推之于所谓国学,以主"义"者为"人文主义",主"数"者为"古典主义"(钱基博著,傅宏星编校《国学文选类纂》,华东师范大学出版社,2010年,第2页、第12—13页)。

② 〔唐〕孔颖达《礼记正义》卷二十六《郊特牲》,〔清〕阮元校刻《十三经注疏》,第1455页。

③ 〔清〕顾炎武撰,〔清〕黄汝成集释,秦克诚点校《日知录集释》卷一"童观"条,第11页。

④ 〔唐〕孔颖达《礼记正义》卷二十,〔清〕阮元校刻《十三经注疏》,第1407页。

⑤ 〔唐〕孔颖达《礼记正义》卷二十,〔清〕阮元校刻《十三经注疏》,第1405页。

⑥ 〔清〕孙希旦撰,沈啸寰、王星贤点校《礼记集解》,中华书局,1987年,第559页。

⑦ 〔唐〕孔颖达《春秋左传正义》卷二十八,〔清〕阮元校刻《十三经注疏》,第1923页。

⑧ 上海师范大学古籍整理研究所校点《国语》卷十三,上海古籍出版社,1998年,第434页。

艺中的意义时，必有知人论世、以意逆志的研讨与评论，如《左传》"僖公二十七年"载赵衰之言曰："说礼、乐而敦《诗》《书》。《诗》《书》，义之府也；礼、乐，德之则也；德、义，利之本也。"①这样的论说，当是后世儒学诸多传记的发端。

　　相对于父师群体的政治与文化群体是史巫（包括乐师等）。《左传》"襄公三十年"，鲁季武子称赞晋国"有史赵、师旷而咨度焉，有叔向、女齐以师保其君"。②《国语·周语上》载召公曰："故天子听政……瞽、史教诲，耆、艾修之，而后王斟酌焉。"③《鲁语下》载公父文伯之母曰："（天子）与三公、九卿祖识地德"，"与大史、司载纠虔天刑"。④ 这些史料皆可表明上古官僚制度有此二分现象。《左传》和《国语》所载史巫的典籍，出现次数较多的是《周易》，占筮之事，均由史官操持。⑤《春秋》则是史官们当时正在书写的近现代史，由他们依照严格的"书法"代天子记录天人之事，所以其文字是记录的，而不是叙述的，只关注时间（天道）的完整，而不关注事件和意义（人事）的连续。较之于《诗》《书》《礼》《乐》，《周易》和《春秋》皆非君子普遍学习的典籍，所以，《左传》"昭公二年"记载晋国执政韩宣子这样的大贵族到鲁国访问时，尚且要"观书于太史氏，见《易象》与鲁《春秋》"。⑥

---

① 　［唐］孔颖达《春秋左传正义》卷十六，［清］阮元校刻《十三经注疏》，第 1822 页。

② 　［唐］孔颖达《春秋左传正义》卷四十，［清］阮元校刻《十三经注疏》，第 2012 页。

③ 　上海师范大学古籍整理研究所校点《国语》卷一，第 10 页。

④ 　上海师范大学古籍整理研究所校点《国语》卷五，第 205 页。

⑤ 　根据杨树达《周易古义》的统计，《左传》《国语》中记载的筮占现象共 22 处（仅为出现《周易》卦象者，其他仅言"筮"的记载不在其内），且均发生在华夏国家。其中引称《易》卦和卦爻辞者 6 处（《左传》"昭公二十九年""三十二年"载晋太史蔡墨引称 2 处，"昭公元年"载秦医引称 1 处，其余 3 处为君子引称），16 处为占筮过程的记录，均由史氏操持。参见杨树达《周易古义》，上海古籍出版社，1991 年。

⑥ 　［唐］孔颖达《春秋左传正义》卷四十二，［清］阮元校刻《十三经注疏》，第 2029 页。按，《左传》《国语》中的史巫们引《诗》仅 2 处（《左传》"昭公十二年"楚左史倚相言祭公谋父作《祈招》之诗，"昭公三十二年"晋太史蔡墨对赵简子引《小雅·十月之交》），引《书》7 处（见《左传》"僖公二十三年""昭公十七年"，《国语·周语上》《郑语》《楚语上》），远少于君子所引，这说明史巫并不以君子教育系统中的《诗》《书》为重。

　　当然,春秋时的贵族已经开始突破《诗》《书》《礼》《乐》为代表的传统文化的藩篱,从《周易》《春秋》等史巫文化典籍中发明德义,并施之于教育。比如《国语·晋语七》载晋悼公以叔向"习于《春秋》"知"德义",命其担任太子的师傅。①《楚语上》载申叔时论教育楚太子,曰:"教之《春秋》,而为之耸善而抑恶焉,以戒劝其心。"②唯有在这样的教育过程中,《春秋》的事件与意义才能突破"断烂朝报"式的记录,通过叙述与论说得以展开,《左传》中丰富的"君子曰"就是明证。总之,《诗》《书》《礼》《乐》与《易》《春秋》分属于两个不同的文化制度。

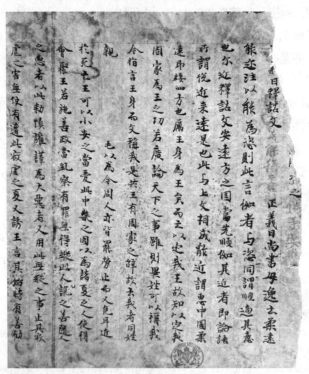

图 19　不列颠图书馆藏敦煌出土《毛诗正义·大雅·民劳》古抄本残卷图版
(选自[唐]孔颖达《南宋刊单疏本〈毛诗正义〉》,人民文学出版社,2012 年)

---

① 上海师范大学古籍整理研究所校点《国语》卷十三,第 445 页。
② 上海师范大学古籍整理研究所校点《国语》卷十七,第 528 页。

　　孔子继承了古代君子之学的传统并将其带到民间,他主张"述而不作,信而好古",①"温故而知新",②对传统采取了谦卑的诠释态度,但是他重视发明经典中的意义,"晚年孔子"作《易传》与《春秋》的传说,充分表明了早期儒学对传统经典体系的突破。众所周知,自宋儒直到现代学界都有人不断怀疑孔子与《易》和《春秋》的关系,且多以《论语》为考察孔子行事的可靠文献,试图以实证的方法证明这样的怀疑。但是文献的真实有时并不能证明思想的真实,何况《论语》中记载了下列事实:其一,孔子以"不占"解释《恒》卦爻辞,③又以臧文仲居蔡为不智,④对于卜筮能够遗事而取义;其二,孔子与弟子常常叙述、评论春秋时代的人事,均是对春秋史做出的诠释。⑤ 即便不考虑《论语》中的文字,就战国儒学文献中有关孔子与《易》和《春秋》的叙述而言,其中已经流露出孔子与《诗》、《书》、礼、乐之间从未有过的紧张关系。《孟子·滕文公下》曰:

　　　　世衰道微,邪说暴行有作。臣弑其君者有之,子弑其父者有之。孔子惧,作《春秋》。《春秋》,天子之事也。是故孔子曰:"知我者,其惟《春秋》乎? 罪我者,其惟《春秋》乎?"⑥

《离娄下》曰:

　　　　王者之迹熄而《诗》亡。《诗》亡,然后《春秋》作。晋之《乘》、楚之《梼杌》、鲁之《春秋》,一也。其事则齐桓、晋文,其文则史。孔子曰:"其义则丘窃取之矣。"⑦

---

① [宋]邢昺《论语注疏》卷七《述而》,[清]阮元校刻《十三经注疏》,第 2481 页。
② [宋]邢昺《论语注疏》卷二《为政》,[清]阮元校刻《十三经注疏》,第 2462 页。
③ [宋]邢昺《论语注疏》卷十三《子路》,[清]阮元校刻《十三经注疏》,第 2508 页。
④ [宋]邢昺《论语注疏》卷五《公冶长》,[清]阮元校刻《十三经注疏》,第 2474 页。
⑤ 按,集中记载于《公冶长》《宪问》诸篇。
⑥ [宋]孙奭《孟子注疏》卷六,[清]阮元校刻《十三经注疏》,第 2714 页。
⑦ [宋]孙奭《孟子注疏》卷八,[清]阮元校刻《十三经注疏》,第 2727 页。

20 世纪 70 年代出土马王堆《易传》中的《要》篇,记载了孔子对自己晚年好《易》的辩白:

> 子曰:"《易》,我后亓(其)祝卜矣,我观亓(其)德义耳也……史巫之筮,郷(嚮/向)之而未也,始(恃)之而非也。后世之士疑丘者,或以《易》乎? 吾求亓(其)德而已(已),吾与史巫同涂(塗/途)而殊归者也。君子德行焉求福,故祭祀而寡也;仁义焉求吉,故卜筮而希(稀)也。祝巫卜筮亓(其)后乎?"①

以上文字中的"孔子"清楚地知道自己的行为越过了自己的身份,但是他强调了与史巫不同的诠释方向:不以传习史巫典籍为己任,而是"观其德义"、从中"取义"。更强调了他这样做的使命:改变世道衰微的现状,寻求天人之道。因此,重要的不是考证"孔子晚年"是否真的作过《易传》和《春秋》,而是要从战国儒家的叙述中确定其历史的真实性,即儒学面对礼乐文化传统的崩溃,产生了超越传统、突破旧学的使命感,自觉地从史巫文化中吸收有关天道与历史的思想文化资源,重新建构观念与现实的世界。

这就是为什么战国秦汉间的文献提及"六经"时,大多采取《诗》《书》《礼》《乐》《易》《春秋》的次序。②《史记·孔子世家》和《儒林传》均以此叙次孔子与"六经"的关系及其在经学中的传授谱系。这个"以《诗》为首"的次序,揭示出"六经"的形成经过了一个比较长的选择与诠释过程,

---

① 参见裘锡圭主主编,湖南省博物馆、复旦大学出土文献与古文字研究中心编纂《长沙马王堆汉墓简帛集成(叁)》释文,中华书局,2014 年,第 118 页。

② 也有一些例外,比如《新书·六术》所云《书》《诗》《易》《春秋》《礼》《乐》;《淮南子·泰族》所举《易》《书》《乐》《诗》《礼》《春秋》(按,王念孙以此为后人取《诠言篇》文附入而加以增改者。见[汉]刘安编,刘文典撰,冯逸、乔华点校《淮南鸿烈集解》,第 673 页),《诗》《书》《易》《礼》《乐》《春秋》、《易》《乐》《诗》《书》《礼》《春秋》;《礼记·经解》所举《诗》《书》《乐》《易》《礼》《春秋》;《史记·滑稽列传》所举《礼》《乐》《书》《诗》《易》《春秋》;《史记·太史公自序》所举《易》《礼》《书》《诗》《乐》《春秋》,等等。但出现的几率极少,或属率意笔误,并无深义,如《淮南子·泰族》(下详)。

由来自古代君子文教传统中的《诗》《书》《礼》《乐》和来自史巫文化传统中的《易》《春秋》共同组成,①是一个思想史的过程。

不过,战国秦汉间的儒学并不将"以《诗》为首"的次序看作一个时间结构,而是视为一个义理结构,于是将"六经"(或"五经")作为一个完整的意义系统加以阐发,不断地给这个体系注入意义与功能。

荀子论述了"六经"与儒家之道的关系,《荀子·劝学》曰:

> 故《书》者,政事之纪也;《诗》者,中声之所止也;礼者,法之大分,类之纲纪也,故学至乎礼而止矣。夫是之谓道德之极。《礼》之敬文也,《乐》之中和也,《诗》《书》之博也,《春秋》之微也,在天地之间者毕矣。②

《儒效》曰:

---

① 按,廖名春《"六经"次序探源》(《历史研究》2002 年第 2 期)一文重提"六经"次第的问题。廖氏指出,先秦文献中,不仅儒家文献如《荀子》《礼记》,而且早于孔子的时代,如《左传》所载春秋时事,以及非儒家文献如《庄子》《商君书》,甚至晚近的出土简帛文献如马王堆帛书《易传》、郭店楚简等文献中的"六经"次序皆是《诗》《书》《礼》《乐》《易》《春秋》,说明这是先秦时期的通说。然而马王堆出土帛书《易传》中的《要》篇记载孔子晚年好《易》,且称"《诗》《书》《礼》《乐》不止百篇",据此可以推论:"孔子晚年以前轻视《周易》,视《易》为卜筮之书,称举群经自然会以《诗》《书》《礼》《乐》为先,以《易》为后。孔子晚年以后对《周易》的认识发生了巨变,重《易》而轻《诗》《书》《礼》《乐》,这样导致了'用《易》居前'之'六经'次序的出现。孔子晚年前后的弟子受孔子不同时期经学思想的影响,对群经的认识也有所不同,因此称举群经也就有了不同的次第。"(第 41 页)按照廖氏的观点,正是孔子的思想变化产生了两种"六经"次第。应该说,廖氏敏锐地发现并有力地论证了先秦和汉初关于"六经"次序的通说,但廖氏试图利用出土文献的证据,通过重新确定孔子晚年好《易》这个事实来寻求另一个"六经"次序的产生原因,这是值得商榷的。因为文献的真实不一定等同于事件的真实,出土文献的可靠不一定等于其中叙事的可信。其实,"孔子晚年"首先是由叙事建构起来的观念,其次才可能是存在过的事件,两者相较,观念更具有"真实性",它体现了早期儒学真实的思想史历程,只有本着这样的前提,我们才能发现"孔子晚年"与《易》《春秋》这两部典籍之间存在着不同于和《诗》《书》《礼》《乐》之间的微妙关系。

② 〔清〕王先谦撰,沈啸寰、王星贤点校《荀子集解》卷一,第 11—12 页。

> 圣人也者,道之管也。天下之道管是矣,百王之道一是矣,故《诗》《书》《礼》《乐》之归是矣。《诗》言是,其志也;《书》言是,其事也;礼言是,其行也;乐言是,其和也;《春秋》言是,其微也。故《风》之所以为不逐者,取是以节之也;《小雅》之所以为《小雅》者,取是而文之也;《大雅》之所以为《大雅》者,取是而光之也;《颂》之所以为至者,取是而通之也:天下之道毕是矣。①

在荀子那里,《诗》《书》《礼》《乐》《春秋》被确定为道体的不同显现和运用,而《荀子》尤其推崇礼,以其为"道德之极"。荀子的论述,将经典中包含的"义"上升为"道",将孔子的"取义"发展为"明道"。

其他儒家传记也多阐述"六经"的内涵与功能,如《礼记·经解》载孔子曰:

> 入其国,其教可知也。其为人也,温柔敦厚,《诗》教也;疏通知远,《书》教也;广博易良,《乐》教也;絜静精微,《易》教也;恭俭庄敬,《礼》教也;属辞比事,《春秋》教也。故《诗》之失愚,《书》之失诬,《乐》之失奢,《易》之失贼,《礼》之失烦,《春秋》之失乱。②

---

① [清]王先谦撰,沈啸寰、王星贤点校《荀子集解》卷四,第133—134页。按,《庄子·天下》篇曰:"其在于《诗》《书》《礼》《乐》者,邹鲁之士搢绅先生多能明之。《诗》以道志,《书》以道事,《礼》以道行,《乐》以道和,《易》以道阴阳,《春秋》以道名分。"([清]郭庆藩撰,王孝鱼点校《庄子集释》卷十下,第1067页)其《诗》《书》《礼》《乐》的内涵与《荀子·儒效》所述类同。马叙伦、张恒寿、徐复观等皆以"《诗》以道志"以下二十七字为后人注文窜入正文,当删。参见陈鼓应《庄子今注今译》,第859页。

② [唐]孔颖达《礼记正义》卷五十,[清]阮元校刻《十三经注疏》,第1609页。按,《淮南子·泰族》中也有一段结构类似的话:"五行异气而皆适调,六艺异科而皆同道。温惠柔良者,《诗》之风也;淳庞敦厚者,《书》之教也;清明条达者,《易》之义也;恭俭尊让者,《礼》之为也;宽裕简易者,《乐》之化也;刺几辩义者,《春秋》之靡也。故《易》之失鬼,《乐》之失淫,《诗》之失愚,《书》之失拘,《礼》之失忮,《春秋》之失訾。六者,圣人兼用而财制之。"([汉]刘安编,刘文典撰,冯逸、乔华点校《淮南鸿烈集解》,第674—675页)按,"《易》之失鬼"数句所举《易》(转下页)

出土的儒家文献中也有类似的话语,如郭店简《性自命出》曰:"《诗》、《书》、礼、乐,其始出皆生于人。《诗》,有为为之也。《书》,有为言之也。礼、乐,有为举之也。圣人比其类而论会之,观其先后而逆顺之,体其义而节文之,理其情而出入之,然后复以教,教所以生德于中者也。"①《语丛一》曰:"礼,交之行述也。乐,或生或教者也。[《书》,□□□□]者也。《诗》,所以会古今之诗也者。《易》,所以会天道、人道也。《春秋》,所以会古今之事也。"②

汉儒也以类似的话语方式阐明"六经"大义与功能,董仲舒《春秋繁露·玉杯》曰:

> 君子知在位者之不能以恶服人也,是故简六艺以赡养之。《诗》《书》序其志,《礼》《乐》纯其美,《易》《春秋》明其知。六学皆大,而各有所长。《诗》道志,故长于质。《礼》制节,故长于文。《乐》咏德,故

(接上页)《乐》《诗》《书》《礼》《春秋》次序当与上文所举《诗》《书》《易》《礼》《乐》《春秋》次序吻合,如《礼记·经解》之例,当为笔误。又贾谊《新书·六术》也有接近于《淮南子》的次第:"是故内法六法,外体六行,以与《书》《诗》《易》《春秋》《礼》《乐》六者之术以为大义。"([汉]贾谊撰,阎振益、钟夏校注《新书校注》卷八,中华书局"新编诸子集注",2000 年,第 316 页)这些文字中出现的"六经"次第与《诗》《书》《礼》《乐》《易》《春秋》的次序不同,但细玩文意不难看出,《经解》和《淮南子》是为了修辞的骈偶,而《新书》则可能是笔误,因为《新书》中不乏"《诗》《书》《礼》《乐》"连称的现象,比如《傅职》:"《诗》《书》《礼》《乐》无经,天子学业之不法。""教诲讽诵《诗》《书》《礼》《乐》之不经不法不古。"([汉]贾谊撰,阎振益、钟夏校注《新书校注》卷五,第 173 页)

① 李零《郭店楚简校读记(增订本)》,北京大学出版社,2002 年,第 106 页。亦可参考荆门市博物馆编《郭店楚墓竹简》的释文,文物出版社,1998 年,第 179 页。

② 李零《郭店楚简校读记(增订本)》,第 160 页。《郭店楚墓竹简》释文与李零释文次序不同,依次为《易》(第三六、三七简)、《诗》(第三八、三九简)、《春秋》(第四〇、四一简)、礼(第四二简)、乐(第四三简)、《书》(第四四简,残"者也"二字,注[七]裘锡圭按曰:"此条可能是关于《书》的残简。故附于此。"),见第 194—195 页。按,此释"六经"的文字每经一条,单独书简,相互不连,李零《校记》曰:"原文是由成组的短句构成,往往一两句或两三句为一段,自成起讫(占一简或两简),后面标句读(下面一律用 | 表示),句读后空字,不再接钞。"(《郭店楚简校读记(增订本)》,第 158 页)如依战国通行的"六经"次序,即《诗》《书》《礼》《乐》《易》《春秋》排列诸简,则李零《校记》与《郭店楚墓竹简》释文的排列次序皆值得商榷。

长于风。《书》著功,故长于事。《易》本天地,故长于数。《春秋》正是非,故长于治人。①

《史记·太史公自序》亦述董仲舒之言曰:"《易》著天地阴阳四时五行,故长于变;《礼》经纪人伦,故长于行;《书》记先王之事,故长于政;《诗》记山川溪谷禽兽草木牝牡雌雄,故长于风;《乐》乐所以立,故长于和;《春秋》辩是非,故长于治人。是故《礼》以节人,《乐》以发和,《书》以道事,《诗》以达意,《易》以道化,《春秋》以道义。"②

这些有关"六经"的概述尽管有同有异,但话语的形式十分接近,皆欲表明不同的经典具备不同的意义取向,承担着不同的教化功能,共同组合成一个文化体系。正是通过如此长期的阐释,"六经"的次第才呈现出一个完善的义理结构。

三、用《易》居前

战国秦汉间,随着郡县制代替封建制的政治大变革,以道家和阴阳家的宇宙学说为主体的新天道观变革了旧文化中的上帝祖先信仰,建立在宗法封建制度上的传统礼乐文化分崩离析并受到一些诸子学派的批判,因此,儒家要实现传统文化在新时代和新制度中的转换,承担起新政治制度的指导思想和道德教化的使命,最艰巨的任务就是在以阴阳五行学说为理论的新天道观与儒家所继承的传统文化经典之间建构起完美的联系。而能应对这一时代课题,创发新义的经学是《易》和《春秋》,这也是战国儒家认为孔子晚年最具寄托性和启示性的经典诠释工作。在《易传》的论述中,已经流露出孔子以《易》为道,赅备宇宙的思想,所谓:"《易》之为书也不可远,为道也屡迁。变动不居,周流六虚,上下无常,刚

---

① [汉]董仲舒著,[清]苏舆撰,钟哲点校《春秋繁露义证》卷一,中华书局"新编诸子集成",1992年,第35—36页。

② 《史记》卷一百三十,第3297页。

柔相易,不可为典要,唯变所适。……《易》之为书也,原始要终,以为质也。"①马王堆出土《易传》中的《要》篇也明确地指出,《易》能变通天地人之道,得一驭众:

> 故《易》有天道焉,而不可以日月、星辰尽称也,故为之以阴阳。有地道焉,不可以水火金土木尽称也,故律之以柔刚。有人道焉,不可以父子、君臣、夫妇、先后尽称也,故要之以上下。有四时之变焉,不可以万物尽称也,故为之以八卦。故《易》之为书也,一类不足以极之,变以备其情者也,故谓之《易》。有君道焉,五官、六府不足尽称之,五正之事不足以生之,而《诗》《书》《礼》《乐》不□百篇,难以致之。不问于古法,不可顺○以辞令,不可求以志善。能者由一求之,所谓得一而群毕者,此之谓也。②

公羊《春秋》学在西汉最早自觉承担起拨乱反正和"大一统"的政治文化任务,将《春秋》作为孔子为后世制定的王道政教大纲,孔子也成为"素王"。《春秋繁露·玉杯》曰:"孔子立新王之道。"③董仲舒《对策》曰:"孔子作《春秋》,先正王而系万事,见素王之文焉。"④《太史公自序》载董生言曰:"子曰:'我欲载之空言,不如见之于行事之深切著明也。'夫《春秋》,上明三王之道,下辨人事之纪,别嫌疑,明是非,定犹豫,善善恶恶,贤贤贱不肖,存亡国,继绝世,补敝起废,王道之大者也……拨乱世反之正,莫近于《春秋》。"⑤董仲舒建议汉武帝罢黜百家,尊崇"六经"的理由也是根据《春秋》中的法则:"《春秋》大一统者,天地之常经,古今之通谊也。今师异道,人异论,百家殊方,指意不同,是以上亡以持一统;法制

---

① [唐]孔颖达《周易正义》卷八《系辞下》,[清]阮元校刻《十三经注疏》,第89—90页。

② 参见裘锡圭主编,湖南省博物馆、复旦大学出土文献与古文字研究中心编纂《长沙马王堆汉墓简帛集成(叁)》释文,第119页。

③ [汉]董仲舒著,[清]苏舆撰,钟哲点校《春秋繁露义证》卷一,第27—28页。

④ 《汉书》卷五十六《董仲舒传》,第2509页。

⑤ 《史记》卷一百三十,第3297页。

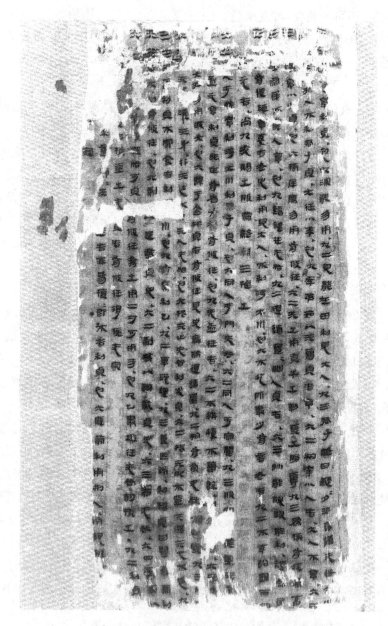

图 20　长沙马王堆汉墓出土帛书《易经》图版
（西汉，选自裘锡圭主编《长沙马王堆汉墓简帛集成（壹）》，中华书局，2014 年）

数变,下不知所守。臣愚以为诸不在六艺之科孔子之术者,皆绝其道,勿使并进。"①《春秋》和《易》一样包含着天道,《春秋》中"元年"的"元"就被董仲舒解释为形而上的道,《春秋繁露·重政》曰:"故元者为万物之本,而人之元在焉。安在乎? 乃在乎天地之前。"②《汉书》载其对策曰:"臣谨案《春秋》谓一元之意,一者万物之所从始也,元者辞之所谓大也。谓一为元者,视大始而欲正本也。"③《太史公自序》中引"先人"之言可以代表汉人对《易》《春秋》的重视:

> 太史公曰:"先人有言:'自周公卒五百岁而有孔子。孔子卒后至于今五百岁,有能绍明世,正《易传》,继《春秋》,本《诗》《书》《礼》《乐》之际?'"④

自汉武帝立五经博士,至宣元以降,孟、京《易》学继起,在改造新天道方面后出转精。《易》学与《春秋》学共同建构起一套天人感应学说,运用阴阳五行之术,占测天道,推说灾异。《汉书·眭两夏侯京翼李传·赞》曰:

> 幽赞神明,通合天人之道者,莫著乎《易》《春秋》……汉兴,推阴阳言灾异者,孝武时有董仲舒、夏侯始昌,昭、宣则眭孟、夏侯胜,元、成则京房、翼奉、刘向、谷永,哀、平则李寻、田终术。⑤

于是在刘歆《三统历》中出现了如下对《春秋》与《易》关系的新颖表述,《汉书·律历志上》载其言曰:

---

① 《汉书》卷五十六《董仲舒传》,第 2523 页。

② [汉]董仲舒著,[清]苏舆撰,钟哲点校《春秋繁露义证》卷五,第 147 页。

③ 《汉书》卷五十六,第 2502 页。

④ 《史记》卷一百三十,第 3296 页。《索隐》曰:"先人谓先代贤人也。"《正义》曰:"太史公,司马迁也。先人,司马谈也。"

⑤ 《汉书》卷七十五,第 3194—3195 页。

《经》（按，指《春秋》）"元"一以统始，《易》"太极"之首也。"春秋"二以目岁，《易》"两仪"之中也。于春每书"王"，《易》"三极"之统也。于四时虽亡事必书时月，《易》"四象"之节也。时月以建分至启闭之分，《易》"八卦"之位也。象事成败，《易》吉凶之效也。朝聘会盟，《易》大业之本也。故《易》与《春秋》，天人之道也。[1]

天道为阴阳，地道为五行，带有杂家色彩的《淮南子》中，已经将六艺的结构和功能比附于天地之道：《泰族》曰："五行异气而皆适调，六艺异科而皆同道。"[2]而在董仲舒《春秋繁露》，孟、京《易》学，谶纬文献，《汉书·律历志》以及诸多经解文献中，均出现了以儒家的五德配合五行的现象，后世比较流行的模式是根据刘歆《钟律书》写成的《汉书·律历志》中的结构：以"仁义礼智信"配"木金火水土"，[3]而"六经"也被分配到这个宇宙天道的模式中去，即以《乐》《诗》《礼》《书》《春秋》配合"仁（木）义（金）礼（火）智（水）信（土）"，使经典和道德具备了宇宙结构。《汉书·艺文志》曰：

> 六艺之文，《乐》以和神，仁之表也；《诗》以正言，义之用也。《礼》以明体，明者著见，故无训也；《书》以广听，知之术也；《春秋》以断事，信之符也。五者，盖五常之道，相须而备，而《易》为之原。故曰："《易》不可见，则乾坤或几乎息矣。"言与天地为终始也。[4]

在这段阐论中，《易》代表了"天道"，而"五经"属于人文，因此它们不直接配属五行，而是配属人道中的五常。在五行之中，土具有核心的地位。《春秋繁露·五行对》曰："忠臣之义，孝子之行，取之土。土者，五行最贵

---

① 《汉书》卷二十一上，第 981 页。
② ［汉］刘安编，刘文典撰，冯逸、乔华点校《淮南鸿烈集解》卷二十，第 674 页。
③ 参见《汉书》卷二十一上《律历志上》"以阴阳言之"至"五常五行之象"一段，第 971 页。
④ 《汉书》卷三十，第 1723 页。

者也,其义不可以加矣。"①《五行之义》曰:"土者,天之股肱也。其德茂美,不可名以一时之事,故五行而四时者。土兼之也。"②按照这样的义理逻辑,代表"人道"的《春秋》自然配属五常中的"信"和五行中的"土"。至此,《易》与《春秋》两部经典,不仅包含了天人之道或天地人之道,而且也包含了《诗》《书》《礼》《乐》。

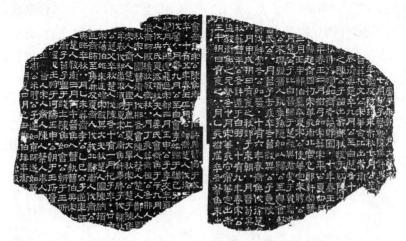

图21 熹平石经《春秋公羊传》碑阳残石拓片
(东汉,选自虞万里编著《二十世纪七朝石经专论》,上海辞书出版社,2018年)

与天道秩序不可分割的是历史的秩序,这也是西汉公羊《春秋》学的法则,《春秋繁露·楚庄王》曰:"《春秋》之道,奉天而法古。""不览先王,不能平天下。"③效法先王,遵循古道固然是"六经"的内涵,但也是被儒家经学建构出来的。在阴阳五行学说中,五行秩序也是时间秩序,木火土金水同时也是春夏秋冬、天干地支等自然周期,经学也发挥《尚书·洪范》中的五行学说,解说《春秋》中的灾异事件,将五行的天道运行法则通过历史呈现出来。《汉书·五行志上》曰:

---

① [汉]董仲舒著,[清]苏舆撰,钟哲点校《春秋繁露义证》卷十,第316页。
② [汉]董仲舒著,[清]苏舆撰,钟哲点校《春秋繁露义证》卷十一,第322页。
③ [汉]董仲舒著,[清]苏舆撰,钟哲点校《春秋繁露义证》卷一,第14页。

董仲舒治《公羊春秋》，始推阴阳，为儒者宗。宣、元之后，刘向治《穀梁春秋》，数其祸福，传以《洪范》，与仲舒错。至向子歆治《左氏传》，其《春秋》意亦已乖矣；言《五行传》，又颇不同。①

就经典创作的历史而言，《易传》中的《系辞》就已在讲述《周易》自身的先天神话："河出《图》，洛出《书》，圣人则之。"②又曰："古者包牺氏之王天下也，仰则观象于天，俯则观法于地，观鸟兽之文，与地之宜，近取诸身，远取诸物，于是始作八卦，以通神明之德，以类万物之情。"③《史记·孔子世家》记载孔子删定《诗》《书》《礼》《乐》，曰：

> 孔子之时，周室微而礼乐废，《诗》《书》缺。追迹三代之礼，序《书传》，上纪唐虞之际，下至秦缪，编次其事……观殷夏所损益……故《书传》《礼记》自孔氏。
> 孔子语鲁大师：……"吾自卫反鲁，然后乐正，《雅》《颂》各得其所。"
> 古者《诗》三千余篇，及至孔子，去其重，取可施于礼义，上采契后稷，中述殷周之盛，至幽厉之缺……礼乐自此可得而述，以备王道，成六艺。④

由此可见，《书》的上限早至唐虞之际，《诗》《礼》《乐》的上限皆在夏、殷、周三代，呈现出"仲尼祖述尧舜，宪章文武"的道统，⑤而孔子"因史记作《春秋》，上至隐公，下讫哀公十四年，十二公。据鲁，亲周，故殷，运之三

---

① 《汉书》卷二十七上，第 1317 页。按，颜师古注曰："'传'字或作'傅'，读曰附，谓附著。"
② ［唐］孔颖达《周易正义》卷七《系辞上》，［清］阮元校刻《十三经注疏》，第 82 页。
③ ［唐］孔颖达《周易正义》卷八《系辞下》，［清］阮元校刻《十三经注疏》，第 86 页。
④ 《史记》卷四十七，第 1935—1936 页。
⑤ ［唐］孔颖达《礼记正义》卷五十三《中庸》，［清］阮元校刻《十三经注疏》，第 1634 页。

代",①体现出对这一统绪的回归。

汉儒进一步将"河出《图》,洛出《书》,圣人则之"推演为《易》《书》乃至"六经"的先天神话。《汉书·五行志上》曰:

> 《易》曰:"天垂象,见吉凶,圣人象之;河出《图》,洛出《书》,圣人则之。"刘歆以为虙羲氏继天而王,受《河图》,则而画之,八卦是也;禹治洪水,赐《洛书》,法而陈之,《洪范》是也……"初一曰五行……畏用六极。"凡此六十五字,皆《洛书》本文,所谓天乃锡禹大法九章常事所次者也。以为《河图》《洛书》相为经纬,八卦、九章相为表里。昔殷道弛,文王演《周易》;周道敝,孔子述《春秋》。则《乾》《坤》之阴阳,效《洪范》之咎征,天人之道粲然著矣。②

如此,则《河图》《洛书》是《周易》《尚书》的天道依据,《周易》和《尚书》又是孔子所作《春秋》的天道依据。《汉书·艺文志·六艺略》各经《小序》曰:

> 《易》曰:"宓戏氏仰观象于天,俯观法于地……于是始作八卦。"……人更三圣,世历三古。③
>
> 《易》曰:"河出《图》,洛出《书》,圣人则之。"故《书》之所起远矣,至孔子纂焉,上断于尧,下讫于秦,凡百篇。④
>
> 《书》曰:"诗言志……"故古有采诗之官,王者所以观风俗,知得失,自考正也。孔子纯取周诗,上采殷,下取鲁,凡三百五篇。⑤
>
> 《易》曰:"有夫妇父子君臣上下,礼义有所错。"而帝王质文世有

---

① 《史记》卷四十七《孔子世家》,第 1943 页。
② 《汉书》卷二十七《五行志上》,第 1315—1316 页。
③ 《汉书》卷三十,第 1704 页。
④ 《汉书》卷三十,第 1706 页。
⑤ 《汉书》卷三十,第 1708 页。

损益,至周曲为之防,事为之制。①

《易》曰:"先王作乐崇德,殷荐之上帝,以享祖考。"故自黄帝下至三代,乐各有名。②

古之王者世有史官……事为《春秋》,言为《尚书》,帝王靡不同之。周室既微,载籍残缺,仲尼思存前圣之业……故与左丘明观其史记(作《春秋》)。③

如此,则源自《河图》《洛书》的《周易》《尚书》又成了《诗》《礼》《乐》等经典发生的义理根据。

无论是天道秩序还是历史秩序,"六经"之中的《易》与《春秋》构成了经典体系的轴心,这两部经典分别居于天人和始终的地位,构成了"用《易》居前"而《春秋》居末的"六经"次第。从《汉书·艺文志·六艺略》可见,西汉后期刘向父子的《七略别录》已经采用《易》《书》《诗》《礼》《乐》《春秋》的次第,而同一时代的扬雄也采用了类似的次第,《法言·寡见》曰:

> 惟"五经"为辩。说天者莫辩乎《易》,说事者莫辩乎《书》,说体者莫辩乎《礼》,说志者莫辩乎《诗》,说理者莫辩乎《春秋》。舍斯,辩亦小矣。④

这个次第的形成无关乎古今文学派的分野,而是西汉经学对"六经"体系自觉的义理建构,这个结构中的义理,既包括经典具有的宇宙义涵(天),又包括经典发生的历史过程(古),相较于重视经典各自内涵和教化功能的"以《诗》为首"的次第,"用《易》居前"次第的义理结构更为抽象,呈现

---

① 《汉书》卷三十,第 1710 页。
② 《汉书》卷三十,第 1711 页。
③ 《汉书》卷三十,第 1715 页。
④ [汉]扬雄撰,汪荣宝注疏,陈仲夫点校《法言义疏》,中华书局"新编诸子集成",1987年,第 215 页。

出文化意识形态的特征。

四、《孝经》为初

南朝王俭《七志》今已不存,其以"《孝经》为初"的原委不得而知,然而以《孝经》作为"六经"的根本并居于首要地位的观念早已出现于东汉。

《孝经》在西汉初曾被立为学官,汉武帝独尊儒术,罢黜百家,立五经博士后,传记与诸子皆罢。东汉赵岐《孟子章句题辞》曰:

> 汉兴,除秦虐禁,开延道德。孝文皇帝欲广游学之路,《论语》《孝经》《孟子》《尔雅》皆置博士。后罢传记博士,独立五经而已。[1]

汉人虽以《孝经》为传记,但罢黜之后反而更受重视,成为更加普及的基础教育经典。王国维《汉魏博士考》于此细节考论精详,其曰:

> 然《论语》《孝经》《孟子》《尔雅》虽同时并罢,其罢之之意则不同。《孟子》以其为诸子而罢之也。至《论语》《孝经》,则以受经与不受经者皆诵习之,不宜限于博士而罢之者也。刘向父子作《七略》,六艺一百三家,于《易》《书》《诗》《礼》《乐》《春秋》之后,附以《论语》、《孝经》(《尔雅》附)、小学三目,六艺与此三者,皆汉时学校诵习之书。以后世之制明之,小学诸书者,汉小学之科目;《论语》《孝经》者,汉中学之科目;而六艺则大学之科目也……汉人就学,首学书法,其业成者得试为吏,此一级也;其进则授《尔雅》《孝经》《论语》,有以一师专授者,亦有由经师兼授者。《汉书·平帝纪》:元始三年立学官。郡国曰学,县、道、邑、侯国曰校。校、学置经师一人。乡曰庠,聚曰序。序、庠置《孝经》师一人……且汉时但有受《论语》、《孝经》、小学而不受一经者,无受一经而不先受《论语》《孝经》者……

---

[1] [宋]孙奭《孟子注疏》,[清]阮元校刻《十三经注疏》,第 2663 页。

《汉官仪》所载博士举状，①于五经外必兼《孝经》《论语》，故汉人传《论语》《孝经》者，皆他经大师，无以此二书专门名家者……盖经师授经，亦兼授《孝经》《论语》，犹今日大学之或有豫备科矣。然则汉时《论语》《孝经》之传，实广于五经，不以博士之废置为盛衰也。②

东汉时期，《孝经》的地位益加崇高，其原因首先是其普及程度形成的民间信仰。《后汉书·荀韩钟陈列传》载荀爽对策曰："汉制使天下诵《孝经》，选吏举孝廉。"③东汉《孝经》之普及与迷信之事多见诸史载，《樊宏阴识列传》载樊准上疏，言明帝时"期门羽林介胄之士，悉通《孝经》"。④《虞傅盖臧列传》载宋枭"患多寇叛，谓（盖）勋曰：'凉州寡于学术，故屡致反暴。今欲多写《孝经》，令家家习之，庶或使人知义。'"⑤《独行列传》载张角作乱，侍中向栩"上便宜，颇讥刺左右，不欲国家兴兵，但遣将于河上北向读《孝经》，贼自当消灭"。⑥其次是两汉选举制度及其衍生的门第势力对孝道的推崇。西汉武帝接受董仲舒建议，于元光元年初举孝廉，⑦此后渐成为选举要目。徐天麟《东汉会要》曰："汉世诸科，虽以贤良方正为至重，而得人之盛，则莫如孝廉，斯亦后世之所不能及。"⑧钱穆《国史大纲》指出，至东汉，孝廉渐为"察举惟一项目"，"逐步渐近于后世之科举"。⑨他进一步指出，汉代经学和察举制的确立，又形成了"累世经学"和"累世公卿"，"便造成士族传袭的势力，积久遂成门

---

① 按，博士举状，见《后汉书》卷三十三《朱冯虞郑周列传》李贤注引《汉官仪》载其举状曰："生事爱敬，丧没如礼。通《易》《尚书》《孝经》《论语》，兼综载籍，穷微阐奥。"（第1145页）

② 王国维《观堂集林》卷四，中华书局，1959年，第178—182页。

③ 《后汉书》卷六十二，第2051页。

④ 《后汉书》卷三十二，第1126页。按，事又见《后汉书》卷七十九《儒林传上》，第2546页。

⑤ 《后汉书》卷五十八，第1880页。

⑥ 《后汉书》卷八十一，第2694页。

⑦ ［宋］徐天麟《西汉会要》卷四十五《选举下》，上海人民出版社，1977年，第521—522页。

⑧ ［宋］徐天麟《东汉会要》卷二十六《选举上》，上海古籍出版社，1978年，第391页。

⑨ 钱穆《国史大纲》，商务印书馆，1996年，第173—174页。

第",而"门第造成之另一原因,则由于察举制度之舞弊"。^①"'孝'与'廉'为东汉士人道德之大节目,然此二者全属个人和家庭的,非国家和社会。"^②所以孝悌在东汉已成为士大夫维系门第利益的伦理原则,这必然构成《孝经》地位抬升的又一原因。

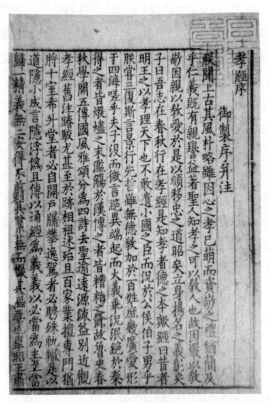

图22 日藏北宋刊本唐玄宗《御注孝经》书影
(选自[日]宫内厅书陵部藏汉籍研究会编《图书寮汉籍丛考》,汲古书院,2018年)

于是,东汉时期的《孝经》已跻身"六经"行列,并称"七经"。东汉史籍中多有"七经"之名,而后世学者多认为这是"五经"加上《论语》和《孝

---

① 钱穆《国史大纲》,第185页。
② 钱穆《国史大纲》,第191页。

经》，甚至认为《论语》在东汉也被列为学官。如皮锡瑞《经学历史》曰：
"汉人以《乐经》亡，但立《诗》《书》《易》《礼》《春秋》五经博士，后增《论语》
为六，又增《孝经》为七。"①刘师培云："西汉之时，或称'六经'，或称'六
艺'。厥后《乐经》失传，始以《孝经》《论语》配'五经'，称为'七经'（见《后
汉书·赵典传》注）。"②又述"两汉《论语》之传授"云："至后汉时，包咸、
周氏并为《章句》，列于学官。"③皮、刘二氏的判断，其根据为《经典释
文》，其卷一《注解传述人》曰："后汉包咸（字子长，吴人，大鸿胪）、周氏
（不详何人）并为《章句》，列于学官。"但此并非确证。包咸为《章句》，事
见《后汉书·儒林传下》，④但未言其列于学官。《隋书·经籍志》亦云：
"周氏、包氏，为之《章句》，马融又为之训。"⑤也未涉及立为学官之事。

　　"七经"之目，当于谶纬求之。《后汉书·张曹郑列传》载张纯"案七
经谶"，李贤注曰："'七经'谓《诗》《书》《礼》《乐》《易》《春秋》及《论语》
也。"⑥又《宣张二王杜郭吴承郑赵列传》载赵典"少笃行隐约，博学经
书"，李贤注引《谢承书》曰："典学孔子'七经'、《河图》、《洛书》，内外艺
术，靡不贯综。"⑦又《后汉书·方术列传》载樊英"少受业三辅，习京氏
《易》，兼明'五经'。又善风角、星算、《河》、《洛》、'七纬'、推步、灾异。"⑧
按，上引"七经谶""七纬"及李贤注、《谢承书》中所言"七经"皆指谶纬文
献中的"七经纬"，东汉人又将其与《河图》《洛书》两种谶纬一并称为

---

① ［清］皮锡瑞著，周予同注释《经学历史》，第 68 页。

② 刘师培《经学教科书》第一课《经学总述》，刘师培《刘申叔遗书》，第 2074 页。

③ 刘师培《经学教科书》第十四课《两汉〈论语〉之传授》，刘师培《刘申叔遗书》，第
2079 页。

④ 《后汉书》卷七十九下，第 2570 页。

⑤ ［唐］魏徵、令狐德棻等撰，中华书局编辑部点校《隋书》卷三十二，中华书局"二十五史
系列"，1973 年，第 939 页。按，本书所引《隋书》皆据此版本，下径称《隋书》，不一一标注。

⑥ 《后汉书》卷三十五，第 1196 页。

⑦ 《后汉书》卷二十七，第 947 页。

⑧ 《后汉书》卷八十二上，第 2721 页。

《河》、《洛》、六艺",①"《河》《洛》五九,六艺四九,谓八十一篇",②"河、洛、图纬",③"《河图》《洛书》,五经谶、纬","河、洛、孔子谶、记",④"河、洛、纬度"⑤等。"《河》《洛》五九"指四十五篇《河图》与《洛书》;"六艺四九"指相对于"六经"的纬书三十六篇,其中包括了《孝经纬》。首见于史籍的纬书篇目即《樊英传》李贤注列出的"七纬"三十五篇,包括《易纬》六篇、《书纬》五篇、《诗纬》三篇、《礼纬》三篇、《乐纬》三篇、《孝经纬》两篇、《春秋纬》十三篇。⑥ 又,东汉时谶、纬之名混淆不分,如《白虎通》中有《春秋谶》《论语谶》,⑦《后汉书·张衡传》有《诗谶》《春秋谶》,⑧《张纯传》有"七经谶"。⑨ 但史籍著录则严分"谶""纬",纬尊而谶卑,《孝经》类为纬,《论语》类则为谶。《隋书·经籍志》中,即以《河图》《洛书》四十五篇为孔子所继承自黄帝至文王的"九圣"遗文,也可以说是"七经纬"的来源或先天形态,而"七经纬"三十六篇则是孔子的继作,其他则列为谶书。⑩

---

① 《后汉书》卷五十九《张衡传》,第 1912 页。

② 《后汉书》卷五十九《张衡传》,李贤注引《张衡集·上事》,第 1913 页。

③ 《后汉书》卷七十九下《儒林传下·景鸾传》,第 2572 页。

④ [晋]陈寿撰,[南朝宋]裴松之注,中华书局编辑部点校《三国志》卷三十二《蜀书·先主备传》,中华书局"二十五史系列",1982 年,第 887 页、888 页。按,本书所引《三国志》皆据此版本,下径称《三国志》,不一一标注。

⑤ [宋]洪适《隶释》卷十二《太尉杨震碑》,[宋]洪适《隶释·隶续》,中华书局影印洪氏晦木斋刻本,1986 年,第 136 页。按,朱晓海《汉赋史略新证·序论》曰:"东汉初叶已有'七经'之说,但见存中兴以来之汉赋提到先王学正典时,都习称六经、六艺,直至刘桢'鲁都赋''崇七经之旨义,删百氏之乖违',才用上这词汇。"(朱晓海《汉赋史略新证》,陕西人民出版社,2002 年,第 15 页)其实东汉人所言"六经""六艺",亦可概指"七经纬"。

⑥ 《后汉书》卷八十二上《方术传上》,第 2721—2722 页。

⑦ [清]陈立撰,吴则虞点校《白虎通疏证》卷五《诛伐》,中华书局"新编诸子集成",1994 年,第 223 页、255 页。

⑧ 《后汉书》卷五十九,第 1912 页。

⑨ 《后汉书》卷三十五,第 1196 页。

⑩ 参见《隋书》卷三十二,第 940—941 页。

所以《论语》及其他谶纬文献被著录为"谶"或"杂谶",不在"八十一篇"之列。① 此外,《隋志》著录经部文献,也将《孝经》居于《论语》之前,与《汉志》相反,这证明经过东汉时期,《孝经》的地位已高于《论语》。总之,"七经纬"中有《孝经纬》而无《论语纬》,故《论语》不当在《七经》之列,李注《张纯传》将《孝经》误作《论语》。②

古代简牍制度"以策之大小为书之尊卑",③东汉简牍制度也规定了《孝经》之策长于《论语》之策,谶纬之中皆有明言。《仪礼·聘礼》贾公彦《疏》曰:"郑作《论语序》云:'《易》《诗》《书》《礼》《乐》《春秋》,策皆尺二寸,《孝经》谦,半之,《论语》八寸策者,三分居一,又谦焉。'"④此说出自谶纬。阮元《仪礼·聘礼校勘记》曰:

> 按(杜预)《春秋序》(孔)《疏》云:"郑玄注《论语序》以《钩命决》云'《春秋》二尺四寸书之,《孝经》一尺二寸书之',故知'六经'之策皆称长二尺四寸。"⑤然则此云"尺二寸",乃传写之误,当作"二尺四寸"。下云"《孝经》谦,半之",乃尺二寸也。又云"《论语》八寸策者,三分居一,又谦焉",谓《论语》八寸,居六经三分之一,比《孝经》更少

---

① 按,《论语纬》始见诸《旧唐书·经籍志》和《新唐书·艺文志》,这反映了《论语》在宋代上升为经的地位。五代之际已有所谓"十一经"之名,屈万里曰:"所云'十一经'者,乃所谓《易》《书》《诗》《周礼》《仪礼》《礼记》《春秋左传》《公羊》《穀梁传》《孝经》及《论语》。"(《十三经注疏板刻述略》,屈万里《书佣论学集》,开明书店,1969 年,第 216 页)又,[唐]孔颖达《礼记正义序》引《论语撰考》([清]阮元校刻《十三经注疏》,第 1229 页),卷六《檀弓》"孔子少孤"节疏引《论语纬撰考》([清]阮元校刻《十三经注疏》,第 1275 页),清沈廷芳《十三经正字》卷四十五于此曰:"'纬撰考'当作'撰考谶'。"(文渊阁《四库全书》本)其说甚是。

② 按,姚振宗于此未加详考,故有含混之辞。其《隋书经籍志考证》卷九"经部九"有《后汉书·张纯传》注'七经谶:《诗》《书》《礼》《乐》《易》《春秋》及《论语》也'"条,姚氏按曰:"章怀太子言'七经纬',有《孝经》无《论语》,言'七经谶'反是。而《七录》及诸书引《孝经谶》者独多,似《孝经》《论语》并合而为'七经'也。"(二十五史刊行委员会编《二十五史补编》第四册,中华书局,1955 年,第 5196—5197 页)

③ 王国维著,胡平生、马月华校注《简牍检署考校注》,第 14 页。

④ [唐]贾公彦《仪礼注疏》卷二十四,[清]阮元校刻《十三经注疏》,第 1072 页。

⑤ 见[唐]孔颖达《春秋左传正义》卷一,[清]阮元校刻《十三经注疏》,第 1704 页。

四寸,故云"又谦焉"。①

皮锡瑞指出:"汉人推尊孔子,多以《春秋》《孝经》并称。……盖以《诗》《书》《易》《礼》为孔子所修,而《春秋》《孝经》乃孔子所作也。"②因此,东汉经学已将《孝经》与《春秋》作为经典的核心,代替了《易》与《春秋》的地位,推为孔子的制作,用以建构带有宇宙论色彩的经典体系,其确证为东汉经学会议的权威文献《白虎通》,其《五经》曰:

> 孔子所以定"五经"者何? 以为孔子居周之末世,王道陵迟,礼义废坏……自卫反鲁,自知不用,故追定"五经",以行其道。……
>
> 已作《春秋》,复作《孝经》何? 欲专制正。……圣人道德已备,弟子所以复记《论语》何? 见夫子遭事异变,出之号令足法。……
>
> 经所以有五何? 经,常也。有五常之道,故曰"五经"。《乐》仁,《书》义,《礼》礼,《易》智,《诗》信也。人情有五性,怀五常不能自成,是以圣人象天五常之道而明之,以教人成其德也。
>
> "五经"何谓?《易》《尚书》《诗》《礼》《春秋》也。《礼·经解》曰:"温柔宽厚,《诗》教也。疏通知远,《书》教也。广博易良,《乐》教也。洁静精微,《易》教也。恭俭庄敬,《礼》教也。属词比事,《春秋》教也。"③

---

① 富谷至认为:"经书2尺4寸的规制确定以后,《孝经》和《论语》的地位高于其他传、记之类的书籍,《孝经》的1尺2寸大概是经书2尺4寸折半而来,而《论语》的8寸则可能是将周尺1尺换算为汉尺得来的长度数字。"([日]富谷至著,刘恒武、孔李波译《文书行政的汉帝国》,第42页)按,汉人称简策制度,有以周尺为说,如"三尺律令",有以汉尺为说,如"二尺四寸之律",周尺为八寸,故三尺当汉尺二尺四寸,王国维《简牍检署考》有说(见王国维著,胡平生、马月华校注《简牍检署考校注》,第23页)。但此处引郑玄《论语序》皆以汉尺说诸经,不当独以周尺说《论语》。

② [清]皮锡瑞著,周予同注释《经学历史》,第41页。

③ [清]陈立撰,吴则虞点校《白虎通疏证》卷九,第444—449页。

此处"'五经'何谓？《易》《尚书》《诗》《礼》《春秋》也"一句，与"有五常之道，故曰'五经'。《乐》仁，《书》义，《礼》礼，《易》智，《诗》信也"一句相异，"《春秋》"当是"《乐》"的误书，刘师培《白虎通义斠补》考订精详，其曰：

> 案：卢（文弨）本引周（广）校云："《初学记》引云：'五经，《易》《尚书》《诗》《礼》《乐》也。'无'《春秋》'字，有'《乐》'字。其注云：'古以《易》《书》《诗》《礼》《乐》《春秋》为六经。至秦焚书，《乐经》亡，今以《易》《诗》《书》《礼》《春秋》为五经。'（案：见卷二十一。）据此，则《白虎通》之'五经'不当有'《春秋》'字。'《礼经解》'云云，疑后人窜入。《北堂书钞》所引（案见《书钞》九十五，其文云"《易》《尚书》《诗》《礼》《乐》，夫子定五经"。）与《初学记》同。参前一条尤可见。"窃以周说是也。惟所引《经解》，亦非衍文，盖《通义》以《易》《书》《诗》《礼》《乐》为五经，与五常之道相应，《春秋》则为孔子所制作，乃所引《经解》之文，则并《春秋》为六，故此下别生解析之文。[1]

王应麟《困学纪闻》最早敏锐地发现：以五经配五常之道的模式，《白虎通》与《汉书·艺文志》"二说不同"，[2]但他没有发现其中的原因。东汉配合五常之道的"五经"之中没有《春秋》，是因为《春秋》与《孝经》形成了新的组合。所谓"已作《春秋》，复作《孝经》何？欲专制正"的观念，恰是《孝经纬》中的说法。陈立《白虎通疏证》曰：

> 《公羊序》云："吾志在《春秋》，行在《孝经》。"《疏》引《钩命决》

---

① 见〔清〕陈立撰，吴则虞点校《白虎通疏证·附录三》，第706页。按，陈立《疏证》主张《白虎通》中的两种"五经"名目，"盖兼存两说也"，"《白虎通》自有《春秋》入'五经'也"（《白虎通疏证》，第448—449页）。而刘师培《白虎通德论补释》于此条又有详考，专驳陈氏之说（《白虎通疏证·附录八》，第806页）。

② 参见〔宋〕王应麟著，〔清〕翁元圻等注，栾保群、田松青、吕宗力校点《困学纪闻（全校本）》上册卷八《汉·艺文志》云"条，第1076页。

云:"孔子在庶,德无所施,功无所就,志在《春秋》,行在《孝经》。"①
哀十四年《疏》引曰:"某以匹夫徒步以制正法。""以《春秋》属商,以
《孝经》属参。"②《御览》引《钩命决》又云:"子曰:'吾作《孝经》,以素
王无爵禄之赏,斧钺之诛,故称明王之道。'"《石台孝经序》《疏》引
《孝经纬》云:"欲观我褒贬诸侯之志在《春秋》,崇人伦之行在《孝
经》。"③

《孝经》地位的改变于东汉碑刻中亦可见之,其中往往以《孝经》与
《春秋》或《易》并称为孔子的制作。《孔庙置守庙百石孔龢碑》(又称《乙
瑛碑》,桓帝永兴元年,153)曰:"孔子作《春秋》,制《孝经》,□□五经,演
《易》系辞,经纬天地,幽赞神明。"④《鲁相韩敕造孔庙礼器碑》(简称《礼
器碑》,桓帝永寿二年,156)曰:"皇戏统华胥,承天画卦。颜育空桑,孔制
元孝。俱祖紫宫,太一所授。前闿九头,以什言教。后制百王,获麟来
吐。制不空作,承天之语。"⑤《韩敕修孔庙后碑》(桓帝永寿三年,157)
曰:"孔圣素王,受象乾坤。生于周衢,匡政天文。德参耀□,作应星神。
稽《易》制《孝》,升出大人。"⑥《鲁相史晨祠孔庙奏铭》(又称《史晨碑》,灵
帝建宁二年,169)曰:"乃作《春秋》,复演《孝经》。删定六艺,象与天谈。
钩《河》摘《洛》,却揆未然。"⑦

如果说以《易》与《春秋》为轴心的"六经"次第关注的是天人关系,而

① [唐]徐彦《春秋公羊注疏·序》,[清]阮元校刻《十三经注疏》,第2190页。

② 按,[唐]徐彦《春秋公羊注疏》卷二十八"哀公十四年"疏曰:"故《孝经说》云:'丘以匹
夫徒步,以制正法。'"([清]阮元校刻《十三经注疏》,第2352页)又曰:"故《孝经说》云:'《春秋》
属商,《孝经》属参。'"([清]阮元校刻《十三经注疏》,第2353页)

③ [清]陈立撰,吴则虞点校《白虎通疏证》卷九《五经》,第446页。按,[宋]邢昺《孝经注
疏·序》曰:"子曰:'吾志在《春秋》,行在《孝经》。'"《疏》曰:"此《钩命决》文也。言褒贬诸侯善
恶,志在于《春秋》;人伦尊卑之行,在于《孝经》也。"([清]阮元校刻《十三经注疏》,第2540页)

④ [宋]洪适《隶释》卷一,[宋]洪适《隶释·隶续》,第18页。

⑤ [宋]洪适《隶释》卷一,[宋]洪适《隶释·隶续》,第19页。

⑥ [宋]洪适《隶释》卷一,[宋]洪适《隶释·隶续》,第22页。

⑦ [宋]洪适《隶释》卷一,[宋]洪适《隶释·隶续》,第23页。

以《春秋》和《孝经》为轴心的"七经"次第关注的则是人伦纲常,这说明东汉经学的核心已从建构统一郡县制帝国的政治秩序向建构社会道德秩序转化。《孝经纬》已将孝的基础解释为"元气",作为人道的根本,元气既是"木金火水土"五行的根源,孝也就是"仁义礼智信"五常的根源,《孝经》遂成为经典中的根本。《孝经援神契》曰:"元气混沌,孝在其中。"①《孝经钩命决》曰:"《孝经》者……为天地喉襟,道要德本。"《春秋说题辞》曰:"《孝经》者,所以明君父之尊,人道之素。天地开辟,皆有孝。"②

　　东汉末年,号称"括囊大典,网罗众家"的经学大师郑玄,③也以《春秋》和《孝经》为群经的轴心,甚至为群经之首。《礼记·中庸》:"唯天下至诚,为能经纶天下之大经,立天下之大本,知天地之化育。"郑玄注曰:"大经谓'六艺',而指《春秋》也;大本,《孝经》也。"④他甚至将《孝经》上升为群经的根本和天人之道的法则。其《六艺论》所叙"六经",为《易》《书》《诗》《礼》《春秋》《孝经》,论《孝经》曰:"孔子以'六艺'题目不同,指意殊别,恐道离散,后世莫知根源,故作《孝经》以总会之。"⑤郑注《孝经序》又曰:"《孝经》者,三才之经纬,五行之纲纪。孝为百行之首,经者不易之称。"⑥至此可知汉魏南北朝人"《孝经》为初"的次第安排本在情理之中,而这些时代皆是门阀大族统治的时期。

　　① [唐]徐坚等《初学记》卷十七《人部上·孝第四》引,中华书局,2004年,第419页。
　　② [宋]李昉等《太平御览》卷六百一十《学部四·孝经》引,中华书局,1960年,第2746页。
　　③ 《后汉书》卷三十五《张曹郑列传》,第1213页。
　　④ [唐]《礼记正义》卷五十三,[清]阮元校刻《十三经注疏》,第1635页。按,[宋]王应麟著,[清]翁元圻等注,栾保群、田松青、吕宗力校点《困学纪闻(全校本)》上册卷五"《礼记》"以郑玄此注"盖泥于纬书'志在《春秋》,行在《孝经》'之言,其说疏矣"(第653页)。
　　⑤ [宋]邢昺《孝经注疏·序》,[清]阮元校刻《十三经注疏》,第2539页。
　　⑥ 见[宋]王应麟《玉海》卷第四十一"艺文"唐二十七家孝经"条,[宋]王应麟撰,武秀成、赵庶洋校证《玉海艺文校证》卷七,凤凰出版社,2013年,第322页。按,"不易"二字,《校证》所据元刊本、文渊阁《四库全书》本《玉海》、据文澜阁《四库全书》抄写刊刻的清光绪九年(1883)浙江书局本《玉海》(江苏古籍出版社与上海书店联合影印出版,1987年)俱作"至易",误。清侯康《补后汉书艺文志》卷二"《郑氏孝经注》一卷"、曾朴《补后汉书艺文志并考》卷三"《郑康成孝经注》"等引《玉海》径改作"不易"(《二十五史补编》第二册,第2113页、2491页)。又,[清]皮锡瑞著,周予同注释《经学历史·经学开辟时代》引郑注《孝经序》亦皆径改为"不易"(第41页)。

五、结论

论及此,我们可以认为,陆德明《经典释文》所列三种经书次第,或者说从"六经"到"七经",既是经学历史的演进过程,体现了先秦两汉儒家经典体系形成的三个阶段,也是经学中不同的义理建构方向,体现了儒家突破贵族君子的文化教育体系,试图通过经典体系实现礼乐教化,探求天人之道,为统一郡县制帝国建构政治与社会伦理的形而上学的努力,其中包含了强烈的"通经致用"的时代意识。而上述生动的思想史现象被凝固在经学文献学范畴中的所谓"五经六籍"的"次第"之中,为中国文化提供了一种建构经典意义体系的文化范式。

第四章
诗者天地之心
——经典的宇宙意识

一、谶纬与齐诗

先秦两汉诗说，多以诗发乎人心，《尚书·尧典》"诗言志"为其定说，郑玄注曰："诗，所以言人之志意也。"①《左传》《国语》皆有"诗以言志"②"诗所以合意"③之说。然先秦两汉儒家诗说，重在教化，《毛诗序》概括道："先王以是经夫妇，成孝敬，厚人伦，美教化，移风俗。"④盖诗有作有用，作者"在心为志，发言为诗"，"情动于中而形于言"；⑤用者或赋诗言志，或献诗陈志，或教诗明志，然皆"发乎情"，"止乎礼义"。⑥ 后世诗人，遂由其中自觉出抒发情感怀抱之文学意识，朱自清《诗言志辨》论之甚详，⑦而刘若愚《中国文学理论》则将"诗言志"定义为中国"早期的表现

---

① ［唐］孔颖达《毛诗正义·诗谱序》"然则《诗》之道放于此乎"句下引，［清］阮元校刻《十三经注疏》，中华书局影印世界书局本，1980 年，第 262 页。按，本章所引《十三经注疏》皆据此版本。

② ［唐］孔颖达《春秋左传正义》卷三十八"襄公二十七年"《传》，［清］阮元校刻《十三经注疏》，第 1997 页。

③ 上海师范大学古籍整理研究所校点《国语》卷五《鲁语下》，第 210 页。

④ ［唐］孔颖达《毛诗正义》卷一，［清］阮元校刻《十三经注疏》，第 270 页。

⑤ ［唐］孔颖达《毛诗正义》卷一，［清］阮元校刻《十三经注疏》，第 270 页。

⑥ ［唐］孔颖达《毛诗正义》卷一，［清］阮元校刻《十三经注疏》，第 272 页。

⑦ 参见朱自清《诗言志辨》第一篇《诗言志》，广西师范大学出版社，2004 年。

理论"和"原始主义"诗观。① 要之，此"诗言志"之说，其志为人之心志，或为合乎礼义、合乎伦理之心志。

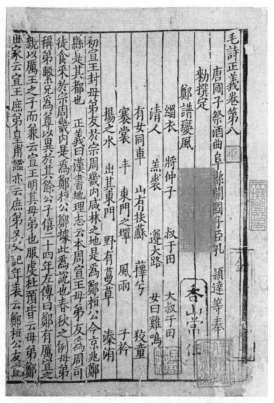

图23　南宋刊单疏本《毛诗正义》书影
（选自《南宋刊单疏本〈毛诗正义〉》，人民文学出版社，2012 年）

然汉儒又创为新说，以诗为"天地之心""天心""天志"，其说渊源何自？当作何解？其说出于汉儒解经之话语，且对中国后世文学思想有重要影响，值得我们细加剖析。

《诗纬含神雾》曰：

---

① 参见［美］刘若愚撰，杜国清译《中国文学理论》，江苏教育出版社，2006 年，第98—102 页。

> 诗者，天地之心，君德之祖，百福之宗，万物之户也。①

又曰：

> 孔子曰：诗者，天地之心，刻之玉版，藏之金府。②

清儒陈乔枞《诗纬集证》释此曰：

> 诗之为学，情性而已。情性者，人所禀天地阴阳之气也。天地之气，分为阴阳，列为五行。人禀阴阳而生，内怀五性、六情。仁义礼智信谓五性，喜怒哀乐好恶谓六情。六情所以扶成五性，性情各正，万化之原也……《诗》正性情而厚人伦，美教化而移风俗，推四始之义，明五际之要，此圣人所以统天地之心，顺阴阳之理，慎德行之用，著善恶之归，为万物获福于无方之原，故纬言此以明之。③

陈氏以为，"天地之心"即人心，而人之性情，通于天地阴阳之气，圣人以《诗》教化人伦，即为统天地之心。陈氏虽云"汉世纬学多用齐诗"④，然齐诗缘何有此观念，缘何以阴阳五行阐释"五性""六情"，以与齐诗"四始""五际"说相配合，陈氏并未详加疏证，则其思想史的价值未能得以揭示，其中话语尚待推考。

---

① ［日］安居香山、［日］中村璋八辑《纬书集成》上册，河北人民出版社，1994年，第464页。按，本章所引谶纬悉据此，下径称《纬书集成》，除有异文，不再注明原始出处。

② 《纬书集成》，第464页。按，此条出《太平御览》卷八百四《珍宝部三》引。《后汉书》卷五十二《崔骃列传》"乃将镂玄珪，册显功"，李贤注引《诗含神雾》曰："刻之玉版，藏之金匮。"（第1713页）

③ ［清］陈乔枞《诗纬集证》卷三，清道光二十六年（1846）小嫏嬛馆刻本。

④ ［清］陈乔枞《诗纬集证》卷三释"诗者持也"条。

汉儒视谶纬为"孔丘秘经,为汉赤制"①"秘书微文"②"谶书秘文"③,以纬学为"内学"④。上引《含神雾》两条,实为齐诗之说,《含神雾》中又有:

> 集微揆著,上统元皇,下序四始,罗列五际。⑤

故"四始""五际""天地之心"诸说均出自齐诗。按,《汉书》载翼奉上疏元帝曰:

> 臣闻之于师曰:天地设位,悬日月,布星辰,分阴阳,定四时,列五行,以视圣人,名之曰道。圣人见道,然后知王治之象,故画州土,建君臣,立律历,陈成败,以视贤者,名之曰经。贤者见经,然后知人道之务,则《诗》《书》《易》《春秋》《礼》《乐》是也。《易》有阴阳,《诗》有五际,《春秋》有灾异,皆列终始,推得失,考天心,以言王道之安危。⑥

又载匡衡上疏成帝曰:

> 臣又闻之师曰:"妃匹之际,生民之始,万福之原。"婚姻之礼正,然后品物遂而天命全。孔子论《诗》以《关雎》为始,言太上者民之父

---

① 《后汉书》卷三十上《苏竟杨厚列传》,第 1043 页。

② [汉]王充著,黄晖撰《论衡校释》卷十三《效力篇》:"孔子,周世多力之人也,作《春秋》,删五经,秘书微文,无所不定。"(中华书局"新编诸子集成",1990 年,第 582 页)

③ [汉]王充著,黄晖撰《论衡校释》卷二十六《实知篇》:"谶书秘文,远见未然,空虚阔昧,豫睹未有,达闻暂见。"(第 1072 页)

④ 《后汉书》卷八十二上《方术列传》:"自是习为内学,尚奇文,贵异数,不乏于时矣。"(第 2705 页)

⑤ 《纬书集成》上册,第 464 页。

⑥ 《汉书》卷七十五《眭两夏侯京翼李传》,第 3172 页。

母,后夫人之行不侔乎天地,则无以奉神灵之统而理万物之宜。

……

臣闻六经者,圣人所以统天地之心,著善恶之归,明吉凶之分,通人道之正,使不悖于其本性者也。故审六艺之指,则人天之理可得而和,草木昆虫可得而育,此永永不易之道也。①

据翼、匡之言可知,"神灵之统"即《诗纬》中所言"君德之祖","万福之原"即《诗纬》中所言"百福之宗","万物之宜"即《诗纬》中所言"万物之户"。圣人以六经"统天地之心""考天心",故须审"六艺(六经)之指"而得"天人之理",此理于《易》则为阴阳,于《春秋》则为灾异,而于《诗》则为"四始""五际"。故谶纬之中,不仅以《诗》为"天地之心",又以《易》考知"天心"。《易纬乾凿度》曰:"《易历》曰:'阳纪天心。'"②《易纬是类谋》曰:"命机之运,由孔出,天心表际,悉如《河》《洛》命纪,通终命苞。"郑玄注曰:"纪数天之运,皆孔子出天之心意。"③

汉儒经学讲论阴阳五行,推测灾异祸福,当始自董仲舒。《汉书·五行志上》:"景、武之世,董仲舒治公羊《春秋》,始推阴阳,为儒者宗。"④《汉书·儒林传》载齐诗先师为辕固生,为景帝时的博士,武帝时复以贤良征,"诸儒多嫉毁曰固老,罢归之。时固已九十余矣"。⑤ 其人较之董仲舒当为前辈宿儒,故其诗学尚不涉及阴阳灾异之说。至其弟子夏侯始昌,齐诗遂有创发。《汉书·儒林传》载:"诸齐以《诗》显贵,皆固之弟子也。昌邑太傅夏侯始昌最明。"⑥《眭两夏侯京翼李传》载其"通五经,以齐诗、《尚书》教授。自董仲舒、韩婴死后,武帝得始昌,甚重之。始昌明

---

① 《汉书》卷八十一《匡张孔马传》,第3342—3343页。

② 《纬书集成》上册,第43页。

③ 《纬书集成》上册,第284—285页。

④ 《汉书》卷二十七上,第1317页。

⑤ 《汉书》卷八十八,第3612页。

⑥ 《汉书》卷八十八,第3612页。

于阴阳……族子胜亦以儒显名","从始昌受《尚书》及《洪范五行传》,说灾异"。① 故始昌继董仲舒之后,发明齐诗与《尚书洪范》中的天人之理。夏侯始昌授齐诗于后仓,后仓授翼奉、萧望之、匡衡等,匡衡又授师丹、伏理等,"由是齐诗有翼、匡、师、伏之学"。② 翼、匡上疏皆称师说,其师当为夏侯或后仓。

且齐诗远绍《公羊》,旁通京氏《易》。《儒林传》载胡毋生与董仲舒同业,治《公羊春秋》,景帝时与董仲舒同为博士,后归教于齐,授东平嬴公等。嬴公授东海孟卿。孟卿又从萧奋受《礼》,授后仓。后仓创为后氏《礼》,昭帝时立于学官,故夏侯始昌弟子后仓之学亦渊源于《公羊》。《儒林传》载孟卿又以《礼》与《春秋》多而烦杂,命其子孟喜从田王孙受《易》,创为孟氏《易》。焦赣(延寿)从其问学,京房又从焦赣受《易》,创为京氏《易》,宣、元以后皆立于学官,故齐诗与孟、京《易》学声气相通。《汉书》以《公羊》之眭孟,《尚书》之两夏侯、李寻,《易》之京房,《诗》之翼奉等同传,以其皆为善"推阴阳言灾异","纳说时君著明"者,③因此,倘考察齐诗之说,当旁及《公羊》、孟京《易》学等汉儒经说,方可得其肯綮。

二、"天心""天地之心"

"天心"与"天地之心"始见诸战国秦汉间文献,多属道家和阴阳家思想中的天道观念。这是一种新天道观,以"道"作为宇宙万物的根本和法则,《韩非子·解老》曰:"道者,万物之所然也,万理之所稽也。理者,成物之文也;道者,万物之所以成也。"④又以阴阳五行为宇宙万物的构成和运行形式,《解老》又曰:

---

① 《汉书》卷七十五,第3154—3155页。
② 《汉书》卷八十八,第3613页。
③ 《汉书》卷七十五《眭两夏侯京翼李传·赞》,第3194—3195页。
④ 〔清〕王先慎撰,钟哲点校《韩非子集解》卷六,第146—147页。

> 天得之以高,地得之以藏,维斗得之以成其威,日月得之以恒其光,五常得之以常其位,列星得之以端其行,四时得之以御其变气,轩辕得之以擅四方,赤松得之与天地统,圣人得之以成文章。①

天地、日月、五常、四时、四方诸物并举,是战国时期宇宙论的话语特征,正如史华兹指出的那样,诸子百家当中"存在着这样的一整套术语词汇,它们最终会获得相当不同的思想模式的认同。这些术语本身表现出了如下的特点:尽管它们也许拥有某些共同的涵义,但仍然可以导向极其不同的解释方向和侧重点"。② 而在《管子》《吕氏春秋》《淮南子》等战国秦汉间文献中,讨论宇宙发生与构成时,大都排比宇宙万物,归纳到阴阳五行的严整框架中,甚至据此抛弃卜筮而占测天道。《管子·五行》曰:

> 故通乎阳气,所以事天也,经纬日月,用之于民。通乎阴气,所以事地也,经纬星历,以视其离。通若道然后有行,然则神筮不灵,神龟衍不卜,黄帝泽参,治之至也。③

黎翔凤认为,黄帝"既通天地之道,则所行无不当,故龟筮不能为卜兆"。④ 因此,这种天道观念中的"天",是自然之"天",而非西周宗法礼乐文化意涵中的上帝鬼神,故"天心"一词多见诸道家、阴阳家以及根据

① [清]王先慎撰,钟哲点校《韩非子集解》卷六,第147页。
② [美]本杰明·史华兹著,程钢译,刘东校《古代中国的思想世界》,第181页。
③ 黎翔凤曰:"陈奂云:'此文及注,错误不可读。"筮"当为"筴","灵"当为"筮","神龟"与"神筴"对文,"不筮"与"不卜"对文。"衍"字当在下句内,而下句"黄帝"二字又涉下文"昔者黄帝"而误入于此也。"衍"字当在"泽"字上。"衍",推演之也。"泽"读为释,假字也。"释"犹"舍"也。凡每卜筮,必会人参立而占之,不筮不卜,故推演舍参,言不用设立占人以推衍也。'……翔凤案:《左传》筮短龟长,'神筮'与'神龟'对,陈改'筮'为'筴',谬。《洪范》之衍忒用于卜,《易·系辞》:'衍,演也。'灼龟观兆之后,就其吉凶而推演之,'衍'字不可少。《礼记·射义》:'天子将祭,必先习射于泽。泽者,所以择士也。''泽参',择而参之。"(黎翔凤撰,梁运华整理《管子校注》,第864—865页)
④ 黎翔凤撰,梁运华整理《管子校注》,第860页。

道家创发的法家文献，用以比喻天道。如《管子·版法解》中释《版法》之言曰：

> 法者，法天地之位，象四时之行，以治天下。……故曰："凡将立事，正彼天植。"天植者，心也。天植正，则不私近亲，不孽疏远……欲见天心，明以风雨。故曰："风雨无违，远近高下，各得其嗣。"①

又如《文子》一书，亦颇有此语。《道原篇》云："真人者……怀天道，包天心，嘘吸阴阳，吐故纳新，与阴俱闭，与阳俱开，与刚柔卷舒，与阴阳俯仰，与天同心，与道同体。"②《精诚篇》云："故大人与天地合德，与日月合明，与鬼神合灵，与四时合信，怀天心，抱地气，执冲含和，不下堂而行四海，变易习俗，民化迁善，若出诸己，能以神化者也。"③《上仁篇》云："故不言而信，不施而仁，不怒而威，是以天心动化者也。"④《上礼篇》云："圣人初

---

① 黎翔凤撰，梁运华整理《管子校注》，第 1196 页。

② ［宋］杜道坚《文子缵义》卷一，《四部备要》本。

③ ［宋］杜道坚《文子缵义》卷二。按，［汉］刘安编，刘文典撰，冯逸、乔华点校《淮南鸿烈集解》卷二十《泰族训》作："故大人者，与天地合德，日月合明，鬼神合灵，与四时合信。故圣人怀天气，抱天心，执中含和，不下庙堂而衍四海，变习易俗，民化而迁善，若性诸己，能以神化也。"（第 665 页）

④ ［宋］杜道坚《文子缵义》卷十。［汉］刘安编，刘文典撰，冯逸、乔华点校《淮南鸿烈集解》卷二十《泰族训》亦载此言。《集解》引俞樾云："'天心动化'本作'无心动化'。因'無'字作'无'，故误为'天'耳。《文子·上仁篇》亦作'天心'，误与此同。而《精诚篇》曰：'一言而大动天下，是以无心动化者也。''无'字不误，可据以订正《上仁篇》，即可以正《淮南子》矣。"（第 679页）按，俞樾之言不确。《文子·上仁篇》曰："道之言曰：'芒芒昧昧，因天之威，与天同气。'同气者帝，同义者王，同功者霸，无一焉者亡。故不言而信，不施而仁，不怒而威，是以天心动化者也。"则"天心动化"与"因天之威，与天同气"相关，乃形容天道运行之德。又《文子·道原篇》云"怀天道，包天心"，"与天同心，与道同体"，《精诚篇》云"怀天心，抱地气"，《上礼篇》云"反其天心"，皆不得作"无心"解。

作乐也,以归神杜淫,反其天心。"①《淮南子》中亦有所见。《泰族训》云:
"故圣人者,怀天心,声然能动化天下者也。"②《要略》云:"乃原心术,理
性情,以馆清平之灵,澄彻神明之精,以与天和相婴薄。所以览五帝三
王,怀天气,抱天心,执中含和,德形于内,以莙凝天地,发起阴阳。"③儒
家论礼说诗,亦有承道家意义之"天心"者。如《说苑·反质》曰:"圣王
承天心,制礼分也。凡古之卜日者,将以辅道稽疑,示有所先,而不敢
自专也。"又曰:"《诗》云:'尸鸠在桑,其子七兮。淑人君子,其仪一
兮。'《传》曰:'尸鸠之所以养七子者,一心也。君子之所以理万物者,
一仪也。以一仪理物,天心也。五者不离,合而为一,谓之天心。'"④

　　钱穆指出:"《易传》与《戴记》中之宇宙论,实为晚周以迄秦皇汉武间
儒家所特创,又另自成为一种新的宇宙论。此种新宇宙论,大体乃采用
道家特有之观点,而又自加以一番修饰与改变,求以附合儒家人生哲学
之需要而完成。"⑤故"天地之心"亦早现于这两部儒家文献中。

　　《易·复卦·彖传》曰:

　　　　反复其道,七日来复,天行也。利有攸往,刚长也。复,其见天
地之心乎?⑥

　　《礼记·礼运》曰:

---

　　① [宋]杜道坚《文子缵义》卷十二。按,[汉]刘安编,刘文典撰,冯逸、乔华点校《淮南鸿
烈集解》卷二十《泰族训》作:"惟圣人能盛而不衰,盈而不亏。神农之初作琴也,以归神;及其淫
也,反其天心。"(第672页)

　　② [汉]刘安编,刘文典撰,冯逸、乔华点校《淮南鸿烈集解》卷二十,第664页。

　　③ [汉]刘安编,刘文典撰,冯逸、乔华点校《淮南鸿烈集解》卷二十一,第706页。

　　④ [汉]刘向撰,向宗鲁校证《说苑校证》卷二十,中华书局,1987年,第512—513页。

　　⑤ 《〈易传〉与〈小戴礼记〉中之宇宙论》,钱穆《中国学术思想史论丛》卷二,安徽教育出版
社,2004年,第19页。

　　⑥ [唐]孔颖达《周易正义》卷三,[清]阮元校刻《十三经注疏》,第38页。

　　　　故人者,其天地之德,阴阳之交,鬼神之会,五行之秀气也……
　　　故人者,天地之心也,五行之端也,食味、别声、被色而生者也。①

"天心"不仅在天道中显现,亦体现为人类和人心,天与人在阴阳五行构
成的宇宙中同构相应,因而人道与伦理亦同侔于天道,此是儒家对于宇
宙论的一大创发,而汉儒进而赋予天心以道德内涵。董仲舒始定"天心"
为"仁"。《春秋繁露·俞序》曰:

　　　　《春秋》之道,大得之则以王,小得之则以霸。故曾子、子石盛美
　　　齐侯安诸侯,尊天子。霸王之道,皆本于仁。仁,天心,故次以
　　　天心。②

他援用《墨子》中的"天志"一词代称"天心",《天地阴阳》曰:

　　　　天志仁,其道也义。③

故天之心为仁,天之道为义,天道即上引《象传》中所言"天行"。天有仁、
义二德,乃分而言之;若总而言之,天唯有一仁而已。《王道通三》曰:

　　　　是故王者唯天之施,施其时而成之,法其命而循之诸人,法其数
　　　而以起事,治其道而以出法,治其志而归之于仁。仁之美者在于天。
　　　天,仁也。④

---

　　① [唐]孔颖达《礼记正义》卷二十二,[清]阮元校刻《十三经注疏》,第1423—1424页。
按,[清]王聘珍撰,王文锦点校《大戴礼记解诂》卷十一《少闲》亦云:"成汤卒受天命……发厥明
德,顺民天心啬地,作物配天,制典慈民。"(中华书局,1983年,第218—219页)
　　② [汉]董仲舒著,[清]苏舆撰,钟哲点校《春秋繁露义证》卷六,第161页。
　　③ [汉]董仲舒著,[清]苏舆撰,钟哲点校《春秋繁露义证》卷十七,第467页。
　　④ [汉]董仲舒著,[清]苏舆撰,钟哲点校《春秋繁露义证》卷十一,第329页。

由此可见，天即为仁，故天心与民志皆为仁。而董仲舒归仁于天，非唯思想的表述，且为推考天意、天志之术确立前提。《汉书·董仲舒传》载其《对策》曰：

> 陛下发德音，下明诏，求天命与情性，皆非愚臣之所能及也。臣谨案《春秋》之中，视前世已行之事，以观天人相与之际，甚可畏也。国家将有失道之败，而天乃先出灾害以谴告之，不知自省，又出怪异以警惧之，尚不知变，而伤败乃至。以此见天心之仁爱人君而欲止其乱也。①

董仲舒不仅开创以《春秋》推证灾异、测知天意之术，且以《诗》作为占测之具。《春秋繁露·尧舜不擅移、汤武不专杀》曰：

> 《诗》云："殷士肤敏，裸将于京。侯服于周，天命靡常。"言天之无常予，无常夺也。②

《必仁且智》曰：

> 灾者，天之谴也；异者，天之威也。谴之而不知，乃畏之以威。《诗》云："畏天之威。"殆此谓也。③

《天道无二》曰：

> 天之常道，相反之物也，不得两起，故谓之一。一而不二者，天

---

① 《汉书》卷五十六，第 2498 页。
② ［汉］董仲舒著，［清］苏舆撰，钟哲点校《春秋繁露义证》卷七，第 220 页。
③ ［汉］董仲舒著，［清］苏舆撰，钟哲点校《春秋繁露义证》卷八，第 259 页。

之行也……人孰无善？善不一，故不足以立身。治孰无常？常不一，故不足以致功。《诗》云："上帝临汝，无二尔心。"知天道者之言也。①

《循天之道》曰：

　　夫德莫大于和，而道莫正于中。中者，天地之美达理也，（苏舆曰："'美'下疑夺一字。"）圣人之所保守也。《诗》云："不刚不柔，布政优优。"此非中和之谓与？②

《天地阴阳》曰：

　　《春秋》举世事之道，夫有书天（卢文弨疑此处文有脱误。）之尽与不尽，王者之任也。《诗》云："天难谌斯，不易维王。"此之谓也。夫王者不可以不知天。知天，诗人之所难也。天意难见也，其道难理。是故明阳阴、入出、实虚之处，所以观天之志。辨五行之本末顺逆、小大广狭，所以观天道也。③

故在董仲舒看来，诗人正是知天心、知天道的人，而谶纬与齐诗所谓"天心""天地之心"均承其绪而来，而如何"推得失，考天心"？ 如何"统天地之心，著善恶之归，明吉凶之分，通人道之正，使不悖于其本性"？齐诗用力于此，遂将《诗》三百与律历占候相结合，创为政治占测之术。

---

① ［汉］董仲舒著，［清］苏舆撰，钟哲点校《春秋繁露义证》卷十二，第345—347页。
② ［汉］董仲舒著，［清］苏舆撰，钟哲点校《春秋繁露义证》卷十六，第444页。
③ ［汉］董仲舒著，［清］苏舆撰，钟哲点校《春秋繁露义证》卷十七，第467页。

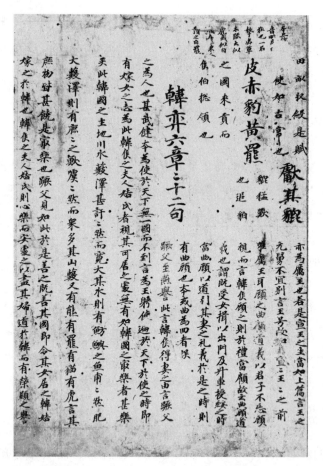

图 24　日本东京国立博物馆藏古抄本《毛诗正义·大雅·韩奕》残卷图版
（选自《南宋刊单疏本〈毛诗正义〉》，人民文学出版社，2012 年）

三、"四始""五际""六情"

齐诗发明的《诗经》占候之术为"四始""五际"之说。《汉书·眭两夏侯京翼李传》载元帝初元二年地震，翼奉奏《封事》曰：

臣奉窃学齐诗，闻五际之要《十月之交》篇，知日蚀、地震之效昭然可明,犹巢居知风,穴处知雨,亦不足多,适所习耳。①

《诗纬泛历枢》曰:

> 《大明》在亥,水始也。《四牡》在寅,木始也。《嘉鱼》在巳,火始也。《鸿雁》在申,金始也。②
> 卯酉为革政,午亥为革命。神在天门,出入候听。③
> 卯,《天保》也;酉,《祈父》也;午,《采芑》也;亥,《大明》也。然则亥为革命,一际也。亥又为天门,出入候听,二际也。卯为阴阳交际,三际也。午为阳谢阴兴,四际也。酉为阴盛阳微,五际也。④

《诗纬推度灾》亦曰:

> 建四始五际而八节通。卯酉之际为革政,午亥之际为革命。神在天门,出入候听。⑤
> 夫王者布德于子,治成于丑,兴运于寅,施化于卯,成纪于辰,威震于巳,德王于午。故子者孳也,自是渐孳生也。⑥
> 《十月之交》,气之相交。周十月,夏之八月。⑦

"四始"之说初见《史记·孔子世家》引孔子曰:"《关雎》之乱以为

---

① 《汉书》卷七十五,第3173页。
② 《纬书集成》,上册,第480页。
③ 《纬书集成》,上册,第480页。按,《后汉书》卷三十下《郎颛襄楷列传》载郎颛曰:"《诗泛历枢》曰:'卯酉为革政,午亥为革命。神在天门,出入候听。'言神在戌亥,司候帝王兴衰得失,厥善则昌,厥恶则亡。"(第1065页)
④ 《纬书集成》,上册,第480—481页。
⑤ 《纬书集成》,上册,第469页。
⑥ 《纬书集成》,上册,第475页。
⑦ 《纬书集成》,上册,第469页。

《风》始,《鹿鸣》为《小雅》始,《文王》为《大雅》始,《清庙》为《颂》始。"①齐诗中则以其为天道德运之始,依律历学以十二地支划分时空,配之以五行与《诗》篇:则亥、子、丑为水,亥为水始《大明》;寅、卯、辰为木,寅为木始为《四牡》;巳、午、未为火,巳为火始为《嘉鱼》;申、酉、戌为金,申为金始为《鸿雁》;而辰、戌、丑、未皆为土。

"五际"则为阴阳交替之际。清儒连鹤寿《齐诗翼氏学》推考齐诗"四始五际"之术,以翼奉上封事,言"五际之要《十月之交》篇"在初元二年(前47),是年岁在甲戌,《十月之交》当为戌土之际。②《汉书·眭两夏侯京翼李传》"《诗》有五际"颜师古注引孟康注云:"《诗内传》曰:'五际,卯、酉、午、戌、亥也。阴阳终始际会之岁,于此则有变改之政也。'"③故连氏以"五际"之说非如《诗泛历枢》所言亥兼两际,当依翼奉与孟康注。陈乔枞《诗纬集证》亦以"《毛诗大序》《正义》引《诗纬泛历枢》"之说"于义为疏",认为:"戌、亥皆为天门,亥为革命,当一际,则天门候听,宜以戌当一际矣。"④

总之,"四始五际"之说,乃运用阴阳五行占测天道之诗学,与汉代《易》学以乾坤八卦配阴阳五行,《春秋》学以春秋四时配阴阳五行,《书》学以《洪范》五行配阴阳五行如出一辙。陈乔枞释《诗推度灾》"建四始五际而八节通"曰:

> 考《易纬通卦验》,以八卦气配八节,始于乾主立冬,终于兑主秋分。始于乾者,乾在亥位,即《诗》"四始"之以亥为始也;终于兑者,兑居酉位,即《诗》"五际"之以酉为终也。周天三百六十五日四分日之一,一阴一阳,分之各得一百八十二日有奇;分为时得九十一日有奇;四正分而成八节,节四十五日二十一分;八节各三分之,各得十

---

① 《史记》卷四十七,第 1936 页。

② [清]王先谦编《清经解续编》卷八百四十八,上海书店影印南菁书院本,1988 年,第 17 页。

③ 《汉书》卷七十五,第 3173 页。

④ [清]陈乔枞《诗纬集证》卷一《诗推度灾》释"建四始五际而八节通"条。

五日七分而为一气。

《诗》之"始""际",集微揆著。天道三微而成著,三著而成体,分满三十二为一日,五日为微成一候。三微成著,则十五日为一气;三著成体,则四十五日为一节。阴阳代嬗而成一岁,岁有四时,立为八节,以定二十四气而应七十二候。推而演之,自十一月冬至至正月立春,亦谓之三微之月,其间相距四十五日,则十五日为一微;四十五日成一著;三著体成;至四月为乾,纯阳之象也。故十一月、十二月、十三月,三正之始,皆为三微之月。又推之三统之正,若循连环,周则又始,得亦三微而成一著。五德之运,千五百二十岁纪,[①]三纪四千五百六十岁,复于青龙为元,此五行相代,一终之大数,是亦三著而体成也。圣人受命而王,莫不承天地,法五行,修五事,而御宇宙,养苍生者也。四时之运,成于五行;五行之气,资于阴阳。"四始""五际"者,所以明阴阳五行、终始盛衰之理,建"四始""五际"而八节通。所谓尚消息盈虚,以裁成天地之道;辅相天地之宜,以左右民也。[②]

八卦配八节,出孟京《易》学和《易纬》,故齐诗之术,模仿《易》学以卦气配律历之法,以《诗》篇当卦爻。连鹤寿认为,齐诗讲"四始五际"专用"二《雅》":

> 十五《国风》,诸侯之风也;三《颂》,宗庙之乐也;唯二《雅》皆述王者之命运政教,四始五际,专以阴阳之终始济会,推度国家之吉凶休咎,故止用二《雅》。亥,《大明》也;寅,《四牡》也;巳,《嘉鱼》也;申,《鸿雁》也。四始四部皆《雅》诗也。卯,《天保》也;酉,《祈父》也;午,《采芑》也;亥,《大明》也;戌,《十月之交》也。五际五部亦《雅》诗也。[③]

---

① 按,"岁"后似缺"一"字。
② [清]陈乔枞《诗纬集证》卷一《诗推度灾》释"建四始五际而八节通"条。
③ [清]王先谦编《清经解续编》卷八百四十八,第16页。

又曰：

> 二《雅》之诗百十一篇，分为八部，各从其部首，次第循环，数之
> 各满其部之篇数，以下即为别部。①

"四始五际"皆推测得失成败之时，预知帝王改政革命之际。比如其
以《大明》在亥，亥为革命，缘《大雅·大明》歌"肆伐大商，会朝清明"，当
武王革商之时。当然，革命之诗属于权变之象，而王道流行方为经常之
道，故《诗纬推度灾》云："夫王者布德于子，治成于丑，兴运于寅，施化于
卯，成纪于辰，威震于巳，德王于午。"自子至午，皆为阳道，正如董仲舒所
云"阳者天之德也，阴者天之刑也"，②"天之任阳不任阴，好德不好刑"，
"阳出而前，阴出而后，尊德而卑刑之心见矣"。③ 故王道居阳，"任阳不
任阴"，乃"天心"为仁之体现。

齐诗和《诗纬》中或有不限于二《雅》，而全用《诗》三百当六十四卦三
百八十四爻以推求天心之法，如《诗推度灾》曰：

> 《关雎》恶露，乘精随阳而施，必下就九渊，以复至之月，鸣求雄
> 雌。(宋均注曰："随阳而施，随阳受施也。渊，犹奥也。九奥也，九
> 喻所在深邃。复卦冬至之月。鸣求雄雌。鸣，鸣鸣相求者也。")④

众所周知，孟京《易》学和《易纬》中以六十四卦气当值一岁，每月五卦，每
卦六日七分，其中复、临、泰、大壮、夬、乾、姤、遁、否、观、剥、坤十二月之
"辟卦"或"天子卦"，各主一月。十一月即冬至子月，乃一年之始，当值之
卦为未济、蹇、颐、中孚、复，以复为辟卦，故曰"复至之月"或"复卦冬至之

---

① ［清］王先谦编《清经解续编》卷八百四十九，第18页。
② ［汉］董仲舒著，［清］苏舆撰，钟哲点校《春秋繁露义证》卷十二《阴阳义》，第341页。
③ ［汉］董仲舒著，［清］苏舆撰，钟哲点校《春秋繁露义证》卷十二《天道无二》，第345页。
④ ［隋］杜台卿《玉烛宝典》卷十一引，商务印书馆《丛书集成初编》第1339册据《古逸丛
书》本影印，第367页。

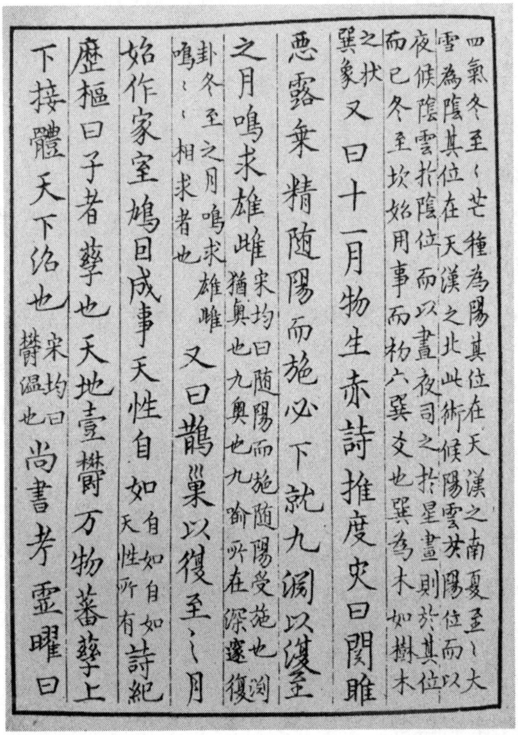

四氣冬至〈芒種為陽其位在天漢之北山術候陽雲芬星晝則於其位而以大
雲為陰其位在天漢之南夏至〈芒種為陰其位而晝夜芬則於其位而木
而夜已冬至坎始用事而初六巽爻也巽為木如橛木位
巽象又曰十一月物生赤詩推度災曰閟雎
惡露乘精隨陽而施必下就九澗以漢至
之月鳴求雄雌宋均曰隨陽而施隨陽受施也九齡亦在深遠復潤
卦冬至之月鳴求雄雌猶奧也
又曰鳴〈相求者也
又曰鵲巢以復至〈月
始作家室鳩曰成事天性自如〈自如自如天性所有詩紀
歷樞曰子孳也天地壹鬱萬物蕃孳上
下接體天下絡也贊溫也尚書芳靈曜曰

图25　[清]黎庶昌辑刻日本汉籍《古逸丛书》版《玉烛宝典》书影

月"。《易·复卦·象传》"反复其道，七日来复"，王弼注曰："阳气始剥尽至来复时，凡七日。"孔颖达《正义》谓王弼注以"阳气始于剥尽之后，至阳气来复时，凡经七日"，乃用《易纬》之说，《正义》曰：

（王弼注）用《易纬》六日七分之义，同郑康成之说。但于文省略，不复具言。案《易纬稽览图》云："卦气起中孚。"故离、坎、震、兑，各主其一方，其余六十卦，卦有六爻，爻别主一日，凡主三百六十日。余有五日四分日之一者，每日分为八十分，五日分为四百分四分日之一又为二十分，是四百二十分。六十卦分之，六七四十二卦，别各得七分，是每卦得六日七分也。剥卦阳气之尽在于九月之末，十月当纯坤用事。坤卦有六日七分。坤卦之尽，则复卦阳来，是从剥尽至阳气

169

来复,隔坤之一卦六日七分,举成数言之,故辅嗣言"凡七日"也。①

《关雎》为《诗》三百之首,故当此复卦之位。《诗》计三百零五篇,近乎一岁日数,倘以一篇当值一日有余,亦近乎一卦六爻当值六日七分。此条见诸《玉烛宝典》的材料,不见迮氏、陈氏之考,亦无法复原其全貌,然足以据此推断齐诗或《诗纬》中有此占测"复,其见天地之心乎"之术。

《礼稽命征》曰:"王者制礼作乐,得天心,则景星见。"②《诗》既为"天地之心""天心",则与天文星象密切相关。《春秋说题辞》曰:

> 诗者,天文之精,星辰之度,在事为诗,未发为谋,恬澹为心,思虑为志,故诗之为言志也。③

律历星占之术以分野上应天官,推测人间灾异祸福,故亦以《诗》中之封国对应占测,知民之情性声气风俗。《诗含神雾》曰:

> 齐地,处孟春之位,海岱之间,土地污泥,流之所归,利之所聚。律中太簇,音中宫角。
> 陈地,处季春之位,土地平夷,无有山谷,律中姑洗,音中宫徵。
> 曹地,处季夏之位,土地劲急,音中徵,其声清以急。
> 秦地,处仲秋之位,男懦弱,女高縢,白色秀身,音中商,其言舌举而仰,声清而扬。
> 唐地,处孟冬之位,得常山、太岳之风,音中羽。其地硗确而收,故其民俭而好畜,此唐尧之所起。
> 魏地,处季冬之位,土地平夷。
> 邶、鄘、卫、王、郑,此五国者,千里之城,处州之中,名曰地轴。

---

① [唐]孔颖达《周易正义》卷三,[清]阮元校刻《十三经注疏》,第38页。
② 《纬书集成》中册,第510页。
③ 《纬书集成》中册,第856页。

郑,代己之地也,位在中宫,而治四方,参连相错,八风气通。①

又《诗推度灾》曰:

邶国结蟾之宿,鄘国天汉之宿,卫国天宿斗衡,王国天宿箕斗,郑国天宿斗衡,魏国天宿牵牛,唐国天宿奎娄,秦国天宿白虎,气生玄武,陈国天宿大角,桧国天宿招摇,曹国天宿张弧。②

班固《汉书·地理志》亦承此《诗经》分野之学,以"民函五常之性,而其刚柔缓急,音声不同,系水土之风气,故谓之风",③于秦、魏、周、韩、郑、张、赵、燕、齐、鲁、宋、卫、楚、吴、粤诸地,先述其星占分野,再述其在《诗》中之封国、历史、人民的性情与风俗,多引《诗》为证。

儒家既以人为"五行之秀"和"天地之心",则人之性情亦具宇宙之义。《礼记·礼运》曰:"故圣人作则,必以天地为本,以阴阳为端,以四时为柄,以日星为纪,月以为量,鬼神以为徒,五行以为质,礼义以为器,人情以为田。"④《乐记》曰:"本之情性,稽之度数,制之礼义,合生气之和,道五常之行。"⑤董仲舒曰:"仁贪之气,两在于身。身之名,取诸天。天两有阴阳之施,身亦两有贪仁之性。天有阴阳禁,身有情欲柜,与天道一也。……身之有性情也,若天之有阴阳也。"⑥而《诗》、《书》、礼、乐皆是涵养情性之术。《汉书·匡张孔马传》载匡衡上疏元帝曰:

---

① 《纬书集成》上册,第460—461页。按,黄奭《黄氏逸书考》辑《诗含神雾》"白色秀身"下有"律中南吕",自注"四字从《书钞》增";"民俭而好畜"下有"外急而内仁",自注"五字从《太平寰宇记》增"。皆据补。见《易纬 诗纬 礼纬 乐纬》,上海古籍出版社"诸子百家丛书"影印1934年江都朱氏补刊《黄氏逸书考》本,1993年,第3页。

② 《纬书集成》上册,第472页。

③ 《汉书》卷二十八下,第1640页。

④ [唐]孔颖达《礼记正义》卷二十二,[清]阮元校刻《十三经注疏》,第1424页。

⑤ [唐]孔颖达《礼记正义》卷三十八,[清]阮元校刻《十三经注疏》,第1535页。

⑥ [汉]董仲舒著,[清]苏舆撰,钟哲点校《春秋繁露义证》卷十《深察名号》,第294—299页。

故《诗》始《国风》，《礼》本《冠》《婚》。始乎《国风》，原情性而明人伦也。①

故在齐诗与谶纬，人之性情，亦可以阴阳五行律历数术推测节制。隋萧吉《五行大义》第十八《论情性》引翼奉曰：

五行在人为性，六律在人为情。性者，仁义礼智信也；情者，喜怒哀乐好恶也。五性处内御阳，喻收五藏；六情处外御阴，喻收六体。故情胜性则乱，性胜情则治。性自内出，情从外来，情性之交，间不容系。②

《诗》中亦有五行五性、六律六情，五者为"五际"，六者为"六情"或"六义"，以此推测人的性情。《毛诗正义》释《诗大序》"是谓四始，《诗》之至也"曰：

又郑（玄）作《六艺论》，引《春秋纬·演孔图》云："《诗》含五际、六情"者……其六情者，则《春秋》云"喜、怒、哀、乐、好、恶"是也。③

《文选》卷十七陆机《文赋》"及其六情底滞"，李善注曰：

《演孔图》曰："《诗》含五际六情，绝于申。"宋均曰："申，申公也。"仲长子《昌言》曰："喜怒哀乐好恶，谓之六情。"④

---

① 《汉书》卷八十一，第3340页。
② ［隋］萧吉撰，钱杭点校《五行大义》卷四，上海书店出版社，2001年，第106页。
③ ［唐］孔颖达《毛诗正义》卷一，［清］阮元校刻《十三经注疏》，第272页。
④ ［梁］萧统编，［唐］李善注《文选》卷十七，上海古籍出版社，1986年，第772页。陈乔枞《齐诗学翼氏疏证》曰："宋均云：'申，谓申公也。'申公之说《诗》，不言五际，又六情之说，与《齐诗》异义，故《演孔图》云然耳。"（［清］王先谦编《清经解续编》卷一一七六，第97页）

"六情"亦被释为"六义"。《初学记》卷二十一《文部·经典第一》"五际六情"引宋均注曰：

> 六情即六义也。曰风，曰赋，曰比，曰兴，曰雅，曰颂。①

《汉书》载翼奉对元帝问曰："《诗》之为学，情性而已。五性不相害，六情更兴废。观性以历，观情以律，明主所宜独用，难与二人共也。"又陈其术曰：

> 臣闻之于师，治道要务，在知下之邪正。人诚乡正，虽愚为用；若乃怀邪，知益为害。知下之术，在于六情十二律而已。北方之情，好也；好行贪狼，申子主之。东方之情，怒也；怒行阴贼，亥卯主之。贪狼必待阴贼而后动，阴贼必待贪狼而后用，二阴并行，是以王者忌子卯也。《礼经》避之，《春秋》讳焉。南方之情，恶也；恶行廉贞，寅午主之。西方之情，喜也；喜行宽大，巳酉主之。二阳并行，是以王者吉午酉也。《诗》曰："吉日庚午。"上方之情，乐也；乐行奸邪，辰未主之。下方之情，哀也；哀行公正，戌丑主之。辰未属阴，戌丑属阳，万物各以其类应。今陛下明圣虚静以待物至，万事虽众，何闻而不谕，岂况乎执十二律而御六情！②

总之，分配于方位、时间、干支、律历、伦理、经典中的五性、六情，可以采用术数的方法准确地推算，《诗》学成为性情占测之术。

四、"文心"与"道心"

"天地之心""天心"等观念本为不断建构之话语，故亦随语境之变迁

---

① ［唐］徐坚《初学记》卷二十一，第 500 页。按，《太平御览》卷六百九《学部》引《春秋演孔图》文，将此宋均注误入正文。

② 《汉书》卷七十五《眭两夏侯京翼李传》，第 3167—3168 页。

而转化。谶纬之外，这些观念集中体现于汉代及后世的政治、学术、宗教与文学之中。

汉儒通经致用，经学成为政治的根据，至"以《禹贡》治河，以《洪范》察变，以《春秋》决狱，以三百五篇当谏书"，[①]检点史籍，可见董仲舒《对策》之后，"天心""天地之心"之辞，屡见于诏令奏议，流行为政治话语，两《汉书》、两《汉纪》乃至后世有关政治、社会生活的史籍所载，不胜枚举，兹不赘列。

儒学亦以汉儒创发之"天心"理解传统经典中相关概念，所谓"考之文理，稽之《五经》，揆之圣意，以参天心"。[②] 如《论语·尧曰》曰："敢昭告于皇皇后帝：有罪不敢赦。帝臣不蔽，简在帝心。"[③]按，"帝心"一词亦见《墨子·兼爱下》引汤之言曰："有善不敢蔽，有罪不敢赦，简在帝心。"[④]"帝心"即"上帝之心"，《尚书·汤诰》曰："尔有善，朕弗敢蔽；罪当朕躬，弗敢自赦，惟简在上帝之心。"孔颖达《正义》引郑玄注《论语》云："简阅在天心，言天简阅其善恶也。"[⑤]则郑玄以"天心"释"帝心"。此外，在后世的《易》学、宋明理学中，"天心"与"天地之心"乃关涉天道与天理之重要观念，讨论频繁，兹亦不展开论述。

汉代道教文献中亦多"天心""天地之心"，然其义仍承接先秦道家之绪。如《老子道德经河上公章句》云"一人吁嗟，则失天心"。[⑥] 严遵《老子指归》更为多见。如《名身孰亲》云"圣人上原道德之意，下揆天地之心"。[⑦]《天下有道》云："天心和洽，万物丰熟，嘉祥屡臻，吉符并集。非

---

① [清]皮锡瑞著，周予同注释《经学历史》，第90页。

② 《汉书》卷七十五《眭两夏侯京翼李传》，第3184页。

③ [宋]邢昺《论语注疏》卷二十，[清]阮元校刻《十三经注疏》，第2535页。

④ [清]孙诒让撰，孙启治点校《墨子间诂》卷四，第123页。

⑤ [唐]孔颖达《尚书正义》卷八，[清]阮元校刻《十三经注疏》，第162页。

⑥ 王卡点校《老子道德经河上公章句》卷四《任契》，中华书局，1993年，第301页。

⑦ [汉]严遵著，王德有点校《老子指归》卷二，中华书局，1994年，第24页。"天地之心"，又见卷四《以正治国》、卷五《善为道者》、卷六《用兵》诸篇。

天降福,世主道德也。"①唯其为宗教,其"天心"已被神化为天的意志。东汉道经《太平经》出现之时,正值谶纬流行之际,其中"天心""天地之心"等观念层出不穷,影响了后世道经。《太平经》将"天"视为包含儒道思想的道德象征,其阴阳五行观念和占测法术皆受汉儒经学与纬学的影响。如《太平经钞》己部《阳尊阴卑诀》曰:"天者,仁贤明儒道术圣智也……是以古者圣人独深知皇天意。"②又以道经为"得天心"之文。如丙部《试文书大信法》曰:"试取上古人所案行得天心而长吉者书文,复取中古人所案行得天心者书策文,复取下古人所思务行得天意而长自全者文书,宜皆上下流视考之,必与重规合矩无殊也。"③又如己部《拘校三古文法》曰:"是故正言正文,乃见是正天地之心也。"④

然而就"诗者天地之心"而言,此虽为汉儒经学、纬学之义,但亦创为诗歌之形而上学。刘若愚《中国文学理论》曰:"不论我们将'心'解释为'心智'(mind)或'心情'(heart),这句话表现出一种诗的形上概念。"⑤而真正将"天地之心"阐发、转变为文学理论者,当推刘勰《文心雕龙》,首篇《原道》两言"天地之心",以原文学之道。其曰:

> 文之为德也大矣,与天地并生者何哉?夫玄黄色杂,方圆体分,日月叠璧,以垂丽天之象;山川焕绮,以铺理地之形:此盖道之文也。仰观吐曜,俯察含章,高卑定位,故两仪既生矣。惟人参之,性灵所钟,是谓三才,为五行之秀,实天地之心。心生而言立,言立而文明,自然之道也。⑥

---

① [汉]严遵著,王德有点校《老子指归》卷二,第 29 页。"天心"又见卷一《上德不德》,卷二《大成若缺》,卷三《为学日益》《圣人无常心》,卷四《方而不割》,卷五《天下谓我》,卷六《勇敢》诸篇。

② 王明编《太平经合校》,中华书局,1960 年,第 388—389 页。

③ 王明编《太平经合校》,第 56 页。

④ 王明编《太平经合校》,第 358 页。

⑤ [美]刘若愚撰,杜国清译《中国文学理论》,第 25 页。

⑥ [梁]刘勰著,范文澜注《文心雕龙注》卷一,第 1 页。

刘勰《原道》篇以《易经》为主要文献依据，如王元化所言："《原道》篇的理论骨干是以《系辞》为主，并杂取《文言》《说卦》《彖辞》《象辞》以及《大戴礼记》等一些片断拼凑而成。"①《文心雕龙》全书五十篇，"位理定名，彰乎大易之数，其为文用，四十九篇而已"。② 是亦比照《系辞》所谓"大衍之数五十，其用四十有九"，③当以首篇《原道》为太极。④ 汉儒立言，倡言"考之于经传"，⑤但无论是否拼凑，刘勰对经典的理解已经包含了时代内涵。魏晋时期，儒家的《易经》之学经过玄学的改造，成为融通先秦道家思想、阐发自然之道的工具。因此，黄侃《文心雕龙札记》认为，庄子和韩非子之言道，"犹言万物之所由然。文章之成，亦由自然，故韩子又言圣人得之以成文章。韩子之言，正彦和所祖也"。⑥ 黄氏之论，重在阐释刘勰所言之"道"乃自然之道，非儒家礼教或理学之理，反对当时桐城派的文学观念。⑦ 朱东润亦云："彦和因文言道之说，与昌黎因文见道之说不同，昌黎所言者尧舜禹汤文武周孔之道，而彦和所言者为天地自然之道，故昌黎所言者为文之中心思想，而彦和所言者仅藉以说明文体应尔而已。"⑧然黄、朱二氏等未加阐明者，在于此"道"和"道之文"何以能被认识？而刘勰之论正在此处落脚，所谓"惟人参之，性灵所钟，是谓三才，为五行之秀，实天地之心"一语，其要在揭示人类能够俯察仰观，参天与地，展开精神活动，唯赖此性灵，宇宙之意义方得以认识，道之文理可得以阐发，故此性灵可视为天地之心，继而由心生言，由言生文，是为循道之自然。刘勰此语固然根据《礼运》"故人者，天地之心也，五行之端也"，

① 王元化《文心雕龙创作论》，上海古籍出版社，1984年，第61页。
② ［梁］刘勰著，范文澜注《文心雕龙注》卷十，第727页。
③ ［唐］孔颖达《周易正义·系辞上》，［清］阮元校刻《十三经注疏》，第80页。
④ 参见王元化《文心雕龙创作论》，第61页。
⑤ 《汉书》卷二十一上《律历志上》，第956页。
⑥ 黄侃《文心雕龙札记·原道第一》，第1页。
⑦ 黄侃《文心雕龙札记·原道第一》："今曰文以载道，则未知所载者即此万物之所由然乎，抑别有所谓一家之道乎？"（第2页）按，这是黄氏针对推崇理学的桐城派而言，说详见周勋初师《黄季刚先生〈文心雕龙札记〉的学术渊源》，黄侃《文心雕龙札记·导读》，第1页。
⑧ 朱东润《中国文学批评史大纲》，上海古籍出版社，2005年，第49页。

但是《礼运》以此作为人类道德自觉之根据，而《原道》则将此转变为人类文学自觉之根据。此为刘勰一大创发。《原道》又曰：

> 人文之元，肇自太极，幽赞神明，易象惟先。庖牺画其始，仲尼翼其终。而乾、坤两位，独制《文言》。言之文也，天地之心哉！若乃《河图》孕乎八卦，《洛书》韫乎九畴，玉版金镂之实，丹文绿牒之华，谁其尸之，亦神理而已。①

"人文"一词当源自《易经·贲卦》之《彖传》："文明以止，人文也。观乎天文以察时变，观乎人文以化成天下。"②斯波六郎认为：

> "人文之元"的"元"是指"人文"所生之本或根源，而不是指"人文"的肇始。"元"本来解作"气之始也"（《易九家注》），也就是尚未获得具体形象的物之本原。"太极"或是"道"初生时的名称。《易纬·乾凿度郑氏注》云"气象未分之时，天地之所始也"，晋顾荣亦云"太极者，盖谓混沌时曚昧未分"（《晋书·纪瞻传》），彦和之意大致类此。故"人文之元，肇自太极"即是说人文之本与道的起源相关，非但悠久，兼亦自然。③

吉川幸次郎进而指出，"人文之元，肇自太极"比之"文之为德也大矣，与天地并生"的思想"更进一层，指人文之理在天地未分之时即已存在"。④他们都认识到了"元"所具有的根源意谓，但如果进一步考察"元"的思想渊源，我们或可对其中所含根本或根源的义涵有更为融通的认识。

---

① ［梁］刘勰著，范文澜注《文心雕龙注》卷一，第2页。
② ［唐］孔颖达《周易正义》卷三，［清］阮元校刻《十三经注疏》，第37页。
③ ［日］斯波六郎《〈文心雕龙〉札记》，王元化选编《日本研究〈文心雕龙〉论文集》，齐鲁书社，1983年，第44—45页。
④ ［日］吉川幸次郎《评斯波六郎〈文心雕龙原道、征圣札记〉》，王元化选编《日本研究〈文心雕龙〉论文集》，第32页。

其实,"人文之元,肇自太极"一语是刘勰综合汉儒《春秋》学与《易》学而成的范畴。董仲舒最早以"元"代表"道"。《春秋繁露·玉英》释《公羊春秋》"元年",既以其为宇宙万物之本,亦以其为人道之本,其曰:"故元者为万物之本,而人之元在焉。安在乎? 乃在乎天地之前。"①这个"元"就是根本的意思。不过,"元"既是《春秋》纪年之始,也就同时具有初始发生之义,"元"与"太极"一样,都是"道"的代称,俱在天地产生之前,既为宇宙之本,亦为宇宙之始。张岱年《中国哲学大纲》认为,"宇宙中之最究竟者,古代哲学中谓之为'本根'"。②"本根"包含三项意谓:"第一,始义";"第二,究竟所待义";"第三,统摄义"。③"在中国哲学,本根与事物的关系,不是背后的实在与表面的假象之关系,而是源流根枝之关系。"④因此,我们本不必按照现代哲学的逻辑,刻意地认为"元"中只有根源义而无起始义,其"肇始于太极",即指与太极并生。董仲舒也将"元"视为开始,视其本质为元气。《春秋繁露·王道》曰:"《春秋》何贵乎元而言之? 元者,始也,言本正也。道,王道也。王者,人之始也。王正则元气和顺、风雨时、景星见、黄龙下。"⑤何休注《公羊春秋》"元年"曰:"变一为元,元者,气也,无形以起,有形以分,造起天地,天地之始也。"⑥又《春秋元命包》曰:"元者,端也,气泉。"⑦《春秋说题辞》曰:"元清气为天,混沌无形体。"⑧总之,汉儒已经将《春秋》之"元"对应《易》之"太极",既指根本之道,又指发生之始。《汉书·律历志上》曰:"《(春秋)经》'元'一以统始,《易》'太极'之首也……故《易》与《春秋》,天人之道也。"⑨《眭两夏侯京翼李传·赞》曰:"幽赞神明,通合天人之道者,莫著

① [汉]董仲舒著,[清]苏舆撰,钟哲点校《春秋繁露义证》卷三,第69页。
② 张岱年《中国哲学大纲》第一篇《本根论》,第6页。
③ 张岱年《中国哲学大纲》第一篇《本根论》,第8页。
④ 张岱年《中国哲学大纲》第一篇《本根论》,第15页。
⑤ [汉]董仲舒著,[清]苏舆撰,钟哲点校《春秋繁露义证》卷四,第100—101页。
⑥ [唐]徐彦《春秋公羊传注疏》卷一,[清]阮元校刻《十三经注疏》,第2196页。
⑦ 《纬书集成》中册,第604页。
⑧ 《纬书集成》中册,第858页。
⑨ 《汉书》卷二十一,第981页。

乎《易》《春秋》。"①由此可见，汉儒始以"元"和"太极"两个观念，阐明天人相应之理，而刘勰继踵而进，转换为文学发生之论，即文学之原理（人文之元）与太极（道）并生，文学现象（文之为德）与天地并生。

正缘如此，易的卦象才能成为最初的文学现象，是"太极"（道）、"人文之元"的体现，所以"幽赞神明，易象惟先"。形而下的乾坤两卦则象征天地，圣人为其独制《文言》，因此刘勰进而又将《文言》作为文学修辞的发端，释其为"言之文"。这样的"文"，就是"与天地并生"的"文"，就是"仰观吐曜，俯察含章，高卑定位，故两仪既生矣"的"文"，所以刘勰称赞这样的"文"也是"天地之心"，以其为文学修辞的根据。清儒纪昀不解其义，于此评曰："此解《文言》，不免附会。"②刘若愚指出此处所言"天地之心"，指的是文学现象而不是指人类的性灵，因此当不源自《礼运》，而"似乎是受了《诗纬》的影响"，③其分析论述似更有助于我们理解刘勰之意：

> "文言"这一篇名，可有而且已有不同的解释：指"文章之言"（words on the text）或指"文饰之言"（embellished）。刘勰自然采取后一解释，而且灵巧地将此一复合词变成"言之文"，语言的"图样"或"表象"或"修饰"——"文学"的一个便利的定义！然后他重述"天地之心"这句话，这次将它应用于文学（文）而非应用于"人"，而将"文"调合于前面指出的多重互应之中（宇宙—心灵—语言—文学）。④

刘勰所谓"《河图》孕乎八卦，《洛书》韫乎九畴，玉版金镂之实，丹文绿牒之华"，亦出汉儒经学、纬学之说。《易·系辞上》云："河出《图》，洛出《书》，圣人则之。"⑤汉儒遂神化其说，以构建经典的先天起源。《汉

---

① 《汉书》卷七十五，第 3194 页。

② ［梁］刘勰著，周振甫注《文心雕龙注释》，人民文学出版社，1981 年，第 3 页。

③ ［美］刘若愚撰，杜国清译《中国文学理论》，第 34 页，注释②。

④ ［美］刘若愚撰，杜国清译《中国文学理论》，第 34 页。

⑤ ［唐］孔颖达《周易正义》卷七，［清］阮元校刻《十三经注疏》，第 82 页。

书·五行志上》曰:"刘歆以为虙羲氏继天而王,受《河图》,则而画之,八卦是也;禹治洪水,赐《洛书》,法而陈之,《洪范》(九畴)是也。"①《尚书中候握河纪》曰:"神龙负图出河,虙犠受之,以其文画八卦。"②《尚书中候考河命》曰:"天乃悉禹《洪范九畴》,洛出龟书五十六字,此谓洛出书者也。"③谶纬之中,五帝三王受天之瑞,皆有河图、洛书之出。如《尚书中候》曰:"帝尧即政七十载,修坛河洛。仲月辛日,礼备至于日稷,荣光出河,龙马衔甲,赤文绿色,临坛吐甲图。"④故《诗含神雾》造作孔子曰"诗者,天地之心,刻之玉版,藏之金府"之说,与以《河图》《洛书》神化《易》与《洪范》等经典之说如出一辙。刘勰所处时代,纬学亦盛,而刘勰却视谶纬为文学修辞之取资,其有《正纬》之篇,以谶纬"无益经典,而有助文章"。⑤故于此类《河》《洛》之奇异,刘勰则归之于不可测知的自然显现,所谓"谁其尸之,亦神理而已"。于是《河图》《洛书》便与《文言》相对。《文言》为"天地之心",《河》《洛》为"神理";一出六经,一出谶纬;一为圣人的创作,一为自然的显现。此一分别,亦可证之于《正纬》之篇,其中比较经纬之异云:"经显,圣训也;纬隐,神教也。圣训宜广,神教宜约;而今纬多于经,神理更繁。"⑥接着,《原道》又提出了"道心"的观念:

> 玄圣创典,素王述训,莫不原道心以敷章,研神理而设教,取象乎《河》《洛》,问数乎蓍龟,观天文以极变,察人文以成化;然后能经纬区宇,弥纶彝宪,发辉事业,彪炳辞义。故知道沿圣以垂文,圣因文而明道,旁通而无滞,日用而不匮。《易》曰:"鼓天下之动者存乎辞。"辞之所以能鼓天下者,乃道之文也。
>
> 赞曰:道心惟微,神理设教……。⑦

---

① 《汉书》卷二十七上,第 1315 页。
② 《纬书集成》,上册,第 422 页。
③ 《纬书集成》,上册,第 432 页。
④ 《纬书集成》,上册,第 402 页。
⑤ [梁]刘勰著,范文澜注《文心雕龙注》卷一,第 31 页。
⑥ [梁]刘勰著,范文澜注《文心雕龙注》卷一,第 30 页。
⑦ [梁]刘勰著,范文澜注《文心雕龙注》卷一,第 2—3 页。

黄侃《札记》指出"道心惟微"乃"荀子引《道经》之言，而梅赜伪古文采以入《大禹谟》"。① 刘勰所言"天地之心"，其实也是"道心"。在刘勰看来，"道心"出乎孔子所作六经，而"神理"则出乎孔子所设神教，即"取象乎《河》《洛》，问数乎蓍龟"之事。刘勰于此分判经、纬，既为以下《征圣》《宗经》《正纬》诸篇张本，又发明文学之道并出天人之理。倘刘勰"天地之心"之语源自《诗纬》，则细析其文，可见其旨意侧重于阐发"诗者天地之心"之义，而将天人感应的占术内涵摒弃一旁，即将《诗纬》中所谓"君德之祖，百福之宗，万物之户""刻之玉版，藏之金府"等义涵划归"神理"与"神教"之中。刘勰论"文心"之旨趣，不在发明"神理""神教"，而在阐论文学根源于"道"，以"文心"源自"道心"或"天地之心"。是亦可证诸《序志》之言：

　　盖《文心》之作也，本乎道，师乎圣，体乎经，酌乎纬，变乎骚，文之枢纽，亦云极矣。②

"文心"既"本乎道"，此"道"上承汉儒齐诗之说，为象征仁义道德之宇宙根本之道，下融魏晋玄学之义，既为宇宙自然，又为孕育人文之道，则儒家"诗言志"之"志"，既非发生于自然本性中的心志或情志，亦非拘执于早期儒家诗教所言"止乎礼义"的道德之意识。"志"与"文心"，不仅成为"天地之心"而获得形而上之义蕴，亦转而变为文学之形而上观念。刘勰之时，伪古文《大禹谟》"人心惟危，道心惟微"一语已流行天下，而刘勰以"文心"为"道心"，便超越了形而下意义上的"人心"。③ 刘永济曾以

① 黄侃《文心雕龙札记·原道第一》，第7页。[清]王先谦撰，沈啸寰、王星贤点校《荀子集解·解蔽》："故《道经》曰：'人心之危，道心之微。'"（第400页）[唐]孔颖达《尚书正义》卷四《大禹谟》："人心惟危，道心惟微。惟精惟一，允执厥中。"（[清]阮元校刻《十三经注疏》，第136页）

② [梁]刘勰著，范文澜注《文心雕龙注》卷十，第727页。

③ 按，[宋]蔡沈《书经集传》解"人心"与"道心"最为肯切，曰："心者，人之知觉，主于中而应于外者也。指其发于形气者而言，则谓之人心；指其发于义理者而言，则谓之道心。"（中国书店，1994年，第21页）

"言志与明道"二事,于中国文学"为根柢,为本基","志之与道,易词言之,则情与理耳。情与理,人心作用之异名也"。由于"志之所向无定,道之所存亦无定",因此"'志于道'①一义,实通此二论之枢机"。② 然刘氏以此义之发,出自唐宋诸贤之口,刘勰虽"已唱原道之论,但转移时尚之力未著"。③ 今若由汉儒诗说观之,刘勰的转移之力亦不可谓不巨。

从《文心雕龙》对"天地之心"的阐发,可见刘勰综合了诸多思想与文献资源,兼收并用,其目的在于建构有体系规模的文学理论。其自言此法曰:"有同乎旧谈者,非雷同也,势自不可异也。有异乎前论者,非苟异也,理自不可同也。同之与异,不屑古今,擘肌分理,唯务折衷。"④这种"折衷"之法,决非一些文献或思想的片断拼凑,而是体大虑周的思辨和经营,正如周勋初师所指出的那样:

> 刘勰的主要研究方法,正是从儒家学术和玄学中得来的。"唯务折中",由此建立了严整的体系,这不但见之于刘勰的自白,而且核之《文心雕龙》全书,都是信而有征的。儒家学派采用"叩其两端"的方法,玄学中人辨析概念分析问题的辩难方法,都曾给他以滋养,只是他在使用这些方法上有发展,因而观察问题更深入,分析问题更细致,使用这项方法更熟练罢了。这就说明,他所继承的主要是先秦两汉以来的优秀传统,在我国古代哲人提供的思想资料的基础上,取得了新的成就,作出了新的贡献。⑤

---

① 按,此语见《论语·述而》,[宋]邢昺《论语注疏》卷七,[清]阮元校刻《十三经注疏》,第2481页。

② 参见刘永济《文学通变论》,《刘永济集·文学论 默识录》,中华书局,2010年,第426—431页。

③ 刘永济《文学通变论》,《刘永济集·文学论 默识录》,第428页。

④ [梁]刘勰著,范文澜注《文心雕龙注》卷十,第727页。

⑤ 周勋初《刘勰的主要研究方法——"折中"说述评》,周勋初《文史探微》,上海古籍出版社,1987年,第153—154页。

第五章
"三科之条，五家之教"诸说辨析
——经典的历史意识

一、孔颖达之说

汉代经学，每一经都有一些开宗明义或纲领性通义，作为经典的来源和义理结构的根据。比如《易》有"人更三圣，世历三古"之说，[①]《公羊》有"三正""三统""三科九旨"之说，[②]《诗》有"四始""五际"之说。[③] 其

---

① 《汉书》卷三十《艺文志》："《易》道深矣，人更三圣，世历三古。"颜师古注引韦昭曰："伏羲、文王、孔子。"引孟康曰："《易·系辞》曰：'《易》之兴，其于中古乎？'然则伏羲为上古，文王为中古，孔子为下古。"（第1704—1705页）黄寿祺《群经要略》曰："此为汉儒之通义。"（华东师范大学出版社，2000年，第10页）

② 《汉书》卷五十六《董仲舒传》载董仲舒《对策》曰："臣谨案《春秋》之文，求王道之端，得之于正。正次王，王次春。春者，天之所为也；正者，王之所为也。""《春秋》受命所先制者，改正朔，易服色，所以应天也。"（第2501页、2510页）[汉]董仲舒著，[清]苏舆撰，钟哲点校《春秋繁露义证》卷七《三代改制质文》："王者改制作科奈何？曰：当十二色，历各法而正色，逆数三而复。绌三之前为五帝，帝迭首一色，顺数五而相复，礼乐各以其法象其宜。""故汤受命而王，应天变夏作殷号，时正白统。""文王受命而王，应天变殷作周号，时正赤统。""故《春秋》应天作新王之事，时正黑统。"（第185—187页）[唐]徐彦《春秋公羊注疏》卷一《隐公第一》疏引何休《文谥例》曰："三科九旨者，新周，故宋，以《春秋》当新王，此一科三旨也；所见异辞，所闻异辞，所传闻异辞，二科六旨也；内其国而外诸夏，内诸夏而外夷狄，是三科九旨也。"见[清]阮元校刻《十三经注疏》，中华书局影印世界书局本，1980年，第2195页。按，本章所引《十三经注疏》除特别注明外皆据此版本。

③ "四始"之说初见《史记》卷四十七《孔子世家》引孔子曰："《关雎》之乱以为风始，《鹿鸣》为小雅始，《文王》为大雅始，《清庙》为颂始。"（第1936页）"五际"之说初见《汉书》卷七十五《眭两夏侯京翼李传》载翼奉上《封事》曰："闻五际之要《十月之交》篇。"（第3173页）

中既有天道秩序，也有历史叙事，皆是对整部经典的内涵价值做出的思想建构。就《尚书》而言，"三科之条，五家之教"是其中的历史逻辑，此语见诸唐代孔颖达《尚书正义》所引郑玄《书赞》，当为汉儒《尚书》学之理论纲领。但此语的内涵所指，历来诸说纷纭，至清儒段玉裁考其名实，颇有发明，其以"三科""五家"分属《尚书》古、今文家，此后皮锡瑞等继之阐

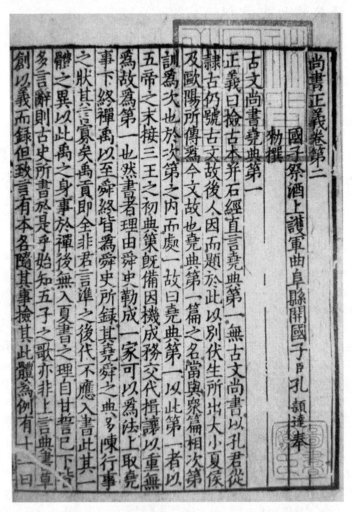

图 26　日藏宋刻单疏本《尚书正义》书影之一
（选自［日］宫内厅书陵部藏汉籍研究会编《图书寮汉籍丛考》，汲古书院，2018 年）

扬。段氏之说虽遭学人纠谬，然影响甚巨，至现代诸多《尚书》学史论著，多承其旨，如程元敏专论之文《〈尚书〉“三科之条五家之教”稽疑》，亦仅补葺段氏之说而已。[①] 但仅此孤语，如再深究，则可知段、皮诸说并未探得真相。因郑玄之言几无佐证，唯有通过辨析诸家旧说，方能获得新解，并借此考知汉儒通过经典阐释建构历史观念的话语方式。

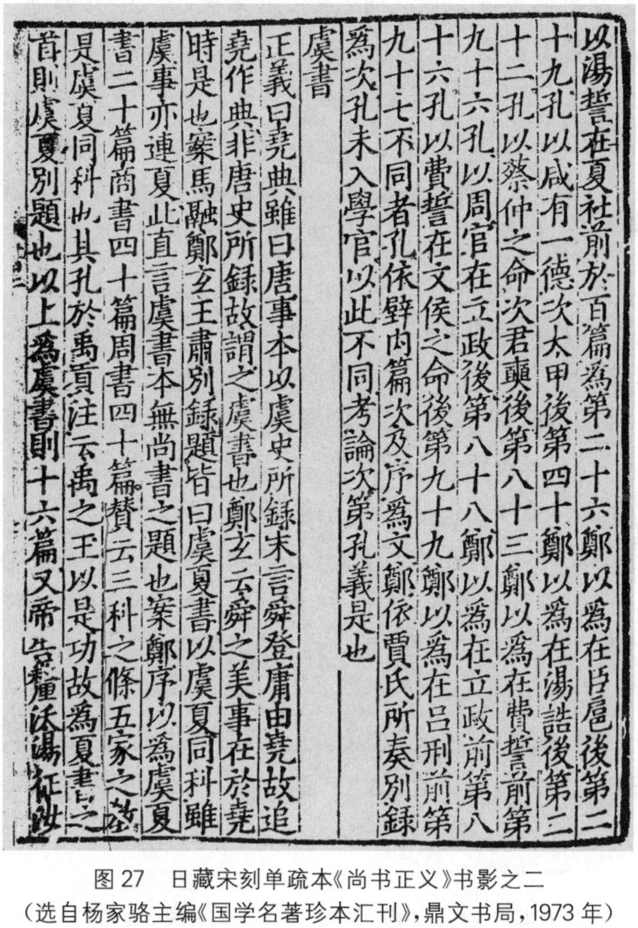
以湯誓在夏社前於百篇爲第二十六鄭以爲在臣扈後第二
十九孔以咸有一德次太甲後第四十鄭以爲在湯誥後第三
十二孔以蔡仲之命次君奭後第八十三鄭以爲在費誓前第
九十六孔以周官在立政後第八十八鄭以爲在立政前第八
十六孔以費誓在文侯之命後第九十九鄭以爲在吕刑前第
九十七不同者孔依壁内篇次及序爲文鄭依賈氏所奏别録
爲次孔未入學官以此不同考論次第孔義是也
虞書
正義曰堯典雖曰唐事本以虞史所録末言舜登庸由堯故追
堯作典非唐史所録故謂之虞書也鄭玄云舜之美事在於堯
時是也案馬融鄭玄王肅别録題皆曰虞夏書以虞夏同科雖
虞事亦連夏此直言虞書本無尚書之題也案鄭序以爲虞夏
書二十篇商書四十篇周書四十篇贊云三科之條五家之教
是虞夏同科也其孔於禹貢注云禹之王以是功故爲夏書之
首則虞夏别題也以上爲虞書則十六篇又帝告釐沃湯征汝

图 27　日藏宋刻单疏本《尚书正义》书影之二
（选自杨家骆主编《国学名著珍本汇刊》，鼎文书局，1973 年）

① 参见程元敏《〈尚书〉“三科之条五家之教”稽疑》，《孔孟学报》1991 年第 61 期，第 63—78 页。按，近期又有马士远之专著《两汉〈尚书〉学研究》相关章节涉及此说，但仅循程氏之说而已。见马士远《两汉〈尚书〉学研究》，中国社会科学出版社，2014 年，第 164—165 页。

《尚书》"《尧典》第一·《虞书》"目下,《正义》曰:

> 《尧典》虽曰唐事,本以虞史所录,末言舜登庸由尧,故追尧作典。非唐史所录,故谓之《虞书》也。郑玄云:"舜之美事,在于尧时。"是也。案马融、郑玄、王肃、《别录》题皆曰《虞夏书》,以虞、夏同科,虽虞事亦连夏。此直言《虞书》,本无《尚书》之题也。① 案,郑《序》以为《虞夏书》二十篇,《商书》四十篇,《周书》四十篇,《赞》云:"三科之条,五家之教。"是虞、夏同科也。其孔于《禹贡》注云:"禹之王以是功,故为《夏书》之首。"则虞、夏别题也。以上为《虞书》,则十六篇。又《帝告》《釐沃》《汤征》《汝鸠》《汝方》,于郑玄为《商书》,而孔并于《胤征》之下,或以为夏事,犹《西伯戡黎》。则《夏书》九篇,《商书》三十五篇,此与郑异也。或孔因《帝告》以下五篇亡,并注于《夏书》不废,犹《商书》乎? 别文所引,皆云"《虞书》曰""《夏书》曰",无并言《虞夏书》者。又伏生虽有一《虞夏传》,以外亦有《虞传》《夏传》,此其所以宜别也。此孔依虞、夏各别而存之。庄八年《左传》引《夏书》曰:"皋陶迈种德。"② 僖二十四年《左传》引《夏书》曰:"地平天成。"二十七年引《夏书》:"赋纳以言。"襄二十六年引《夏书》曰:"与其杀不辜,宁失不经。"皆在《大禹谟》《皋陶谟》,当云《虞书》,而云《夏书》者,以事关禹,故引为《夏书》。若《洪范》以为《周书》,以箕子至周,商人所陈,而《传》引之即曰《商书》也。③

郑玄作《书赞》,欲发明《书序》之义,《正义》曰:"郑玄谓之《赞》者,以《序》不分散,避其《序》名,故谓之《赞》。赞者,明也,佐也,佐成《序》义,明以

---

① 阮元《校勘记》曰:"浦镗云:'尚'当'夏'字误。按:浦校是也。"([唐]孔颖达《尚书正义》卷二,[清]阮元校刻《十三经注疏》,第124页)

② 方向东曰:"庄八年《左传》引《夏书》曰,'引'原作'云',据日藏毛本改。"([清]阮元校刻,方向东点校《十三经注疏》第2册《尚书》,中华书局,2021年,第37页)

③ [唐]孔颖达《尚书正义》卷二,[清]阮元校刻《十三经注疏》,第117页。

注解故也。"①此《书序》即所谓的《百篇书序》。汉人认为,孔子所编《尚书》全帙为百篇。《史记·三代世表》载孔子"序《尚书》"。②《孔子世家》云孔子"追迹三代之礼,序《书传》,上纪唐虞之际,下至秦缪,编次其事"。③《汉书·艺文志》曰:"至孔子纂焉,上断于尧,下讫于秦,凡百篇,而为之序,言其作意。"④先秦古书多见《尚书》亡逸篇名,《史记》中叙古圣贤作《书》之意,亦有涉及,如《殷本纪》载汤作《帝诰》《汤征》《夏社》,伊尹作《女鸠》《女房》《肆命》《徂后》,义伯、仲伯作《典宝》,咎单作《明居》等,皆是此类。秦汉间或已有托诸孔子所作的《百篇书序》,故扬雄《法言·问神》云:"昔之说《书》者,序以百。"⑤西汉伏生所传今文《尚书》二十九篇,武帝时孔壁《古文尚书》四十六篇虽皆不足百篇,当亦有《序》附之。成帝时张霸又造作《百两篇》,以《尚书》百篇及《自序》《百篇书序》各一篇进奏。平帝元始四年(4)时召集通逸经、古记、五经之儒聚京师会议,蒋善国《尚书综述》认为,此时或有整理《百篇书序》之事。传至东汉,马融、郑玄《尚书注》均将《百篇书序》附之《注》末,即孔颖达《正义》所云"《序》不分散"。至东晋,托诸孔安国的伪《孔安国古文尚书传》(伪《孔传》)又将此《序》文字分散列于各篇之首,⑥只是"次第和篇目字句等与马、郑注本稍有差异"。⑦故《正义》所云"郑《序》"即附于郑玄注者,所云"其孔""孔"即分列东晋伪《古文尚书》各篇之首者。郑玄之《赞》,既明《序》义,其所赞篇目当亦以百计。

---

① [唐]孔颖达《尚书正义》卷一,[清]阮元校刻《十三经注疏》,第113页。

② 《史记》卷十三,第487页。

③ 《史记》卷四十七,第1935—1936页。

④ 《汉书》卷三十《艺文志》,第1706页。按,崔适著,张烈点校《史记探源》卷一《序证》以《史记》所载孔子"序《尚书》""序《书传》","皆谓次第之'序',非序跋之'序'也。《七略》据此而曰'孔子纂书,凡百篇,而为之序'"。(中华书局,1986年,第12页)

⑤ [汉]扬雄撰,汪荣宝注疏,陈仲夫点校《法言义疏》卷五,第150页。

⑥ 上述《百篇书序》的源委,详见蒋善国《尚书综述》第四章《百篇书序的流传·壹·今古文尚书有无书序辨正》,上海古籍出版社,1988年,第62页。

⑦ 蒋善国《尚书综述》第四章《百篇书序的流传·伍·汉儒编定的百篇书序与今传伪孔传所载百篇书序的异同》,第72页。

《正义》所言《虞夏书》《虞书》《夏书》《商书》《周书》以及"马融、郑玄、王肃、《别录》题",为《尚书》之题目,以此统摄各个时代的篇目。这些题目的次第,汉儒之《百篇书序》与东晋伪《古文尚书》之《序》不同。汉儒之《序》似以《虞夏书》《商书》《周书》为"三科",而伪《古文尚书》则分别《虞书》和《夏书》,连同《商书》《周书》为四部分,故题下之篇目自当有异。《正义》赞同伪《孔传》的分类方法,根据有二:其一,伏生《尚书大传》虽有《虞夏传》,但亦有《虞传》《夏传》。其二,"别文所引",即《左传》所引《尚书》文字,皆分别单言"《虞书》曰""《夏书》曰",无并言《虞夏书》者。至于《左传》将《虞书》引作《夏书》,《周书》引作《商书》,皆因其所引之《尚书》之篇涉及虞夏之际的禹和商周之际的箕子而已。

要之,《正义》不仅不以"三科"之说系于《古文尚书》,反而以今文《尚书》先师伏生于虞、夏之《书》有合有分之例,反对郑玄《书赞》合虞、夏为一科之说,拥护伪古文《孔传》分别虞、夏之例。按此逻辑推究,则《正义》当倾向于以郑氏《书赞》为今文《尚书》说。

二、段玉裁、皮锡瑞之说

以"三科之条,五家之教"分判汉代《尚书》古、今文学派,始于段玉裁,见其《古文尚书撰异》卷一下:

> 帝曰:"契,百姓不亲,五品不逊。"
>
> 《说文》十篇《心部》曰:"愻,顺也,从心,孙声。《唐书》曰:'五品不愻。'"……玉裁按:《说文》引《尧典》"假于上下……谗说殄行",皆言《虞书》,而此句独言《唐书》者,从今文《尚书》例也。《尚书大传》曰《唐传》,曰《虞传》,曰《夏传》,曰《殷传》,曰《周传》,马、郑、王肃、《别录》题皆曰《虞夏书》,郑《序》以为《虞夏书》二十篇,《商书》四十篇。今考郑玄《赞》云"三科之条,五家之教","三科"者,谓虞夏一科,商一科,周一科也;"五家"无闻,盖谓唐一家,虞一家,夏一家,商一家,周一家也。"五家之教",谓五代之书,《尧典》为《唐书》,《皋陶

谟》为《虞书》，《禹贡》已下为《夏书》，《汤誓》《盘庚》已下为《商书》，《牧誓》已下为《周书》，今文《尚书》例也。"三科"谓作三《书》之时代，《尧典》《皋陶谟》《禹贡》是三篇者，或曰虞史记之，或云夏史记之，莫能别异，故相承谓之《虞夏书》，商史所记者为《商书》，周史所记者为《周书》，古文《尚书》例也。《左氏传》以"慎徽五典，五典克从"，"内于百揆，百揆时序"，"宾于四门，四门穆穆"系之《虞书》，以"敷内以言，明试以功，车服以庸"系之《夏书》，（"敷内以言"三句是《皋陶谟》文也。）是孔子时原以《尧典》为《虞书》，《皋陶谟》及《禹贡》为《夏书》。汉初不分别，则谓之《虞夏书》，合《商书》《周书》而有"三科"之说，其列为"五家"者，则直曰《唐书》《虞书》《夏书》《商书》《周书》。许君盖从"五家"之说者也，故引《皋陶谟》曰《虞书》，引《禹贡》曰《夏书》，引《尧典》曰《唐书》，所引"假于上下"等句，本皆作《唐书》，盖尽为浅人转写所改，其改之未尽者，独留此一处耳。徐锴本《唐书》曰"棋三百有六旬"，则并此尚存二处。（今本《尚书大传》，系惠氏定宇所集，其前题《虞夏传》《唐传》《虞夏传》《虞传》《虞夏传》《夏传》云云，殆合古文、今文而一之，未可依据也。）

《论衡·正说篇》："唐、虞、夏、殷、周者，土地之名。尧以唐侯嗣位，舜从虞地得达，禹由夏而起，汤因殷而兴，武王阶周而伐，皆本所兴昌之地，重本不忘始，故以为号，若人之有姓矣。说《尚书》谓之有天下之代号。唐、虞、夏、殷、周者，功德之名，盛隆之意也。故唐之为言'荡荡'也，虞者'乐'也，夏者'大'也，殷者'中'也，周者'至'也。尧则荡荡民无能名；舜则天下虞乐；禹承二帝之业，使道尚荡荡，民无能名；殷则道得中；周武则功德无不至。其立义美也，其褒五家大矣，然而违其正实，失其初意。唐、虞、夏、殷、周，犹秦之为秦，汉之为汉。秦起于秦，汉兴于汉中，故曰犹秦、汉。犹王莽从新都侯起，故曰亡新。使秦、汉在经传之上，说者将[①]复为秦、汉作道德之说矣。"玉裁

---

① "将"，段氏引作"皆"，据［汉］王充著，黄晖撰《论衡校释》卷二十八《正说篇》改（第1145页）。

按：此"五家之教"之证也。"三科"者，古文家说；"五家"者，今文家说。①

《撰异》完成于清乾隆年间，段氏以"三科""五家"分属汉代古、今文《尚书》之说，并从《论衡》中推考出"五家"之证。段氏主古文，段氏之后，今文学家皮锡瑞沿袭此说，为今文经学张本，其《今文尚书考证》卷一"《尧典·唐书》"条下考证曰：

郑君《书赞》曰："三科之条，五家之教。""三科"者，古文家说，谓虞夏一科，商一科，周一科也；"五家"者，今文家说，谓唐一家，虞一家，夏一家，商一家，周一家也。据《尚书大传》，《尧典》之前题曰《唐传》，以后题曰《虞传》《夏传》，有《书》而后有《传》，则伏生所治《尚书》当以《尧典》为《唐书》，《皋陶谟》为《虞书》，《禹贡》以下为《夏书》，《汤誓》以下为《商书》，《牧誓》以下为《周书》矣。《白虎通·号篇》云："或曰，唐，荡荡也。荡荡者，道德至大之貌也。虞者，乐也，言天下有道人皆乐也。"正与《论衡》所引《尚书》说同，亦今文家言也。②

皮氏之说并无新意，唯以《白虎通·号篇》之文，为《论衡》"五家"之说提供一新证。

此时段氏之考尚不周全。第一，王充之说虽能证明汉人有所谓的"五家"之说，但不能证明此即为今文家说。第二，许慎师从古学经师贾逵，其子许冲《上说文表》曰："臣父，故太尉南阁祭酒慎，本从逵受古学。"统计《说文》中引"贾侍中"之说达十七条，段氏曰："他皆称名，独贾逵称

---

① ［清］段玉裁《古文尚书撰异》卷一下，中华书局"四部要籍注疏丛刊"据清七叶衍祥堂刻本影印，1998年，第1813—1814页。

② ［清］皮锡瑞《今文尚书考证》卷一，《续修四库全书》第51册影印清光绪二十三年(1897)刻《师伏堂丛书》本，上海古籍出版社，2002年，第90页。

官者,尊其师也。"许慎《说文解字叙》又曰:"其称《易》孟氏、《书》孔氏、《诗》毛氏、礼《周官》、《春秋左氏》、《论语》、《孝经》皆古文也。"然则于《尧典》反不从古文《尚书》例,似自相矛盾。嘉庆年间,段氏《说文解字注》完成,对此做出了解释。《说文解字》:"稘,复其时也。从禾,其声。《唐书》曰:'稘三百有六旬。'"段注曰:

> 《唐书》,大徐作《虞书》。考《心部》称《唐书》"五品不逊",大、小徐本同,此则小徐作《唐书》,大徐作《虞书》,他称《尧典》者凡二十五,皆云《虞书》,不云《唐书》。参差不画一,未得其解。窃谓《尚书》郑《赞》云"三科之条,五家之教","三科"者,古文家说,《虞夏书》《商书》《周书》是也,"五家"者,今文家说,《唐书》《虞书》《夏书》《商书》《周书》是也。虞夏同科,则自《尧典》至《甘誓》为《虞夏书》,《汤誓》以下为《商书》,《大誓》《牧誓》以下为《周书》。"五家",《尧典》为《唐书》,《皋陶谟》为《虞书》,《禹贡》《甘誓》为《夏书》,《汤誓》以下为《商书》,《大誓》《牧誓》以下为《周书》。《论衡》曰:……王充业今文,此五家之说之证也。伏生有"五家之教",故《尚书大传》有《唐传》《虞传》《夏传》《殷传》《周传》之目,见唐人《正义》所称引。《大传》既亡,近惠氏定宇搜集之为书,乃标《尧典》之首曰《虞夏传》《唐传》,标《禹贡》之首曰《虞夏传》《夏传》,以古文家之目羼入今文家,殊为不可通。许君云《唐书》者,从今文家说也。曷为从今文家说也?《尧典》纪唐事,纪舜皆纪尧也,则谓之《唐书》;《皋陶谟》纪虞事,则谓之《虞书》;《禹贡》纪禹之功,则谓之《夏书》。胜于古文家之概称《虞夏书》未得其实也。曷为自言称《书》孔氏古文,而从今文说也?古文、今文家标目,皆非孔子所题,皆学之者为之说耳。说则可择善而从,无足异也。若《左传》以"慎徽五典"六句系之《虞书》,以"敷内以言"三句系之《夏书》,《洪范》一篇系之《商书》,亦与古文家说不同。许于《洪范》则依《左传》谓之《商书》,于《尧典》《皋陶谟》《禹贡》则依今文"五家之教",谓之《唐书》《虞书》《夏书》,盖合诸说而折其衷矣。凡今本《说文》以《尧典》系《虞书》者二十五,皆浅人所妄改,许不应自

相觟戾如是。①

段氏之说,乃有三点值得质疑。第一,以"王充业今文"而定"五家之教"为今文说,乃揣度之辞。按,王充业今文《尚书》,陈乔枞亦有此说,其《今文尚书经说考》卷一上"《尧典》"曰:

> 案《论衡·书解篇》云:"著作者为文儒,说经者为世儒。世儒当时虽尊,不遭文儒之书,其迹不传。世传《诗》家鲁申公,《书》家千乘欧阳公孙,不遭太史公,世人不传。"乔枞谓仲任著书立说,于《诗》三家独称鲁申公,《书》三家独称千乘欧阳氏,此其习《鲁诗》及欧阳《尚书》之明征也。②

然陈氏之说,失之牵强。王充《论衡·自纪篇》并未述师承,且《论衡》于"能说一经"之"儒生"极其蔑视。《后汉书·王充王符仲长统传》载充"受业太学,师事扶风班彪。好博览而不守章句"。《班彪列传》载彪"才高而好述作,遂专心史籍之间"。其子固亦"博贯载籍,九流百家之言,无不穷究。所学无常师,不为章句,举大义而已"。③ 班彪、班固父子和王充皆非博士或博士弟子出身,不囿于师法家法,为不守章句之通儒。观《论衡·正说》,其云"说《尚书》谓之有天下之代号",此"说《尚书》"者,当指汉家立于学官而通行于世之今文《尚书》家,而王充解释"五家"之号为"土地之名",五代帝王"兴昌"之地,乃是根据史实反对"说《尚书》"者之训,称其说"违其正实,失其初意"。段氏、陈氏博览而能考据,但未细读

---

① [汉]许慎撰,[清]段玉裁注《说文解字注》,第329页。

② [清]陈乔枞《今文尚书经说考》卷一,《续修四库全书》第49册影印清道光同治间刻《左海续集》本,上海古籍出版社,2002年,第59页。

③ [清]唐晏著,吴东民点校《两汉三国学案》卷六《诗》曰:"班伯受《诗》于匡衡,《齐诗》乃班氏家传。"(中华书局,1986年,第279页)按,此亦为武断。《汉书》卷一百上《叙传上》称:"伯少受《诗》于师丹。"(第4198页)师丹虽传《齐诗》,然班伯出身大臣名家,拜为中常侍,本非博士弟子,又为班固伯祖,未必定传于固。

《论衡》文字,故失之臆测。

第二,段氏以许君称《书》不从孔氏而从今文为"择善而从,无足异也",理虽有之,事则不确。按,许慎虽主古文经,但确有从今文之说者,非但《说文》有称"《易》孟氏"之例,其《五经异义》中亦多有从今不从古之例,皮锡瑞《驳五经异义疏证·自序》曰:"许君之叙《说文》,自云皆古,而《诗》征韩鲁,匪独毛公;《传》列《春秋》,不专《左氏》。《说文》意在博采,《异义》何独不然?"①今本《说文》引《尧典》系之《唐书》仅两例,系之《虞书》达二十五例,段氏归之浅人妄改,而非许慎自乱其例。倘是妄改,亦可改《虞书》为《唐书》;故许慎偶误,亦有可能。段氏之证据不足。

其实,《说文》释"稘""愻"两字引《尧典》作《唐书》之例已被学界推翻,详见程元敏先生《〈尚书〉"三科之条五家之教"稽疑》中《尧典》属《虞书》非《唐》《夏》决疑"一节。② 其中如桂馥《说文解字义证》卷三十二"愻"字下曰:

> 阎若璩曰:"案伏生今文以下,王肃、郑康成古文以上统名《虞夏书》,无别而称之者。"兹《说文》于引今《尧典》《舜典》《皋陶谟》《益稷》之文皆曰《虞书》,于引《禹贡》《甘誓》之文皆曰《夏书》,固魏晋间本之所由分乎?惟于今《舜典》"五品不愻"作《唐书》,与《大传》说《尧典》谓之《唐传》同。四引《洪范》皆曰《商书》,与《左氏》传同,却与贾氏所奏异,岂慎也自乱其例与,抑有误?③

程氏虽亦赞同此说,然囿于段氏分别古、今文《尚书》说,遂以许慎"于《大传》亦必涉读,数见其称《唐传》,又素知尧为唐帝,而其《书》——《尧典》宜为《唐书》,于是偶一误作《唐书》而已"。④ 程氏之意,仍以汉人"三科"

---

① [清]皮锡瑞撰,王丰先点校《驳五经异义疏证》,中华书局,2014年,第267页。

② 《孔孟学报》1991年第61期,第67—71页。

③ [清]桂馥《说文解字义证》卷三十二,上海古籍出版社影印清《连筠簃丛书》本,1987年,第894页下。

④ 《孔孟学报》1991年第61期,第69页。

与"五家"分属古、今,许慎引《书》皆从《古文尚书》"三科之条",偶尔误从今文《尚书》"五家之教"而已。

程氏所引文献中,反驳段氏之说最有力者,为治今文经学之陈乔枞,其《今文尚书经说考》卷一上"《唐书》"曰:

> 先大夫(陈寿祺)《尚书大传定本》曰:"《困学纪闻》卷二云:'《大传》说《尧典》谓之《唐传》,则伏生不以是为《虞书》也。'"①段玉裁云:"'五家之教'是今文《尚书》例也,'三科之条'是《古文尚书》例也……"乔枞谓段说未允。《说文·心部》引《唐书》曰"五品不愻",此《古文尚书》也,与今文三家作"训"者异。又《禾部》引《唐书》曰"稘三百有六旬"(此据徐锴本也,大徐本作《虞书》),亦据《古文尚书》也,与今文三家作"期"者异,然则谓《古文尚书》无《唐书》之目,《今文尚书》无《虞夏书》之称,岂其然与?②

陈乔枞认为,引文用《古文尚书》而编纂之例从今文《尚书》,此最为矛盾。而程氏认为段氏"依据《大传》,定'五家之教'乃今文家说,正本执原,卓然不可以易",③反而援引陈氏之说以证明:"段氏见《说文》引《书》分别虞、夏,与古文马、郑等本兼称虞夏者绝异,不合《古文尚书》'三科'之例,因刻意转求合今文'五家'之例,遂不顾许君廿五引《尧典》之称《虞书》,尽指为浅人妄改'唐'字为'虞'字。失之武断!"④程氏着意修正段氏之说,如此则《说文》之文与例皆从《古文尚书》之说。

---

① 陈寿祺语见[清]陈寿祺《尚书大传辑校》,[清]王先谦《清经解续编》卷三百五十四,第402页。王应麟语见[宋]王应麟著,[清]翁元圻等注,栾保群、田松青、吕宗力校点《困学纪闻(全校本)》上册卷二,第155页。

② 程氏引文自"段说"始,本章所引据《续修四库全书》第49册影印清道光同治间刻《左海续集》本增补,第58页。

③ 《孔孟学报》1991年第61期,第67页。

④ 《孔孟学报》1991年第61期,第68页。

三、戴震、汪荣宝之说

清代至民国时期的学者中亦有不以"三科""五家"分别今古者。如段玉裁之师戴震，其《经考》卷二"虞夏同科"条曰：

> 孔颖达曰："案马融、郑玄、王肃、《别录》题皆曰《虞夏书》，以虞夏同科，虽虞事亦连夏。《郑序》以为《虞夏书》二十篇，《商书》四十篇，《周书》四十篇。《赞》云：'三科之条，五家之教。'是虞夏同科也。"扬子《法言》亦曰："虞、夏之《书》，浑浑尔；《商书》，灏灏尔；《周书》，噩噩尔。"则可证西汉时未有别《虞书》《夏书》而为二者。杜元凯《左传注》"僖公二十七年"引《夏书》"赋纳以言，明试以功"三句，《注》曰："《尚书·虞夏书》也。"则可证西晋时未有别《虞书》《夏书》而为二者。逮东晋梅氏书出，然后书题卷数篇名尽乱其旧矣。①

戴氏提出《法言》称"虞、夏之《书》"，以为西汉至西晋，虞、夏《书》皆未有分别。此但可视作古人编纂《尚书》之例，不可视作古人引《尚书》之例。考先秦书中，引《夏书》者多次，引《虞书》者一次，见《左传》"文公十八年"引《虞书》曰"慎徽五典"诸语。西汉人亦有引《虞书》者，《史记·乐书》有"太史公曰：'余每读《虞书》。'"《乐书》虽属"全篇原缺，后人续补者"，②但亦为元、成间褚少孙等人所作。《汉书·律历志上》曰："《虞书》曰：'乃同律度量衡。'"③《律历志》据刘歆《钟律书》而作，则至少西汉晚期有引

---

① ［清］戴震《经考》卷二，［清］戴震撰，杨应芹、诸伟奇主编《戴震全书（修订本）》第二册，黄山书社，2010年，第222—223页。

② 梁启超《要籍解题及其读法·读〈史记〉》，杨燕起、陈可青、赖长扬编《历代名家评〈史记〉》，北京师范大学出版社，1986年，第248页。《史记》卷一百三十《太史公自序》裴骃《集解》引《汉书音义》曰："十篇缺，有录无书。"引张晏曰："迁没之后，亡《景纪》《武纪》《礼书》《乐书》……"（第3321页）

③ 《汉书》卷二十一上《律历志上》，第955页。

《虞书》者。又《三国志·魏书·司马芝传》："《大雅》贵既明且哲,《虞书》尚直而能温。"①则汉魏间亦有称《虞书》者。然戴氏之说提出两个重要问题:第一,既然西汉时即已"虞夏同科",则不可率然将"三科之条"归诸《古文尚书》之例。第二,扬雄、刘歆皆被清儒目为古文家,为何一守"三科之条",一守"五家之教"? 其实扬雄,刘向、刘歆父子与王充、班彪、班固等人皆是通儒,不在博士经学系统之中。《汉书·扬雄传》称其"不为章句,训诂通而已,博览无所不见"。②《汉书·楚元王传》载刘向、歆父子出身宗室,起家皆荫仕为郎,始皆治《易》,后一治《穀梁》,一治《左氏》,且父子之间相互辩难。③ 更为重要的是,其时汉代经学也无今、古学派之别,故"三科""五家"之例不可分属古、今。

汪荣宝《法言义疏》亦质疑段氏之说,甚至提出郑玄之说全为今文《尚书》说。《问神》:"虞、夏之《书》,浑浑尔;《商书》,灏灏尔;《周书》,噩噩尔;下周者,其《书》谯乎!"《疏》曰:

> 段玉裁云:……按:郑君《尚书赞》多从《书纬》,纬说皆为今文。《法言》说《书》,亦据当时所诵习。此文以虞夏之《书》与《商书》《周书》别为三种,明用"三科之条",则不得以此为《古文尚书》例可知。盖以有天下者之号名其书,则曰《唐书》《虞书》《夏书》《商书》《周书》;依作史之时代详近略远,则曰《虞夏书》《商书》《周书》。其例皆出于今文诸师,古文无师说,安得有所谓《书》例耶?④

此外,金兆梓《今文尚书三论》亦主张"虞夏同科"出于今文,其曰:

> 自西汉今文《尚书》定本,始并《皋陶谟》称《虞夏书》。盖马、郑传经,虽主古文,固皆就二十九篇加以训释;间或本古文以易其字句

---

① 《三国志》卷十二,第390页。
② 《汉书》卷八十七,第3514页。
③ 《汉书》卷三十六,第1967页。
④ [汉]扬雄撰,汪荣宝注疏,陈仲夫点校《法言义疏》卷七,第155页。

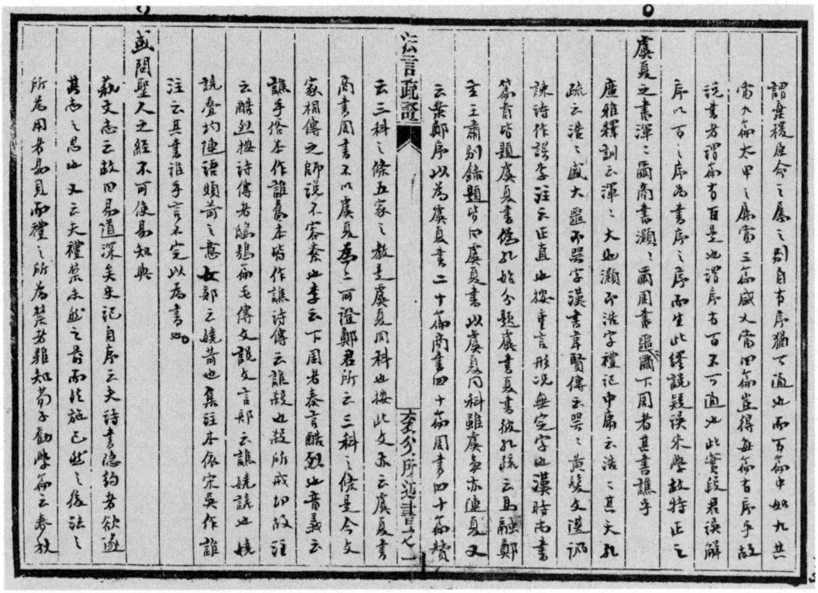

图 28　汪荣宝《法言疏证》手稿图版
（选自汪荣宝著，徐兴无编《汪荣宝法言注释 残稿三种》，凤凰出版社，2017 年）

则有之，绝未尝别出手眼另行编订，故篇目、书题一本西汉。直至东京之末，熹平所刊之石经《尚书》，亦犹是今文经，以今文经直两汉之世，固为《尚书》定本也。郑氏之治学，尤杂今古文，故有"三科""五家"之教条，以圆"虞夏同科"之说，故至王肃虽往往力反郑说，而《虞夏书》之题名固未尝变更之也。[①]

金氏之说，以为《虞夏书》本定自今文《尚书》，东汉《古文尚书》家如马、郑之流并承其例，而郑玄之经学犹杂今古文。其"三科""五家"之说本是自圆其说而已。

汪、金二氏之说似为得之。孔颖达《正义》所云"马融、郑玄、王肃、《别录》"，指诸人之注《古文尚书》及刘向、歆父子《七略别录》所录《古文

---

① 《新中华》1947 年复刊号第五卷第一期。

197

尚书》。刘向、歆《七略别录》今虽不存,《汉书·艺文志》《儒林传》皆据其文,[①]其中著录"《尚书古文经》四十六卷(为五十七篇)""《经》二十九卷(大、小夏侯二家。《欧阳经》三十二卷)"。[②] 又云:"武帝末,鲁共王坏孔子宅,欲以广其宫,而得《古文尚书》及《礼记》《论语》《孝经》凡数十篇,皆古字也。""孔安国者,孔子后也,悉得其书,以考二十九篇,得多十六篇。"[③]《七略别录》并录《古文尚书》与今文《尚书》,是因为二者篇数不同。如篇数相同,则仅录于学官的今文经,以古文经校雠而已,如《艺文志》所录《易经》施、孟、梁丘三家,中秘所藏古文《易》、民间的费氏《易》与三家《易》篇目相同,则仅著录三家,而以古文与费氏校雠,著录校记而已。[④] 即有新出古文经欲立学官授受,亦须按博士经学之章句义理体例加以整理。如《汉书·楚元王传》载刘歆校秘书,见古文《春秋左氏传》,大好之。"初《左氏传》多古字古言,学者传训故而已,及歆治《左氏》,引传文以解经,转相发明,由是章句义理备焉。"[⑤]因此,两汉经学,著录校

---

① 《汉书》卷三十《艺文志》:"今删其要,以备篇籍。"(第 1701 页)[清]姚振宗《叙〈七略别录佚文〉》曰:"荀悦《汉纪》称'刘向典校经传,考集异同,云《易》始自鲁商瞿子木受于孔子',以下云云并与《汉书·儒林传》《释文·叙录》相同,而与刘中垒叙奏之文颇不相合,反覆推求,知《别录》中《辑略》之文。荀氏节录而为《纪》,班氏取以为《儒林传》,陆氏取以为《叙录》,各有所取,亦各有详略。《叙新编〈七略〉》曰:'《别录》繁矣,《七略》从简。《七略》简矣,班氏裁为《儒林传》,编为《艺文志》,则简而又简。'"([汉]刘向、刘歆撰,[清]姚振宗辑录,邓骏捷校补《七略别录佚文 七略佚文》,澳门大学出版中心,2007 年,第 6 页、72 页)又杨树达《汉书所据史料考》曰:"近人姚振宗谓《汉书·儒林传》所载经师授受多本《七略》,其说亦信而有征。"(杨树达《积微居小学金石论丛(增订本)》,中华书局,1983 年,第 293 页)

② 《汉书》卷三十《艺文志》,第 1705 页。

③ 《汉书》卷三十《艺文志》,第 1706 页。

④ 余嘉锡《古书通例·论编次第三》:"凡经书皆以中古文校今文,其篇数多寡不同,则两本并存,不删除复重。"(第 101—102 页)据此,则篇数相同者,只录博士今文经。王国维《〈汉书艺文志举例〉后序》曰:"惟《易》无古文经。然《志》言刘向以中古文《易经》校施、孟、梁丘《经》,或脱去'无咎''悔亡',惟费氏《经》与古文同。是中秘确有《易》古文经,而《志》仅录施、孟、梁丘三家《经》各十二篇,与《书》《礼》《春秋》异例。"(王国维《观堂别集》卷四,《王国维遗书》第 3 册,第 198—199 页)

⑤ 《汉书》卷三十六,第 1967 页。

雠以今文经书为依据，治经以今文章句义理为范式。东汉治《古文尚书》者，有尹敏、周防、孔僖、杨伦等，俱见《后汉书·儒林列传》，《传》中又载"扶风杜林传《古文尚书》，林同郡贾逵为之作训，马融作传，郑玄注解，由是《古文尚书》遂显于世"。① 《隋书·经籍志一》著录"《尚书》十一卷（马融注）""《尚书》九卷（郑玄注）""《尚书》十一卷（王肃注）"，② 观其卷数，便可知其所注仅限于与今文《尚书》相同的篇卷，非全部壁中书。陆德明《经典释文·叙录》曰：

> 案今马、郑所注并伏生所诵，非古文也。孔氏之本绝，是以马、郑、杜预之徒皆谓之逸《书》，王肃亦注今文，而解大与古文相类，或肃私见《孔传》而秘之乎？③

陆氏所称"孔氏之本"虽为伪《古文尚书》，但所言马、郑、王所注同于伏生之今文而非古文，又称马、郑、杜预之徒以不见于今文《尚书》之《古文尚书》为"逸书"，确是实情。陈立《白虎通疏证》曰："汉人重师承，无师说不敢强为之解，故东京之习古《尚书》者，亦第解伏生之二十八篇，及河内女子所得之《泰誓》一篇耳。其余皆未之注释，故又称逸《书》。至二十九篇及二十四篇以外，则谓之亡。亡者，并其文字尽亡之也。逸者，但逸其说也。然则此所引逸篇，当是孔壁之古文也。"④ 总之，汉魏治《古文尚书》诸家，皆注解《古文尚书》与今文《尚书》相同的篇章，校雠勘比，求同存异而已，故其题篇当从今文《尚书》，其各篇义理和全经纲领或亦参考今文章句。非独《尚书》，他经之古文，亦依今文之体例。西汉刘歆如此，东汉贾逵、郑玄等人继之。建初元年（76），诏贾逵入讲北宫白虎观、南宫云台。帝善逵说，使发出《左氏传》大义长于二《传》者。逵于是具条奏之，曰：

---

① 《后汉书》卷七十九上《儒林列传上》，第2566页。

② ［唐］魏徵、令狐德棻等《隋书》卷三十二，第913页。

③ ［唐］陆德明撰，黄焯汇校《经典释文汇校》卷一，第13页。

④ ［清］陈立撰，吴则虞点校《白虎通疏证》卷一，第5页。

臣谨摭出《左氏》三十事尤著明者,斯皆君臣之正义,父子之纪纲。其余同《公羊》者什有七八,或文简小异,无害大体。①

故章太炎《丙午与刘光汉书》曰:"有云《左氏》同《公羊》,什有七八,乃知《左氏》初行,学者不得其例,故傅会《公羊》以就其说,亦犹释典初兴,学者多以老、庄皮傅。"②贾逵又以"五经家皆无以证图谶明刘氏为尧后者,而《左氏》独有明文"。③ 范晔论其"能附会文致"。④ 至于郑玄说经,则多引谶纬,且遍注纬书,其说《尚书》亦多根据纬书。如《尚书序》"以其上古之书,谓之《尚书》",孔颖达《正义》曰:

> 郑玄依《书纬》,以"尚"字是孔子所加,故《书赞》曰:"孔子乃尊而命之曰《尚书》。《璇玑钤》云:'因而谓之《书》,加尚以尊之。'"又曰:"《书》务以天言之。"郑玄溺于《书纬》之说,何有人言而须系之于天乎?⑤

又《尧典》开篇"粤若稽古帝尧",《正义》曰:"郑玄信纬,训稽为同,训古为天。言能顺天而行之,与之同功。"⑥总之,所谓"傅以谶记,援纬证经",⑦实亦东汉古文家之"家法"也。

程氏之文又曰:"唯《大传》多一《虞夏书》题,岂非六家? 愚谓此不过

---

① 《后汉书》卷三十六《郑范陈贾张列传》,第 1236 页。

② 章太炎《太炎文录初编·文录》卷二,《章太炎全集(四)》,上海人民出版社,1985 年,第133 页。

③ 《后汉书》卷三十六《郑范陈贾张列传》,第 1237 页。

④ 《后汉书》卷三十六《郑范陈贾张列传》,第 1241 页。

⑤ [唐]孔颖达《尚书正义》卷二,[清]阮元校刻《十三经注疏》,第 115 页。

⑥ [唐]孔颖达《尚书正义》卷二,[清]阮元校刻《十三经注疏》,第 119 页。按,郑玄说《尚书》发挥今文家说,可参看戴君仁《两汉经学思想的变迁——〈书经〉部分》一文,戴君仁《梅园论学续集》,艺文印书馆,1974 年,第 23—36 页。

⑦ [清]庄述祖《白虎通义考》,[清]陈立撰,吴则虞点校《白虎通疏证·附录二》,第609 页。

并虞、夏而称之,仍在唐虞夏商周五家内,非别有'虞夏家'也。"①此亦望文生义,自圆其说,殊不知郑玄与《尚书大传》之关系至为密切。《汉书·艺文志·六艺略》著录"《传》四十一篇",但未言明作者,至郑玄始定其为伏生所作《尚书大传》并为之作注。《后汉书·张曹郑列传》载"凡玄所注"中有《尚书大传》一种。② 刘昭注司马彪《续汉书·五行志》时,引《五行传》郑玄注,称"郑玄注《尚书大传》"。③《隋书·经籍志一》著录"《尚书大传》三卷,郑玄注"。④ 郑注有《序》,其文字见诸《玉海》卷三十七《艺文》"《尚书大传》"条,其曰:

> 《中兴书目》:"按郑康成(《尚书大传注》)《序》云:'盖自伏生也。伏生为秦博士;至孝文时,年且百岁,张生、欧阳生从其学而授之。音声犹有讹误,先后犹有差舛,重以篆隶之殊,不能无失。生终后,数子各论所闻,以己意弥缝其阙,别作章句,又特撰大义,因经属指,名之曰《传》。刘向校书,得而上之,凡四十一篇。'至康成,始诠次为八十三篇。"⑤

姚振宗曰:"按此据《玉海·艺文》所载,盖即《中兴书目》摘录旧序之文,而后人移而为今本之序。"⑥《尚书大传》中诸《传》编次,据陈寿祺《尚书大传辑校》,有《唐传》《虞夏传》《虞传》《夏传》《殷传》《周传》,包含"三科之条,五家之教"之旨,故其标题或出郑玄之诠次。

---

① 程元敏《〈尚书〉"三科之条五家之教"稽疑》,《孔孟学报》1991年第61期,第66页。

② 《后汉书》卷三十五,第1212页。

③ 《后汉书志·五行志一》刘昭注,《后汉书》,第3266页。

④ [唐]魏徵、令狐德棻等《隋书》卷三十二,第913页。

⑤ [宋]王应麟撰,武秀成、赵庶洋校证《玉海艺文校证》,第142页。按,"至康成始诠次为八十三篇"一句,[清]永瑢等撰《四库全书总目》卷一二《尚书大传》提要误引作"诠次为八十一篇"(中华书局,1965年,第105页)。

⑥ [清]姚振宗《隋书经籍志考证》卷二"经部二",《二十五史补编》第四册,第5076页。

至此可见，"三科之条，五家之教"为郑玄《书赞》对两汉《尚书》学义理之总结，而其科条、条教之说亦仿汉代《公羊春秋》"三科九旨"之例，决非郑玄分判古今之家法。段玉裁、皮锡瑞等率尔判定"三科之条、五家之教"分属古文、今文，乃囿于清代经学严分古今的学术意识形态。即以伏生《尚书大传》为今文《尚书》家，伏生既有《唐传》，则今文《尚书》便有《唐书》，遂推出今文"五家"之说；又以扬雄、刘向、马融、郑玄等为《古文尚书》家，遂以"三科"归于古文。

四、魏源之说

"三科之条，五家之教"源流既明，其义旨为何，当从汉儒经说中求之，即自汉代经学思想中求之。清儒揭其秘者，为魏源《书古微》，其卷一《尧典释经》曰：

> 郑氏《书赞》谓《尚书》有"三科之条，五家之教"，"五家"者，唐、虞、夏、商、周也，"三科"者，虞夏一科，商一科，周一科也。《左传》引《尧典》"慎徽五典"为《虞书》，又多引《尧典》《皋陶谟》之文为《夏书》，是《尧典》为"虞夏科"矣。"三科"即"三统"也。周以夏、商为"三统"，"三统"以前，谓之"三古"，故周史重修时，以"曰若稽古"别之。董子《春秋繁露》曰："王者之法必正号，绌王谓之帝。""下存二王之后。""故同时称帝者五，称王者三，所以昭五端，通三统也。""周人之王，上推神农为九皇。""因存帝轩辕、帝颛顼、帝喾、帝尧之帝号，绌虞而号舜曰帝舜。""故圣王生则称天子，崩迁则存为三王，绌灭则为五帝"，又"绌为九皇，下极其为民"。（董子《春秋繁露》止此。）故《左传》曰："今之王，古之帝。"《书大传》曰："帝乃称王而入唐。"尧、舜当时亦称王也，至周始尊之为帝，在夏、商二王之上，而其《书》则皆以"曰若稽古"冠之，使别于"三统"之外。《尧典》"曰若稽

古"，其为周史臣之词明矣。周命五史修五帝盎事，与董子《传》说"三统"之义，皆暗符《尧典》之文。①

又曰：

> 至于帝、王"三统"古谊，莫精于董生，其《春秋繁露·三代改制质文篇》曰："凡有天下者皆称王，惟三统以上始推为帝，同时称帝者五，称王者三，所以昭五端，通三统也。周人之王，绌神农之炎帝为九皇，不与帝数，而改轩辕为黄帝，因存帝颛顼、帝喾、帝尧之帝号，绌虞而号舜曰帝舜，是为五帝。存夏、殷之后，俾为'三恪'。地方百里，爵皆称公，使皆服其服，行其礼乐，称先王后，作宾王国……"案此七十子所口受于夫子微言大谊，传之董生与？《书大传》"舜乃称王而入唐"，与尧舜独称"曰若稽古"若合符节，明为周初"乃命五史所书五帝之盎事"，皆所谓"由百世之后等百世之王"。太史公问故于孔安国，又问《春秋》于董生，略知斯谊，故《五帝本纪》首黄帝至帝舜，且皆著其有天下之号，曰轩辕，曰太昊、少昊、高阳、高辛，曰放勋、重华、文命，而冠二《典》《谟》以"稽古"，此《尚书》微言大谊，西汉惟伏、孔、董生得闻之，岂东汉马、郑诸儒所闻乎？②

魏源所引《春秋繁露·三代改制质文篇》与今本文有出入，盖述其义耳。其以东汉马、郑不得闻其《尚书》微言大义，当亦囿于他的今文经学家立场，但其揭示"三科"即为《公羊春秋》家董仲舒"三统"之义，至为高明。进而考之，则所谓"科"者，意为"礼法"，即"改制作科""以奉天地"。所谓"教"者，指帝王之教令，如《史记·平准书》："天子曰：'朕闻五帝之教不

---

① ［清］魏源《书古微》卷一，《续修四库全书》第 48 册影印清光绪四年（1878）淮南书局刻本，上海古籍出版社，2002 年，第 484 页。
② ［清］魏源《书古微》卷一，《续修四库全书》第 48 册影印清光绪四年（1878）淮南书局刻本，第 486 页。

相复而治,禹汤之法不同道而王。'"①又《白虎通·三教》曰:"王者设三教者何? 承衰救弊,欲民反正道也。""教者,效也。上为之,下效之。"②

董仲舒《春秋繁露·三代改制质文》阐论"昭五端,通三统"之义,曰:

> 《春秋》曰"王正月",《传》曰:"王者孰谓? 谓文王也。曷为先言王而后言正月? 王正月也。"何以谓之"王正月"? 曰:王者必受命而后王。王者必改正朔,易服色,制礼乐,一统于天下,所以明易姓,非继人,通以已受之于天也。王者受命而王,制此月以应变,故作科以奉天地,故谓之"王正月"也。王者改制作科奈何? 曰:当十二色,历各法而正色,逆数三而复。纮三之前曰五帝,帝迭首一色,顺数五而相复,礼乐各以其法象其宜。顺数四而相复,咸作国号,迁宫邑,易官名,制礼作乐。故汤受命而王,应天变夏作殷号,时正白统。亲夏故虞,纮唐谓之帝尧,以神农为赤帝……文王受命而王,应天变殷作周号,时正赤统。亲殷故夏,纮虞谓之帝舜,以轩辕为黄帝,推神农以为九皇……故《春秋》应天作新王之事,时正黑统。王鲁,尚黑,纮夏,亲周,故宋。③

在汉人看来,《春秋》当新王之事,乃孔子为汉家制法。依此,则《春秋》的"新王"(王鲁),纮夏,亲周,故宋,以夏、商、周三代为"三统"。再推而远之,则有黄帝、帝颛顼、帝喾、帝尧、帝舜五帝,计八个时代,即所谓的"凡有天下者皆称王,惟三统以上始推为帝,同时称帝者五,称王者三,所以昭五端,通三统也"。而帝喾以前,古史渺茫,皆属《周礼·春官·外史》中外史所掌"三皇五帝之书",郑玄注曰:"楚灵王所谓《三坟》《五典》。"④故孔子所序《尚书》,唯有唐尧、虞舜、夏、商、周之《书》,这五个时代的

① 《史记》卷三十,第1422页。
② [清]陈立撰,吴则虞点校《白虎通疏证》卷八,第369页、371页。
③ [汉]董仲舒著,[清]苏舆撰,钟哲点校《春秋繁露义证》卷七,第184—189页。
④ [唐]贾公彦《周礼注疏》卷二十六,[清]阮元校刻《十三经注疏》,第820页。

《书》即是"五家"，其中包含"称帝者五"和"昭五端"中的帝尧、帝舜，还包含"称王者三"和"通三统"中的夏、商、周三代，即为"三科"，"五家"作为帝王皆有教令，是所谓"五家之教"。虞夏处于五端与三统之际，因二者之礼法相同，故合"虞夏"为一科。这是因为董仲舒代表的《公羊春秋》秉承《论语》中孔子三代损益的思想，以唐尧、虞舜、禹夏之间为继治世的禅让，以夏、商、周三代为继乱世的革命。《汉书》载董仲舒《对策》曰：

> 故王者有改制之名，亡变道之实。然夏上忠，殷上敬，周上文者，所继之捄，当用此也。孔子曰："殷因于夏礼，所损益可知也；周因于殷礼，所损益可知也；其或继周者，虽百世可知也。"此言百王之用，以此三者矣。夏因于虞，而独不言所损益者，其道如一而所上同也。道之大原出于天，天不变，道亦不变，是以禹继舜，舜继尧，三圣相受而守一道，亡救弊之政也，故不言其所损益也。繇是观之，继治世者其道同，继乱世者其道变。今汉继大乱之后，若宜少损周之文致，用夏之忠者。①

禹继尧，尧继舜，三圣相守一道，无救弊之政，此为"继治世者其道同"，而夏因于虞，"不言所损益"，故其礼法相承不改，是为虞夏同科的历史文化根据。而夏、商、周三代则须以忠、敬、文三教来救弊损益，此为"继乱世者其道变"。《尚书大传》中并有唐、虞夏、虞、夏、商、周之《传》，正是包含了"三科之条"（虞夏、商、周）和"五家之教"（唐、虞、夏、商、周）两个观念体系。太史公曾问学于董仲舒，其撰《史记·孔子世家》，述孔子编订《尚书》之事，亦具《公羊春秋》学的历史意识：

> 孔子之时，周室微而礼乐废，《诗》《书》缺。追迹三代之礼，序《书传》，上纪唐虞之际，下至秦缪，编次其事。曰："夏礼吾能言之，杞不足征也。殷礼吾能言之，宋不足征也。足，则吾能征之矣。"观

---

① 《汉书》卷五十六《董仲舒传》，第2518—2519页。

殷夏所损益,曰:"后虽百世可知也,以一文一质。周监二代,郁郁乎文哉。吾从周。"①

此段文字可与董仲舒《对策》互参,其以孔子所编次的《尚书》和所序《书传》中包含着三代礼制损益的思想,不妨视为汉代《尚书》学起源的历史叙事。

汉代《尚书》学"虞夏"同科和"五家"观念影响甚巨。"虞夏"连称,东汉时已成为历史观念,应劭《风俗通·三王》叙三代之号,以舜、禹相联,为三代之起,其曰:

舜、禹本以白衣砥行显名,升为天子。虽复更制,不如名著,故因名焉。《经》曰"有鳏在下,曰虞舜。佥曰伯禹,禹平水土"是也。汤者,攘也,昌也。②

而唐、虞、夏、商、周为"五家",至东汉亦成为定说,上引段玉裁引王充《论衡·正说篇》,皮锡瑞引《白虎通》皆可证明。而《白虎通·号篇》之说尤其值得关注。其曰:

三王者,何谓也?夏、殷、周也……所以有夏、殷、周号何?以为王者受命,必立天下之美号以表功自克,明易姓为子孙制也。夏、殷、周者,有天下之大号也……五帝无有天下之号何?五帝德大能禅,以民为子,成于天下,无为立号也。或曰:唐、虞者号也。唐,荡荡也。荡荡者,道德至大之貌也。虞者,乐也。言天下有道,人皆乐也。《论语》曰:"唐、虞之际。"③

---

① 《史记》卷四十七《孔子世家》,第1935—1936页。
② [汉]应劭撰,吴树平校释《风俗通义校释》,天津人民出版社,1980年,第18—19页。
③ [清]陈立撰,吴则虞点校《白虎通疏证》卷二,第55—59页。

据此，则三王家天下，子孙相传，故有号。所谓"以为王者受命，必立天下之美号以表功自克，明易姓为子孙制也"，此即董仲舒所言"改制作科""以奉天地"之义。五帝禅让，不传子孙，故不立号。但五帝之中，唯唐、虞可称作美号。《论语·泰伯》载孔子言"唐虞之际，于斯为盛"，[1]云自尧、舜以来，直至周武王，人才最盛，赞周之至德，《白虎通》遂引以为唐、虞有号之证。

总之，《公羊》家王者"改制作科"的思想实为汉代《尚书》学"三科之条，五家之教"之真实意涵。三代礼法损益和帝王的治道教令构成了尧、舜、禹、汤、文武的历史发展意识。至于科条、条教，在汉代亦成为官吏设教治民之制，余英时《汉代循吏与文化传播》一文有详论，[2]兹不赘述。要之，此亦是汉代《尚书》学设立"三科之条，五家之教"之时代背景和文化风尚。

---

① ［宋］邢昺《论语注疏》卷八，［清］阮元校刻《十三经注疏》，第 2487 页。

② 参见余英时《汉代循吏与文化传播》文中"（七）循吏与教条"一节，余英时《士与中国文化》，第 200—211 页。

第六章
孔丘秘经，为汉赤制
——再论谶纬思潮和文献的兴起

一、引言

　　谶纬思潮的兴起和文献的造作，是两汉政治、思想、学术的重要现象，对理解汉代乃至中古的历史和文化特征极具价值。但因其文献散亡，仅存鳞爪，加之内容荒诞杂乱，故其研究多有困局。举其大端有二。其一，学界论其时代，有出于上古、周秦、孔子、七十子、邹衍方士、战国末年、汉初、哀平之际、东汉诸说，认为谶纬中多有古史遗存、孔门及诸子遗言，只是经过后世增益，驳杂共存而已。① 但是文献的形成过程与文献中的思想内容切不可混而为一，如以其中有三皇五帝，即以其出自古史之手，有孔子之言，即以其出自孔子之手，则是拘执之见。其二，学界讨论谶纬，多以文献学的方法考论其名义，如谶、纬、图、书以及篇题中的符、契、录等。②

---

　　① 姜忠奎著，黄曙辉、印晓峰点校《纬史论微》卷一，罗列"谶纬之兴，异说纷纭"，"有以时代为断者"十说，"有以人物为断者"十六说，"有以典籍为断者"四说（上海书店出版社，2005 年，第 18—39 页）。钟肇鹏《谶纬论略》罗列谶纬起源之说十二种（辽宁教育出版社 1991 年，第 11—26 页）。笔者曾经将诸多歧说归纳为两类："其一是根据其中的内容来推测。""其二是根据谶纬的名义分歧来判断，即谶、纬有别。"（徐兴无《谶纬文献与汉代文化构建》，中华书局，2003 年，第 11—12 页）

　　② 可参看陈槃《古谶纬研讨及其书录解题》（台湾编译馆，1991 年），其中于谶纬名目多有考释。近又有王楚《纬书书名臆解稿》（台湾"中央研究院"历史语言研究所集刊》第九十二本第一分，2021 年）结合数术文化和战国秦汉间的思想观念考论纬书的书名义涵。

但谶纬名义纷繁,仅仅分析字义或题义,往往难得确解。其实,谶纬的形成,伴随着政治史、思想史和学术史的过程,是汉代政治危机和思想学术变局的集中体现,堪称一个文献史上的神话。然而任何神话都包含着一个合乎逻辑的结构,谶纬驳杂的文本和文字之中,同样包含着具有意义指向的文献部次和思想体系,唯有在历史语境中辨析其文献制度和具体内容,方可得其脉络。① 因此,本章尝试从两汉之际政治变革的历史语境入手,解读谶纬的文献结构、思潮兴起的原因及其对东汉思想学术的影响等问题。

二、谶纬的结构

(一) 谶纬的部次与篇数

余嘉锡归纳古书部次之法,多以"篇之小题纳之于总称之下,而属之以大名",如《诗》为一部之大名,《国风》为十五国之总称,《礼记》为一部之大名或大题,《曲礼》为小目或小题。② 谶纬属于古书的时代,其总名下的文献部次结构也可分为总称、大题、小题,且经过官方颁定,具备章句解释。孔颖达《尚书序正义》引《论语谶》曰:"题意别名,各自载耳。"③道出了谶纬的文献部次。

综考汉人之说,皆云谶纬起于西汉末期哀、平二帝之际,至切至明,且于其文献形态皆有共识。桓谭上疏光武帝云:"今诸巧慧小才伎数之人,增益《图》《书》,矫称谶记,以欺惑贪邪,诖误人主。"④其《新论·启

---

① 参见徐兴无《谶纬文献的价值》,《中华读书报》2020 年 10 月 14 日第 15 版。

② 余嘉锡《目录学发微》卷四,巴蜀书社,1991 年,第 124 页。

③ [唐]孔颖达《尚书正义》卷一,[清]阮元校刻《十三经注疏》,中华书局影印清嘉庆刊本,2009 年,第 235 页。按,本章所引《十三经注疏》皆据此版本。"论语谶"原作"论谶",浦镗《十三经注疏正字》曰:"论谶所谓云云。'论谶'谓'论语谶'。"(杜泽逊主编《尚书注疏汇校》卷一,中华书局,2018 年,第 50 页)

④ 《后汉书》卷二十八上《桓谭冯衍列传上》,第 960 页。

瘅》云："谶出《河图》《洛书》，但有兆朕，而不可知。后人妄复加增依托，称是孔丘，误之甚也。"①又《尹敏传》载尹敏对光武曰："谶书非圣人所作，其中多近鄙别字，颇类世俗之辞，恐疑误后生。"②王充《论衡·实知篇》曰："案神怪之言，皆在谶记。所表皆效《图》《书》。'亡秦者胡'，《河图》之文也。孔子条畅增益，以表神怪；或后人诈记，以明效验。"③上述文字中所谓"谶""谶记""谶书"（《论衡》亦作"谶书"，见下文），乃增益、效仿"《图》《书》"而成，文多鄙陋，但增益之人皆托诸孔子。所以，汉人以"图书谶记（书）"作为谶纬文献的总称，其中的"图书"指《河图》与《洛书》两种文献，故《说文解字》亦云："谶，验也。有征验之书。河、洛所出书曰谶。"④

《后汉书·张衡传》载："初，光武善谶，及显宗、肃宗因祖述焉。自中兴之后，儒者争学图纬，兼复附以妖言。"张衡"以图纬虚妄，非圣人之法"，乃上疏曰：

> 立言于前，有征于后，故智者贵焉，谓之谶书。谶书始出，盖知之者寡。自汉取秦，用兵力战，功成业遂，可谓大事，当此之时，莫或称谶。若夏侯胜、眭孟之徒，以道术立名，其所述著，无谶一言。刘向父子领校秘书，阅定九流，亦无谶录。成、哀之后，乃始闻之。《尚书》尧使鲧理洪水，九载绩用不成，鲧则殛死，禹乃嗣兴，而《春秋谶》云"共工理水"。凡谶皆云黄帝伐蚩尤，而《诗谶》独以为"蚩尤败，然后尧受命"。《春秋元命包》中有公输班与墨翟，事见战国，非春秋时也。又言"别有益州"。益州之置，在于汉世。其名三辅诸陵，世数可知。至于图中讫于成帝。一卷之书，互异数事，圣人之言，势无若

---

① ［汉］桓谭《新论》，上海人民出版社，1977年，第28页。

② 《后汉书》卷七十九上《儒林列传上》，第2558页。

③ ［汉］王充著，黄晖撰《论衡校释》卷二十六，第1070页。

④ 段玉裁《说文解字注》以"有征验之书，河、洛所出书曰谶"十二字为后人"依李善《鹏鸟》《魏都》二赋注补"（［清］段玉裁《说文解字注》，第90页下）。此说失之武断。东汉人多以谶为图谶，且许慎《说文》亦间引谶纬之说。

是,殆必虚伪之徒,以要世取资。往者侍中贾逵摘谶互异三十余事,
诸言谶者皆不能说。至于王莽篡位,汉世大祸,八十篇何为不戒?
则知图谶成于哀平之际也。且《河》、《洛》、六艺,篇录已定,后人皮
傅,无所容篡。①

张衡怀疑图谶虚妄,在于其中内容与经书不符,如"共工理水"不见于《尚
书》;或自相矛盾,如《诗谶》言蚩尤之事;且多有汉代故事,如言置益州和
三辅诸陵等事。又以其不能预言王莽篡汉之事,定其时代为哀、平之际。
但是张衡《上疏》文字最有价值之处,在于透露了谶纬文献的部次结构。
"图谶""谶书",其实是"图书谶记"的概称或别称,可视为谶纬文献的总
名;"《河》、《洛》、六艺"可视为谶纬文献中不同部次的总称,分别领属《河
图》《洛书》与各经之谶;《河图》《洛书》《诗谶》《春秋谶》等可视为谶纬文
献各部总称之下的大题;《春秋元命包》,可视为《春秋谶》这一大题之中
的小题,即篇题,与《春秋谶》构成所谓的"题意别名"。张衡《上疏》还透
露出一个重要消息:由这些总称、大题与小题组成的谶纬文献是由朝廷
刊定的文本,按照天道的成数,总计八十一篇,即所谓的"《河》、《洛》、六
艺,篇录已定"。张衡所言"八十篇",当为"八十一篇",李贤注曰:"《衡
集》上事云:'《河》《洛》五九,六艺四九,谓八十一篇也。'"②则八十一篇
中,《河》《洛》四十五篇,六艺三十六篇。荀悦《申鉴·俗嫌》载荀爽《辨
谶》,亦以谶纬有八十一篇,其曰:"有起于中兴之前,终、张之徒之作乎?
或曰:'杂。'曰:'以己杂仲尼乎? 以仲尼杂己乎? 若彼者,以仲尼杂己而
已。然则可谓八十一首非仲尼之作矣。'"③

"八十一篇"是我们直探谶纬文献真相的关键。两汉之际,王莽与群
雄皆利用符应、图谶之类预示天命,而光武信谶尤笃,且他的图谶与王莽
等的图谶名同实异(下详论),所以中兴之后,光武便垄断图谶,消除其他

① 《后汉书》卷五十九《张衡列传》,第 1911—1912 页。
② 《后汉书》卷五十九《张衡列传》,第 1913 页。
③ [汉]荀悦《申鉴》,上海古籍出版社影印明文始堂刊本,1990 年,第 23 页。

政治势力的图谶,"以(尹)敏博通经记,令校图谶,使鳷去崔发所为王莽著录次比"。① 中元元年(56),光武构筑明堂、灵台、辟雍等国家典礼建筑,同时"宣布图谶于天下"。②《后汉书·祭祀志上》载光武建武三十二年(即中元元年)封禅刻石文字,连续引用谶纬,曰:

> 《河图赤伏符》曰:"刘秀发兵捕不道,四夷云集龙斗野,四七之际火为主。"《河图会昌符》曰:"赤帝九世,巡省得中,治平则封,诚合帝道孔矩,则天文灵出,地祇瑞兴。帝刘之九,会命岱宗,诚善用之,奸伪不萌。赤汉德兴,九世会昌,巡岱皆当。天地扶九,崇经之常。汉大兴之,道在九世之王。封于泰山,刻石著纪,禅于梁父,退省考五。"《河图合古篇》曰:"帝刘之秀,九名之世,帝行德,封刻政。"《河图提刘予》曰:"九世之帝,方明圣,持衡拒,九州平,天下予。"《洛书甄曜度》曰:"赤三德,昌九世,会修符,合帝际,勉刻封。"《孝经钩命决》曰:"予谁行,赤刘用帝,三建孝,九会修,专兹竭行封岱青。"《河》《洛》命后,经谶所传。……皇帝唯慎《河图》《洛书》正文,是月辛卯,柴,登封泰山。甲午,禅于梁阴。以承灵瑞,以为兆民,永兹一宇,垂于后昆。百寮从臣,郡守师尹,咸蒙祉福,永永无极。秦相李斯燔《诗》《书》,乐崩礼坏。建武元年已前,文书散亡,旧典不具,不能明经文,以章句细微相况八十一卷,明者为验,又其十卷,皆不昭晢。③

上述文字中的谶纬部次结构与张衡《上疏》所言一样完整,光武帝宣布的"图谶"是总名,"图"即"图书",指《河图》《洛书》,"谶"即"经谶",也可称为"七经谶"。建武二十六年(50)张纯建议建辟雍,"乃案七经谶、《明堂图》、河间《古辟雍记》、孝武太山明堂制度,及平帝时议,欲具奏之"。④"《河》《洛》命后,经谶所传"是各部总称,《河图赤伏符》等六篇是小题。

---

① 《后汉书》卷七十九上《儒林列传上》,第 2558 页。
② 《后汉书》卷一下《光武帝纪下》,第 84 页。
③ 《后汉书志·祭祀志上》,《后汉书》,第 3165—3166 页。
④ 《后汉书》卷三十五《张曹郑列传》,第 1196 页。

八十一卷是光武刊定的官方正文，是光武对自己的天命做出的系统化造作。学界关于这段文字的解读，往往忽略以下现象：光武帝为了确立八十一卷的权威性，首先为谶纬制造了与六经一样的坎坷经历，使《河》《洛》、经谶"具备了与六经等同的地位——"秦相李斯燔《诗》《书》，乐崩礼坏。建武元年已前，文书散亡，旧典不具，不能明经文"。如此，则《河》《洛》、经谶与六经一起遭遇秦火，残缺不全，只是前汉流于民间，未得立于学官，其中的天命与圣意长期隐没不彰。这样的说法有着深厚的经学基础。《易传》中论及的、为圣人效法的《河图》《洛书》在西汉经学中已被确立为六经的先天文本，《汉书·五行志》曰：

> 《易》曰："天垂象，见吉凶，圣人象之；河出《图》，洛出《书》，圣人则之。"刘歆以为虙羲氏继天而王，受《河图》，则而画之，八卦是也；禹治洪水，赐《洛书》，法而陈之，《洪范》是也……"初一曰五行……畏用六极。"凡此六十五字，皆《洛书》本文，所谓天乃锡禹大法九章常事所次者也。以为《河图》《洛书》相为经纬，八卦、九章相为表里。昔殷道弛，文王演《周易》；周道敝，孔子述《春秋》。则《乾》《坤》之阴阳，效《洪范》之咎征，天人之道粲然著矣。①

因此在观念上，六经皆源自《河图》《洛书》，这样的《河图》《洛书》已非"河不出图"意义上的符应祥瑞，②而是带有符号和文字的天启文本，这就为谶纬秘经的造作奠定了信仰基础。其次，光武帝为谶纬配备了符合官方经学制度的定本与解释——"以章句细微相况八十一卷"。关于"章句"，学界多有说解，但从《汉书·艺文志》中"六艺略"可见，只有立于学官的

---

① 《汉书》卷二十七上《五行志上》，第1315—1316页。又卷三十《艺文志》曰：《易》曰：'宓戏氏仰观象于天，俯观法于地……于是始作八卦。'……人更三圣，世历三古。"《易》曰：'河出《图》，洛出《书》，圣人则之。'故《书》之所起远矣，至孔子纂焉，上断于尧，下讫于秦，凡百篇。"（第1704页、1706页）

② ［宋］邢昺《论语注疏》卷九《子罕》："子曰：'凤鸟不至，河不出图，吾已矣夫。'"（［清］阮元校刻《十三经注疏》，第5408页）

博士经学才有"章句"被著录，^①即欲新立学官，如哀帝时刘歆欲增立《左传》，也要将"学者传训诂而已"的文献形式改造为"引传文以解经，转相发明，由是章句义理备焉"的形式。^② 光武帝颁布的谶纬文献不仅有着相对稳定的文献体系，并且效仿博士经学，确立了权威的解释体系，所以，八十一卷图谶可谓光武帝确立的新官学，其学术与思想的准备是一个漫长的过程。^③

（二）谶与纬的关系

由上引文字可见，汉人言及谶纬，多称之为"谶"而不称之为"纬"，纬之名义当为后起。汉人引述谶纬，引八十一篇中大题者皆称为某经之谶，且多具引其小题篇名。除上文所引文字可证此说之外，其他东汉文献如《白虎通》引谶纬亦依此例。有引大题者，如《诛伐》引"《孝经谶》曰：'夏至阴气始动，冬至阳气始萌。'""《春秋谶》曰：'战者，延改也。'"^④《辟雍》引"《论语谶》曰：'五帝立师，三王制之。'"^⑤《日月》引"《谶》曰：'闰者阳之余。'"^⑥有引小题者，如《爵》引"《援神契》曰：'天覆地载，谓之天子，上法斗极。'""《钩命决》曰：'天子，爵称也。'""《中候》曰：'天子臣放勋。'""《含文嘉》曰：'殷爵三等，周爵五等。'"^⑦《社稷》引"《援神契》曰：'仲春祈谷，仲秋获禾，报社祭稷。'"^⑧《五行》引"《元命苞》曰：'土无位而

---

① 按，章句起于宣帝石渠会议增立学官之后，《汉书》卷三十《艺文志》所录，《易》则"《章句》施、孟、梁丘氏各二篇"，《书》则"《欧阳章句》三十一卷、《大、小夏侯章句》各二十九卷"，《春秋》则"《公羊章句》三十八篇、《穀梁章句》三十三篇"（第1704页、1705页、1713页）。唯《诗》三家皆立于文、景，后无分立；《礼》有二戴之《记》，故皆无《章句》。

② 《汉书》卷三十六《楚元王传》，第1967页。

③ 张学谦《东汉图谶的成立及其观念史变迁》认为，"图谶的校定过程历时甚久，自建武初诏命校定至三十二年正式颁布，时间当在三十年左右"（《文史》2019年第四辑，第70页）。

④ ［清］陈立撰，吴则虞点校《白虎通疏证》，第219页、223页。

⑤ ［清］陈立撰，吴则虞点校《白虎通疏证》，第255页。

⑥ ［清］陈立撰，吴则虞点校《白虎通疏证》，第428页。

⑦ ［清］陈立撰，吴则虞点校《白虎通疏证》，第2页、4页、6页。

⑧ ［清］陈立撰，吴则虞点校《白虎通疏证》，第84页。

道在,故大一不兴化,人主不任部职。'"①《谏诤》引"《援神契》"曰:'三谏,待放复三年,尽惓惓也。所以言放者,臣为君讳,若言有罪放之也。所谏事已行者,遂去不留。凡待放者,冀君用其言耳。事已行,灾咎将至,无为留之。'"②《乡射》引"《含文嘉》"曰:'天子射熊,诸侯射麋,大夫射虎豹,士射鹿豕。'"③《灾变》引"《援神契》"曰:'行有点缺,气逆干天,情感变出,以戒人也。'""《春秋潜潭巴》曰:'灾之为言伤也,随事而诛。异之为言怪也,先发感动之也。'"④《姓名》引"《刑德放》"曰:'尧知命,表稷、契,赐姓子、姬。皋陶典刑,不表姓,言天任德远刑。'"⑤《日月》引"《含文嘉》"曰:'计日月右行也。'""《刑德放》"曰:'日月东行。'""《感精符》"曰:'三纲之义,日为君,月为臣也。'""《援神契》"曰:'月三日而成魄,三月而成时。'"⑥王充《论衡》引谶纬,有总称"谶书"者,如《奇怪篇》曰:"谶书又言:'尧母庆都野出,赤龙感己,遂生尧。'"⑦《书虚篇》曰:"谶书言:'始皇还,到沙丘而亡。'"⑧《实知篇》曰:"孔子将死,遗谶书。"⑨《案书篇》曰:"谶书云:'董仲舒,乱我书。'盖孔子言也。"⑩有引小题者,如《是应篇》引《尚书中候》曰:"尧时景星见于轸。"⑪汉碑亦从此例,《鲁相史晨奏祠孔庙奏铭》(简称《史晨碑》,灵帝建宁二年,169)曰:"臣伏念孔子,乾坤所挺。西狩获麟,为汉制作。故《孝经援神契》曰:'玄丘制命,帝卯行。'又

---

① [清]陈立撰,吴则虞点校《白虎通疏证》,第169页。

② [清]陈立撰,吴则虞点校《白虎通疏证》,第229—230页。

③ [清]陈立撰,吴则虞点校《白虎通疏证》,第243页。

④ [清]陈立撰,吴则虞点校《白虎通疏证》,第268页。

⑤ [清]陈立撰,吴则虞点校《白虎通疏证》,第404—405页。

⑥ [清]陈立撰,吴则虞点校《白虎通疏证》,第423页、424页、425页。

⑦ [汉]王充著,黄晖撰《论衡校释》,第158页。

⑧ [汉]王充著,黄晖撰《论衡校释》,第201页。

⑨ [汉]王充著,黄晖撰《论衡校释》,第1069页。

⑩ [汉]王充著,黄晖撰《论衡校释》,第1170页。

⑪ [汉]王充著,黄晖撰《论衡校释》,第763页。按,《论衡》引谶,可参见吴从祥《从〈论衡〉看王充与谶纬之关系》,《西南交通大学学报(社会科学版)》2010年第1期,第120页。

《尚书考灵燿》曰：'丘生仓际，触期稽度为赤制。'"①

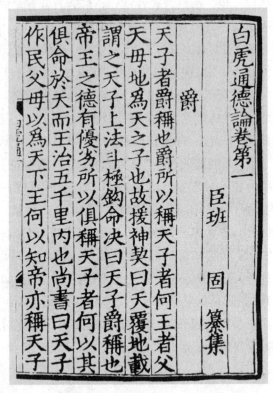

图 29　[汉]班固撰《白虎通》书影
（《四部丛刊初编》影印江安傅氏藏元大德覆宋监本）

纬书之名，多见于东汉末期碑刻和后世所编汉魏史籍。汉末《杨震碑》（《汉故太尉杨公神道碑铭》）已有"《河》、《洛》、纬度"之名。《后汉书》叙及谶纬，则多以纬代谶。如《张衡列传》云"儒者争学图纬"，"衡以图纬虚妄"；②《景鸾传》云"《河》、《洛》、图纬"；③《樊英传》云"《河》、《洛》、七

① 高文《汉碑集释》，河南大学出版社，1997 年，第 325 页。
② 按，此皆后人追述之语，张衡《上疏》中只称"谶书"和"图谶"。
③ 《后汉书》卷七十九下《儒林列传下》，第 2572 页。

纬"。① 此外又有"《河图》《洛书》,五经谶纬""《河》、《洛》、孔子谶记"②
"孔子七经、《河图》、《洛书》"③等名称。至《隋书·经籍志》著录谶纬文
献的大题,七经皆以纬名,不再称谶,有《易纬》八卷、《尚书纬》三卷、《尚
书中候》五卷、《诗纬》十八卷、《礼纬》三卷、《礼记默房》二卷、《乐纬》三
卷、《春秋灾异》十五卷、《孝经勾命决》六卷、《孝经援神契》七卷、《孝经内
事》一卷等。首见于史籍的"七纬"小题篇目是《樊英传》李贤注中列出的
"七纬"三十五篇,包括《易纬》六篇、《书纬》五篇、《诗纬》三篇、《礼纬》三
篇、《乐纬》三篇、《孝经纬》两篇、《春秋纬》十三篇。④"纬"相对于"经"而
言,盖为"经谶"之名的提升,其背后是谶纬文献的经学化和经典化,但也
消弭了经谶作为政治预言的术数内涵。⑤

　　总之,八十一篇的结构和官方的权威解释,依托《周易·系辞》"河出
《图》,洛出《书》,圣人则之"的观念,使得《河图》《洛书》类的谶纬文献成
为六经和谶纬的源头,作为天启秘经,不仅是六经的先天形式,其文本连
同其启发出来的七经谶计八十一篇秘经,既符合天道的成数,也成为对
六经的神圣解释,并被东汉经学奉为功令。郑玄《六艺论》曰:"六艺者,
图所生也。《河图》《洛书》,皆天神言语,所以教告王者也。"⑥东汉碑刻
也描述了谶纬的制作过程,《鲁相韩敕造孔庙礼器碑》(又称《礼器碑》,桓
帝永寿二年,156)曰:"乾元以来,三九之载。八皇三代,至孔乃备。圣人
不世,期五百载。三阳吐图,二阴出谶。制作之义,以俟知奥。"⑦因此,
《河图》《洛书》是最早被造作出来的谶纬秘经,也是其他谶纬的源头。李

① 《后汉书》卷八十二上《方术列传上》,第 2721 页。
② [晋]陈寿撰,[南朝宋]裴松之注《三国志》卷三十二《蜀书·先主传》,第 887 页、888 页。
③ 《后汉书》卷二十七《宣张二王杜郭吴承郑赵列传》李贤注引谢承《(后汉)书》,第 947 页。
④ 《后汉书》卷八十二上《方术列传上》,第 2721 页。
⑤ 谶纬文献以《孝经》与六经并称"七经",详见本书第三章,又见徐兴无《从"六经"到"七经"——先秦两汉经学文献体系的思想史考察》,《中国经学》第二十辑。
⑥ [清]皮锡瑞《六艺论疏证》,《续修四库全书》第 171 册影印清光绪二十五年(1899)刻本,上海古籍出版社,2002 年,第 270—271 页。
⑦ 高文《汉碑集释》,第 182 页。

善《两都赋》注曰："五经纬,皆《河图》也。"①蒋清翊云:"《图》《书》实群纬先河,故首《河》《洛》。"②"七经谶""七经纬"等作为"孔子七经"和"孔子谶记",皆出孔子之手,作为孔子对《河图》《洛书》的发挥。《隋书·经籍志》云:

> 说者又云,孔子既叙六经,以明天人之道,知后世不能稽同其意,故别立纬及谶,以遗来世。其书出于前汉,有《河图》九篇,《洛书》六篇,云自黄帝至周文王所受本文。又别有三十篇,云自初起至于孔子,九圣之所增演,以广其意。又有"七经纬"三十六篇,并云孔子所作,并前合为八十一篇。③

尽管谶纬文献有许多名义,如图谶、图纬、纬候等,但谶纬文献的标准结构是"图 + 谶(纬)"的模式,即"《河》、《洛》、经谶(谶记、七经谶、六艺、七纬)"。以往的谶纬研究不太关注这一文献结构显现的义涵,这个义涵就是:它是汉家和经学专属的秘经,源自天启,出于先圣,成于孔子,颁于朝廷,具有天命、经典和素王(孔子)三重神圣权威。谶纬文献的小题或篇题中多含有符、谶、图等名称,但因为有了上述结构和义涵,具备了其文献的主体特征,便与其他类型的图谶、谶言、谶记、秘经等有了根本性的区别。谶纬文献表面上具有高于六经的神圣权威,而这种权威却是依附汉代经学确立的。如果再据王充《论衡》所引"谶书"的内容,《公羊春秋》学的先师董仲舒是孔子遗命拥有秘经解释权的人,这透露出谶纬思想对西汉《公羊春秋》的认同与发扬。由于谶纬具有信仰权威和预言天命的术数功能,所以在光武校定并宣布图谶之后,仍有人"增益""皮傅"这些文献,直到六朝、唐代术士乃至宋人皆有附益,④在不同时代的政治危机

---

① [梁]萧统编,[唐]李善注《文选》卷一,第6页。
② [清]蒋清翊《纬学源流兴废考》,姜忠奎著、黄曙辉、印晓峰点校《纬史论微》,第399页。
③ [唐]魏徵、令狐德棻等《隋书》卷三十二《经籍志一》,第941页。
④ 参见姜忠奎著,黄曙辉、印晓峰点校《纬史论微》所举,第32—33页。

发生时起到预言与鼓动作用，这使得谶纬文献成为可以不断编织、书写的文本体系。

图 30　东汉桓帝永寿二年（156）《鲁相韩敕造孔庙礼器碑》拓片（局部）

汉人皆以哀、平为末世，谶纬的兴起与西汉末年政治危机密切相关。然而学界大多认为谶纬的兴起造作与王莽关系密切——正是王莽篡汉利用了秦汉以来民间信仰中图谶符应的传统。比如《隋书·经籍志》认为谶纬"起王莽好符命，光武以图谶兴"。王莽的符命与光武的图谶互文为义，遂为定说。现代学者如姜忠奎认为："汉祚将终，新莽谋篡，征图谶于廷中，班符命于天下……由是纬学复变为奸雄窃国之资而谀臣保禄之具矣。"①陈槃认为："秦汉间信奉符应之说，谶纬缘是产生"，"至西汉季年王莽执政，乃利用之，为假设其事，以文饰奸言，篡窃天下"。② 钟肇鹏认为："王莽曾经召集大批通'天文图谶'的人'记说廷中'（《汉书·王莽传上》），这是谶纬书的一次大的集结。零星的谶语虽然早已存在，但把它们集中起来，编成《易纬》《诗纬》《书纬》《礼纬》《乐纬》《春秋纬》这样的

---

① 姜忠奎著，黄曙辉、印晓峰点校《纬史论微》，第 184 页。

② 陈槃《古谶纬研讨及其书录解题》，台湾编译馆，1991 年，第 80 页、40 页。

书籍,则不能早于王莽时代。"①然则此类说法,多为笼统推测之言。事实上,检讨史书所载,王莽利用的图谶符应,无一属于"《河》、《洛》、经谶"这一文献结构。这一区别于其他符命图谶的文献体系,其独特的背景和历史语境,值得我们进一步探讨。本章认为,正是渊源于西汉《春秋公羊》学而飙兴的谶纬思潮,成为新莽符命的否定力量,为汉室复兴解除了魔咒,提供了有力的天命根据和舆论工具。

三、汉家的天命

(一) 五德终始、帝系、三统

王莽篡汉采用的是禅让而不是革命的模式,所以,他接受汉禅的天命根据不可自创一说,只能在汉家的天命逻辑之内展开,即"五德终始"观念下的朝代更替方式,其造作谶文、符命,皆体现这一观念。《王莽传上》载其受禅仪式:

> (梓潼人哀章作铜匮,)即日昏时,衣黄衣,持匮至高庙,以付仆射。仆射以闻。戊辰,莽至高庙拜受金匮神嬗。御王冠,谒太后,还坐未央宫前殿,下书曰:"予以不德,托于皇初祖考黄帝之后,皇始祖考虞帝之苗裔,而太皇太后之末属。皇天上帝隆显大佑,成命统序,符契图文,金匮策书,神明诏告,属予以天下兆民。赤帝汉氏高皇帝之灵,承天命,传国金策之书,予甚祗畏,敢不钦受!以戊辰直定,御王冠,即真天子位,定有天下之号曰新。其改正朔,易服色,变牺牲,殊徽帜,异器制。以十二月朔癸酉为建国元年正月之朔,以鸡鸣为时。服色配德上黄,牺牲应正用白,使节之旄旛皆纯黄,其署曰'新使五威节',以承皇天上帝威命也。"②

---

① 钟肇鹏《谶纬论略》,第 26 页。
② 《汉书》卷九十九上《王莽传上》,第 4095—4096 页。

王莽服色上黄，使节之旄旛皆纯黄，使节名"五威"等，皆合土德色黄、数用五的规则。战国至秦汉的"五德终始说"，有"五行相胜"与"相生"两种模式。前者为革命或否定的模式，如邹衍等以周为火德，代火者必为水。[1] 秦始皇以暴力征服取天下，遂以水德代火德；刘汉亦以革命起家，武帝以"秦在水德，故谓汉据土而克之"，太初元年改为土德。[2] 但是王莽自称土德受汉家赤帝之禅，遵守的是火生土的相生模式，以汉为火德。王莽改正朔、牺牲，"以十二月朔癸酉为建国元年正月之朔"，即以丑月为一年的首月；"以鸡鸣为时"，即以丑时为一日的首时；"牺牲应正用白"，即以白统自居。此制度又出自汉儒的"三正说"或"三统说"。

《汉书·董仲舒传》载其对策曰：

> 道之大原出于天，天不变，道亦不变，是以禹继舜，舜继尧，三圣相受而守一道，亡救弊之政也，故不言其所损益也。繇是观之，继治世者其道同，继乱世者其道变。今汉继大乱之后，若宜少损周之文致，用夏之忠者。[3]

董仲舒根据孔子"三代损益"的观念，为汉家提供了一套政治和文化原则。汉继夏、商、周三代之后，其接受天命的方式和商、周一样，属于"继乱世者其道变"的革命模式，其治道的变更和损益也要遵行三代循环的轨迹，通过对前代的损益、否定，实现拨乱反正、复归王道的理想。"三统论"体现为历法和礼制的设计，在《春秋繁露·三代改制质文》中有系统的表述：

---

① ［战国］吕不韦编，许维遹集释，梁运华整理《吕氏春秋集释》卷十三《有始览·应同》，第284页。

② 《史记》卷六《秦始皇本纪》载："始皇推终始五德之传，以为周得火德，秦代周德，从所不胜……更名河曰德水，以为水德之始。"（第237—238页）《汉书》卷二十五下《郊祀志·赞》："太初改制，而兒宽、司马迁等犹从臣（公孙臣）、谊（贾谊）之言，服色数度，遂顺黄德。彼以五德之传从所不胜，秦在水德，故汉据土而克之。"（第1270页）

③ 《汉书》卷五十六《董仲舒传》，第2518—2519页。

> 王者改制作科奈何？曰：当十二色，历各法而正色，逆数三而复。绌三之前曰五帝，帝迭首一色，顺数五而相复……
>
> 汤受命而王，应天变夏作殷号，时正白统。亲夏故虞，绌唐谓之帝尧，以神农为赤帝……
>
> 文王受命而王，应天变殷作周号，时正赤统。亲殷故夏，绌虞谓之帝舜，以轩辕为黄帝，推神农以为九皇……
>
> 《春秋》应天作新王之事，时正黑统。王鲁，尚黑，绌夏，亲周，故宋。①

所谓"当十二色，历各法而正色"指的是以十二地支分别一年的十二月，每月各具一色，不同的王朝的正月不同，其色也不同。按照这个逻辑，如以周代为计，夏、商、周三代（三王）之前的九皇（神农）和五帝（黄帝、颛顼、帝喾、帝尧、帝舜）时代，也就是亲绌号尊的上古时代，其更替形式为"继治世者其道同"的禅让模式，以五行相生的次序更迭，每行一色（木青、火赤、土黄、金白、水黑），故曰"帝迭首一色，顺数五而相复"。但是三代的更替形式是"继乱世者其道变"的革命模式，体现为三代的正朔是"逆数三而复"：夏为黑统，历法以十三月（斗建寅）为正月，色尚黑；殷为白统，以十二月（斗建丑）为正月，色尚白；周为赤统，以十一月（斗建子）为正月，色尚赤。三代的正朔按寅、丑、子的逆数次序更替循环。据此，《春秋》寄托的"新王"，应该再回复到夏的黑统，以殷、周为前二代，绌夏于"五帝"的行列之中，表述为"王鲁，尚黑，绌夏，亲周，故宋"。吕思勉《先秦学术概论》指出此说又见《史记·孔子世家》和《乐纬·动声仪》。②钱穆指出："'存三统'云云，尤为可怪。其王鲁、新周、故宋、黜杞之说，细

---

① ［汉］董仲舒撰，苏舆撰，钟哲点校《春秋繁露义证》，第185—189页。

② 见吕思勉《先秦学术概论》第二章《附录二·经传说记》"王鲁，新周，故宋，非《春秋》之大义乎？"注，第72页。《史记》卷四十七《孔子世家》载孔子"因《史记》作《春秋》，上至隐公，下讫哀公十四年，十二公。据鲁，亲周，故殷，运之三代。"（第1943页）《乐纬·动声仪》曰："先鲁后殷，新周故宋。"见《文选》潘岳《笙赋》李善注，［梁］萧统编，［唐］李善注《文选》卷十八，第861页。

按皆不足信。'以春秋当新王'，仅亦为汉而设，亦邹衍五德转移之绪论，不脱阴阳家面目。"①

　　总之，董仲舒发明"三统论"的目的在于宣示孔子作《春秋》与所寄托的"新王"只能是汉家。董仲舒《对策》曰："孔子作《春秋》，先正王而系万事，见素王之文焉。"②司马迁《史记·太史公自序》引壶遂之言曰："孔子之时，上无明君，下不得任用，故作《春秋》，垂空文以断礼义，当一王之法。"③正是孔子与《春秋》，才能为"新王"确立经典和权力的根据。钱穆认为，汉儒以孔子为"素王"，其目的在于将孔子的一家之言，定为王官之学，此义发自《孟子》"《春秋》，天子事也"，为汉儒所袭取，"孔子《春秋》，应该与尧、舜、禹、汤、文、武、周公之创制立法，定为一朝王官之学者有同类平等的地位"。"这里遂产生了孔子'为汉制法'之传说。这一说虽先见于纬书，然我们纵说是当时汉儒推崇孔子《春秋》的公共意见，亦不为过。"④由此可见，尽管《公羊春秋》"三统论"与阴阳家起自黄帝等五帝统绪的"五德终始"观念皆是陈说天命，但是"三统论"将汉家的政治根据建立在儒家"祖述尧舜，宪章文武"的道统之中。在这个意义上，"三统论"既是对汉家最有约束力的政治宪章，也是最具权威性、不易篡改的天命论。因为按照董仲舒的逻辑，取代汉家的朝代必须采取革命的方式，不然就无法获得《春秋》与孔子的支持。

　　如果以上述"五德终始"与"三统论"的观念为根据，王莽篡汉面临三个不可解释的问题。第一，王莽如何将汉家定为火德，并按照"五行相生"的秩序自居土德受汉之禅？第二，如果按照《春秋繁露》中的逻辑，王莽不可能拥有"皇初祖考黄帝之后，皇始祖考虞帝之苗裔"的宗法谱系，因为如果黄帝为土德，只相隔四帝的虞帝（舜）怎么能再居于土德？第三，"三统论"更替方式是革命，其中寄托的"新王"只有黑统，王莽如何以禅让的方式据有白统？

①　钱穆《国学概论》第四章，商务印书馆，1997年，第97—98页。
②　《汉书》卷五十六《董仲舒传》，第2509页。
③　《史记》卷一百三十《太史公自序》，第3299页。
④　钱穆《孔子与春秋》，钱穆《两汉经学今古文平议》，第276页。

为此,我们必须对汉儒天命观的建构过程再作探讨。事实上,武帝独尊儒术,确立经学之后,汉儒进而将"三统论"与"五行相生"模式的"五德终始说"融为一体,并在这个谱系中纳入汉家所属古代圣王宗法的统绪,使天与人的统绪协调一致。

汉家何时将武帝确立的土德改为火德,史无明文,但可以肯定是宣帝时期。赵翼《廿二史札记》卷三"两汉多凤凰"云:"两汉多凤凰,而最多者,西汉则宣帝之世。"①检《汉书·宣帝纪》,自本始元年起,胶东、千乘、安丘、淳于、鲁郡等地报称凤凰飞集。霍氏被黜之后,凤凰、神爵、五色鸟、鸾凤频年出现,自齐鲁至三辅、京师、上林苑、长乐宫,"鸾凤万举,蜚览翱翔",②宣帝改元神爵、五凤以应其瑞,此皆属南方朱雀之象,为火德之瑞。故宣帝改元,实为改德之举。③

"五德终始"是天道的自然循环方式,如果要成为历史的演进模式,还要纳入帝王世系,即按照五行更替的模式纳入五个帝王家族。《公羊春秋》学最早按此模式提出了"汉为尧后"的宗法谱系。昭帝元凤三年(前78),泰山有大石自立,昌邑有枯社木复生,上林苑有僵柳复起。眭弘"推《春秋》之意",以为"当有从匹夫为天子者","故废之家公孙氏当复兴",上书称:"先师董仲舒有言:'虽有继体守文之君,不害圣人之受命。'汉家尧后,有传国之运。汉帝宜谁差天下,求索贤人,禅以帝位,而退自封百里,如殷、周二王后,以承顺天命。"④眭孟因此被大将军霍光诛杀,但他的说法得到来自民间的"匹夫"和"公孙氏"宣帝的认可,即位后即征眭孟之子为郎。⑤ 宣帝地节元年(前69)的诏书曰:"盖闻尧亲九族,以和万国。朕蒙遗德,奉承圣业。"⑥这是汉家宣称为尧后的明证。宣帝的近

---

① [清]赵翼著,王树民校证《廿二史札记校证》卷三,中华书局,1984年,第63页。

② 《汉书》卷八《宣帝纪》,第263页。

③ 按,关于汉宣帝将武帝时的土德改为火德的过程,参见徐兴无《刘向评传》第十章,第301—306页。

④ 《汉书》卷七十五《眭两夏侯京翼李传》,第3154页。

⑤ 《汉书》卷七十五《眭两夏侯京翼李传》,第3154页。施之勉《汉家尧后出于董仲舒说》据此史料首推汉为尧后出自董仲舒,《大陆杂志》1953年第7卷第8期。

⑥ 《汉书》卷八《宣帝纪》,第246页。

臣刘向也主张汉为尧后，《汉书·高帝纪·赞》引刘向《高祖颂》曰："汉帝本系，出自唐帝。降及于周，在秦作刘。涉魏而东，遂为丰公。"①

图31 南阳唐河县汉墓出土东汉画像石《高祖斩白蛇》图版
（选自韩玉祥、曹新洲主编《南阳汉画像石精萃》，河南美术出版社，2005年）

汉宣帝改用火德并自称尧后，将"五行相胜"的模式修正为"五行相生"的模式，汉家便由拨乱反正的革命者变成了周礼文化的继承者。如此，为了与五行相生的禅让周期协调，就必须重修历代圣王的帝系和家谱。这个体系由刘向、刘歆父子用儒家的《易经》配合"五德终始说"做出

———————

① 《汉书》卷一《高帝纪下》，第81页。按，班固《高帝纪·赞》引《春秋》晋史蔡墨之言，云陶唐氏既衰，其后有刘累，晋范氏为其后云云，事见《左传》"昭公二十九年""襄公二十四年"。刘向《高祖颂》云尧后"在秦作刘"，事见"文公十三年"载士会自秦归晋，"秦人归其帑，其处者为刘氏"。杜预注曰："士会，尧后刘累之胤。"孔颖达《正义》以"其文不类"，疑汉儒"插注此辞，将以媚于世"。杨伯峻《春秋左传注》于此有考辨，以其文非汉儒插注。见杨伯峻《春秋左传注（修订本）》，中华书局，1990年，第597页。又，康有为和古史辨派顾颉刚等认为班、刘所据《左氏》文字，乃刘歆伪造插入《左传》，甚至整部《左传》皆出刘歆伪造，意在证明汉为尧后，有禅让之德，汉为火德，继火者为土，旨在为王莽篡汉制造舆论。此论疑古过甚，若依此论，则为王莽篡汉造伪者当为董仲舒、眭弘、刘向之徒。钱穆《刘向歆父子年谱》"元凤三年"驳之甚详，见钱穆《两汉经学今古文平议》，第11页。

了完整的表述。《郊祀志·赞》曰："刘向父子以为帝出于震,故包羲氏始受木德,其后以母传子,终而复始,自神农、黄帝下历唐虞三代而汉得火焉。故高祖始起,神母夜号,著赤帝之符,旗章遂赤,自得天统矣。"①《汉书·律历志下》所载刘歆《世经》就是这个体系,概括其谱系如下:

太昊帝(伏羲)木德——炎帝(神农)火德——黄帝土德——少昊帝金德——颛顼帝水德——帝喾木德——唐帝(尧)火德——虞帝(舜)土德——伯禹金德——成汤水德——武王木德——("秦以水德,在周汉木、火之间,周人迁其行序。")——汉高祖皇帝("伐秦继周,木生火,故为火德。")②

图32　[清]黄易拓东汉武梁祠画像石图版
(自右向左:上图:伏羲、女娲、祝融、神农、黄帝、颛顼。下图:帝喾、帝尧、帝舜、夏禹、夏桀。选自白谦慎著,贺宏亮译《武氏祠真伪之辩:黄易及其友人的知识遗产》,人民美术出版社,2019年)

① 《汉书》卷二十五下《郊祀志下》,第1270—1271页。
② 详见《汉书》卷二十一下《律历志下》,第1011—1023页。

既然"五德终始"由相克模式改为相生模式，则三代更替也不能采用"继乱世者其道变"的革命模式，而要变成"继治世者其道同"的禅让模式。《汉书·律历志上》引刘歆《三统历》曰：

> 三代各据一统，明三统常合，而迭为首，登降三统之首，周还五行之道也。故三五相包而生。天统之正，始施于子半，日萌色赤。地统受之于丑初，日肇化而黄，至丑半，日牙化而白。人统受之于寅初，日孽成而黑，至寅半，日生成而青……三微之统既著，而五行自青始，其序亦如之。五行与三统相错。[①]

刘歆的表述，将董仲舒的三代更替模式，由"逆数三而复"的时间秩序更换成为天统、人统、地统依次登降的空间秩序，又以《易经》"三五相包"的逻辑，使"五行"与"三统"相错成一个体系。顾颉刚在《三统论的演变》中就已指出："刘歆的讲三统，实在不是讲三统，还是讲他的五行相生说。"[②]刘歆的三统谱系可简化为下列图表：

五行		木	火	土	金	水	木	火	土	金	水	木	火
		青	赤	黄	白	黑	青	赤	黄	白	黑	青	赤
三统		白	赤	黑	白	赤	黑	白	赤	黑	白	赤	黑
		地	天	人	地	天	人	地	天	人	地	天	人
帝系（登降三统之首）	天		神农			颛顼			帝舜			周	
	人			黄帝			帝喾			夏			汉
	地	伏羲			少昊			帝尧			商		

---

① 《汉书》卷二十一上《律历志上》，第 984—985 页。

② 顾颉刚《三统论的演变》，吕思勉、童书业编著《古史辨》第七册（中），上海古籍出版社，1982 年，第 284—285 页。按，关于董仲舒"三统论"以及刘歆对"三统论"的转换、改造，参见徐兴无《〈春秋繁露〉的文本与话语——"三统""文质"诸说新论》，《中国典籍与文化》2018 年第 3 期。

总之,经过汉儒的长期建构,《公羊春秋》革命型的天命更替模式与五德终始及帝王世系相融合,被驯化为禅让型的模式。在谶纬文献中,也有类似的系统表述,《春秋感精符》曰:

> 十一月建子,天始施之端,谓之天统,周正,服色尚赤,象物萌色赤也。十二月建丑,地始化之端,谓之地统,殷正,服色尚白,象物牙色白。正月建寅,人始化之端,谓之人统,夏正,服色尚黑,象物生色黑也。此三正律者,亦以五德相承。①

但是,天命观念的转变给汉家带来了危机。将"三统论"纳入"五德终始"的天命更替轨迹之中,削弱了"三统论"维护汉家天命的独特性,屈从于王莽的受禅逻辑。正如钱穆指出的那样:"孔子为汉制法,固替汉廷建立了制度,引生了光荣,而同时也为汉代带来了麻烦。""从汉武帝以下,他们早感得汉代的太平世已过,汉德已衰,依照孔子《春秋》义,也该有新王出现了。盖宽饶、眭弘都为公开请求汉室求贤让位,招致了杀身大祸。但禅国让贤、新王受命的呼声,依然不能绝,终于逼出了王莽。"②

(二) 汉家的灾厄

董仲舒及《公羊春秋》学发明的"三统论"受到西汉经学的特别推重,因为这个观念和"五德终始"说一样,本质上都是政治术数。比如改历,《汉书·律历志上》载武帝改历,以御史大夫兒宽明经术,诏宽与博士议,皆曰:

> 帝王必改正朔,易服色,所以明受命于天也。创业变改,制不相复,推传序文,则今夏时也……臣愚以为三统之制,后圣复前圣者,二代在前也。今二代之统绝而不序矣,唯陛下发圣德,宣考天地四

---

① [隋]萧吉著,钱杭点校《五行大义》第十五《论律吕》引《感精符》,第91—92页。
② 钱穆《孔子与春秋》,钱穆《两汉经学今古文平议》,第284页。

时之极,则顺阴阳以定大明之制,为万世则。①

再如封二王之后,是"三统论""存人以自立"的术数。元帝时匡衡奏议,以为:"王者存二王后,所以尊其先王而通三统","今之故宋,推求其嫡,久远不可得;虽得其嫡,嫡之先已绝,不当得立。《礼记》孔子曰:'丘,殷人也。'先师所共传,宜以孔子世为汤后"。上以其语不经而罢。②

由于成帝无嗣,外戚专政,政治危机加深,群臣忧虑汉祚不继,或以"三统"之说诫君,以图变救。《汉书·楚元王传》载刘向上书谏成帝营陵,其曰:

> 臣闻《易》曰:"安不忘危,存不忘亡,是以身安而国家可保也。"故贤圣之君,博观终始,穷极事情,而是非分明。王者必通三统,明天命所授者博,非独一姓也。③

又《梅福传》载"成帝久亡继嗣,福以为宜建三统,封孔子之世以为殷后",上书曰:

> 故武王克殷,未下车,存五帝之后,封殷于宋,绍夏于杞,明著三统,示不独有也。是以姬姓半天下,迁庙之主,流出于户,所谓存人以自立者也。今成汤不祀,殷人亡后,陛下继嗣久微,殆为此也。《春秋经》曰:"宋杀其大夫。"《穀梁传》曰:"其不称名姓,以其在祖位,尊之也。"此言孔子故殷后也,虽不正统,封其子孙以为殷后,礼亦宜之……今陛下诚能据仲尼之素功,以封其子孙,则国家必获其福,又陛下之名与天亡极。④

---

① 《汉书》卷二十一上《律历志上》,第975页。
② 《汉书》卷六十七《杨胡朱梅云传》,第2926页。
③ 《汉书》卷三十六《楚元王传》,第1950页。
④ 《汉书》卷六十七《杨胡朱梅云传》,第2925页。

匡衡、梅福等要求封孔子之后继殷之祀,正是出于《公羊春秋》以汉家亲周故宋,奉孔子为素王的理念。于是绥和元年(前8),"立二王后,推迹古文,以《左氏》《穀梁》《世本》《礼记》相明,遂下诏封孔子世为殷绍嘉公"。① 由于三统之中包含天命的更替法则,所以制定三统历可以推测天命;立二王之后,可以固统久嗣,求福延祚。

关于帝王世系和气运期限的预言理论中,设有发生灾异的时间——"厄",在政治危机爆发时,群臣往往引以警戒。《谷永传》载成帝时"(王)音薨,成都侯商代为大司马卫将军","时有黑龙见东莱",谷永对成帝问曰:

> 汉家行夏正,夏正色黑。黑龙,同姓之象也。龙阳德,由小之大,故为王者瑞应。未知同姓有见本朝无继嗣之庆,多危殆之隙,欲因扰乱举兵而起邪?……汉兴九世,百九十余载,继体之主七,皆承天顺道,遵先祖法度,或以中兴,或以治安。至于陛下,独违道纵欲,轻身妄行,当盛壮之隆,无继嗣之福,有危亡之忧,积失君道,不合天意,亦已多矣。为人后嗣,守人功业,如此,岂不负哉!②

此忧成帝无嗣,或有同姓之人作乱。大司马王音薨于永始二年(前15),③距高祖元年(前206)已逾一百九十年。所谓"汉兴九世,百九十余载",指西汉自高祖至成帝的朝代,即高祖、惠帝、文帝、景帝、武帝、昭帝、宣帝、元帝、成帝。所谓"继体之主七",指惠帝至元帝七位嗣位之君,谷永称赞他们"皆承天顺道,遵先祖法度",以此指责成帝"独违道纵欲,轻身妄行",故成帝为第八位嗣位之君。理解汉人计数帝王的世代,当在不同的语境中发凡起例。汉人计算朝代,多数高后,如此则成帝当为十世(下再详论),但谷永上疏成帝,历数各个朝代的汉帝功业,旨在警诫成帝,故以父子嗣业为鉴,不数女主制政之朝。

---

① 《汉书》卷六十七《杨胡朱梅云传》,第2927页;又见卷十《成帝纪》,第328页。
② 《汉书》卷八十五《谷永杜邺传》,第3459、3463页。
③ 《汉书》卷十九下《百官公卿表下》,第835页。

元延元年(前12),灾异数出,谷永对成帝问曰:

> 垂三统,列三正,去无道,开有德,不私一姓,明天下乃天下之天
> 下,非一人之天下也……陛下承八世之功业,当阳数之标季,涉三七
> 之节纪,遭《无妄》之卦运,直百六之灾厄。三难异科,杂焉同会。建
> 始元年以来二十载间,群灾大异,交错锋起,多于《春秋》所书。①

所谓"当阳数之标季,涉三七之节纪",师古注引孟康曰:"阳九之末季
也。""至平帝乃三七二百一十岁之厄,今已涉向其节纪。"②九为阳之极
数,故为阳数之末季,指汉兴九世,已届帝王气数将尽之时。"三七之厄"
则以七十年为一个气数周期,汉家期运气数计为二百一十年。这个政治
危机的预言大约出现在昭、宣之际。《路温舒传》载宣帝时,"温舒从祖父
受历数天文,以为汉厄三七之间,上封事以豫戒"。③谷永以为,成帝时
汉兴已一百九十多年,超过一百四十年的"二七"之期,进入"三七之厄"
的时期。所谓"遭《无妄》之卦运",颜师古注引应劭曰:"天必先云而后
雷,雷而后雨,而今无云而雷。无妄者,无所望也。万物无所望于天,灾
异之最大者也。"师古曰:"取《易》之《无妄卦》为义。"④由于群灾大起,故
谷永以为无望。所谓"直百六之灾厄",指入历元之后一百零六岁所遭之
灾。《律历志上》引刘歆《三统历》"《易》九厄"之说,即历法的一个纪元四
千六百一十七岁之中,有九个发生灾厄的时段,每个时段有数次或阳或
阴的灾厄。其首厄为:"初入元,百六,阳九。"⑤即进入历元后的一百零
六年之内,有九个发生阳灾的年岁。汉自武帝太初(前104)改历至元延
元年(前12)已经九十二年,值于首厄"百六"之期,谷永所言当以此为
计。这三种灾厄类型不同,所谓"三难异科",但皆"杂焉同会"于成帝之

---

① 《汉书》卷八十五《谷永杜邺传》,第3467—3468页。
② 《汉书》卷八十五《谷永杜邺传》,第3468页。
③ 《汉书》卷五十一《贾邹枚路传》,第2372页。
④ 《汉书》卷八十五《谷永杜邺传》,第3469页。
⑤ 《汉书》卷二十一上《律历志上》,第984页。

时，所以谷永一并提出，表示他对汉祚不久的忧患。①

成帝时，民间流行汉祚不终的危机思想，遂有变救之术和神秘经典出现，预言汉家可以重新受命，即通过改变帝系姓氏，实现自我受禅。《汉书·李寻传》载：

> 成帝时，齐人甘忠可诈造《天官历》、《包元太平经》十二卷，以言"汉家逢天地之大终，当更受命于天，天帝使真人赤精子，下教我此道"。忠可以教重平夏贺良、容丘丁广世、东郡郭昌等，中垒校尉刘向奏忠可假鬼神罔上惑众，下狱治服，未断病死。贺良等坐挟学忠可书以不敬论，后贺良等复私以相教。哀帝初立，司隶校尉解光亦以明经通灾异得幸，白贺良等所挟忠可书。事下奉车都尉刘歆，歆以为不合五经，不可施行。②

此后"哀帝久寝疾，几其有益，遂从贺良等议"，下诏宣布曰：

> 惟汉兴至今二百载，历纪开元，皇天降非材之右，汉国再获受命之符，朕之不德，曷敢不通夫受天之元命，必与天下自新。其大赦天下，以建平二年为太初元将元年，号曰陈圣刘太平皇帝。漏刻以百二十为度。布告天下，使明知之。③

---

① 按，师古注引孟康释"《易》九厄"曰："《易传》也。所谓阳九之厄，百六之会者也。初入元百六岁有厄者，则前元之余气也，若余分为闰也。《易》爻有九六七八，百六与三百七十四，六乘八之数也，六八四十八，合为四百八十岁也。"(《汉书》卷二十一上《律历志上》，第986页)[清]王先谦《汉书补注》卷二十一上引钱大昕曰："'九厄'当作'无妄'，盖字形相涉而讹。《易杂卦传》：'无妄，灾也。'京房说无妄，以为大旱之卦，万物皆死，无所复望。应劭云：'天必先云而后雷……'汉儒引伸其义，故有阳九、阴九、经岁、灾岁之说。此亦纬书之类。"(书目文献出版社，1995年，第389页)按，钱大昕之言，又见其《廿二史考异》卷七，文字稍有出入。然谷永既言"三难异科"，则以"三七""无妄"与"百六"各为一科，孟康以《易》九厄为《易传》、钱氏以"九厄"为"无妄"皆不妥。

② 《汉书》卷七十五《眭两夏侯京翼李传》，第3192页。

③ 《汉书》卷七十五《眭两夏侯京翼李传》，第3193页。

"赤精子"是赤帝之使，代表汉家的火德。哀帝改称"陈圣刘太平皇帝"，将刘姓改为陈姓，以陈为舜后自居，改为土德以自受火德之禅。[1] 然而哀帝病未得瘳，夏良贺与朝臣李寻等欲变政事，遂被下狱按治，以良贺等"执左道，乱朝政，倾覆国家，诬罔主上"的罪名，或诛或放。[2] 甘忠可等人的《天官历》《包元太平经》即是包括谶言、符命的秘经，之所以遭到刘向、歆父子及朝臣的反对，因为其术数没有依附五经，得不到官方经学的权威支持。此外，"再受命"的自禅术数，其逻辑也不符合"明天命所授者博，非独一姓""不私一姓"的理念，故被视为"左道"。总之，民间的秘经和更改天命的术数如果不被经学认可，其权威受到极大的制约。

四、王莽的造作

（一）符命与图谶

王莽篡汉既循汉家的天命逻辑，故其造作天命皆针对汉祚危机，以代汉者自居。符命是王莽造作得最多的天命证据，所谓符命即"受命之符"，皆是诉诸耳目的神异物象及其所附文字。据《汉书·王莽传》记载，王莽篡汉，先效仿周公摄政，所谓"安汉公居摄践祚，如周公故事"；[3]再继踵舜受尧禅，以"王氏，虞帝之后也，出自帝喾；刘氏，尧之后也，出自颛顼"确定自己的帝系。[4] 平帝朝王莽居摄，有蛮夷献白雉，贡生犀，此模仿越裳氏向周公贡白雉之事，尚属于祥瑞而非受禅符命。[5] 平帝崩，武功长孟通浚井得白石，上有丹书"告安汉公莽为皇帝"，史家特书："符命之起，自此始矣。"[6]王莽以此为新朝受命之符，曰："武功丹石出于汉氏

① 《史记》卷三十六《陈杞世家》曰："陈胡公满者，虞帝舜之后也。"（第1575页）
② 《汉书》卷七十五《眭两夏侯京翼李传》，第3193页。
③ 《汉书》卷九十九上《王莽传上》，第4079页。
④ 《汉书》卷九十九中《王莽传中》，第4105页。
⑤ 《汉书》卷九十九上《王莽传上》，第4077页。
⑥ 《汉书》卷九十九上《王莽传上》，第4078—4079页。

平帝末年，火德销尽，土德当代，皇天眷然，去汉与新。"①此后齐郡新井、巴郡石牛、扶风雍石等符命纷出，莽皆受之。王莽始建国元年，"顺符命，去汉号"，②并公开宣布以垄断符命，"遣五威将王奇等十二人班《符命》四十二篇于天下。德祥五事，符命二十五，福应十二，凡四十二篇。其德祥言文、宣之世黄龙见于成纪、新都，高祖考王伯墓门梓柱生枝叶之属。符命言井石、金匮之属。福应言雌鸡化为雄之属。其文尔雅依托，皆为作说，大归言莽当代汉有天下云"。③这些称为《符命》的四十二篇文献皆是对造作出来的神异物象的解说，而王莽即依此行使篡汉的事实，将"符命"应验于物事与人事，造成所谓"符应"的效果。

这些与符命相伴的"符契图文"虽非《河图》《洛书》，但也可视为"图书""图谶"。比如其言高帝庙有"金匮图策"，上书"高帝承天命，以国传新皇帝"；④梓潼人哀章见莽居摄，即作铜匮，为两检，署其一曰"天帝行玺金匮图"，其一署曰"赤帝行玺某传予黄帝金策书"。"某者，高皇帝名也。书言王莽为真天子，皇太后如天命。图书皆书莽大臣八人，又取令名王兴、王盛，章因自窜姓名，凡为十一人，皆署官爵，为辅佐。"⑤又王莽奏太后曰："十一月壬子，直建冬至，巴郡石牛，戊午，雍石文，皆到于未央宫之前殿。臣与太保安阳侯舜等视，天风起，尘冥，风止，得铜符帛图于石前，文曰：'天告帝符，献者封侯。承天命，用神令。'"⑥始建国六年，王莽改元，下书曰："《紫阁图》曰：'太一、黄帝皆仙上天，张乐昆仑虔山之上。后世圣主得瑞者，当张乐秦终南山之上。'予之不敏，奉行未明，乃今谕矣。复以宁始将军为更始将军，以顺符命。《易》不云乎？'日新之谓盛德，生生之谓易。'予其飨哉！"⑦大风毁王路堂，莽下书曰："伏念《紫阁

① 《汉书》卷九十九中《王莽传中》，第4113页。

② 《汉书》卷九十九中《王莽传中》，第4099页。

③ 《汉书》卷九十九中《王莽传中》，第4112页。

④ 《汉书》卷九十九中《王莽传中》，第4113页。

⑤ 《汉书》卷九十九上《王莽传上》，第4095页。

⑥ 《汉书》卷九十九上《王莽传上》，第4093—4094页。

⑦ 《汉书》卷九十九下《王莽传下》，第4154页。

图》文，太一、黄帝皆得瑞以仙，后世褒主当登终南山。"①以上皆是天启
实物上的符命文字与图像，包括天文图（如《紫阁图》）或符命图（如《天帝
行玺金匮图》）等。平帝元始四年（4），"征天下通一艺教授十一人以上，
及有逸《礼》、古《书》、《毛诗》、《周官》、《尔雅》、天文、图谶、钟律、月令、兵
法、《史篇》文字，通知其意者，皆诣公车。"②此"图谶"即属上引诸事，并
非谶纬意义上的图谶。

《河图》《洛书》本为传说中的祥瑞宝物，先秦典籍《尚书·顾命》《管
子·小匡》《周易·系辞》《文子·道德》《礼记·礼运》等皆有记载，而秦
汉方士术数文献中，亦有"图书"、《河图》、《洛书》之类，当是依托造作的
占术之书。《吕氏春秋·观表》曰："人亦有征，事与国皆有征。圣人上知
千岁，下知千岁，非意之也，盖有自云也。绿图幡薄，从此生矣。"③陈槃
指出："秦汉方士所托之《河图》，则绿字之'幡薄'也。"④《四库全书总目》
曰："谶者诡为隐语，预决吉凶。《史记·秦本纪》称卢生奏《录图书》之
语，是其始也。"⑤此承王充《论衡·实知篇》之说。《汉书·艺文志·数
术略》天文类著录"《图书秘记》十七篇"；⑥《王莽传》载长平馆西岸崩，壅
塞泾水，"群臣上寿，以为《河图》所谓'以土填水'，匈奴灭亡之祥也"。⑦
当皆属此类文献。陈槃认为："见存谶纬之所谓《河图》《洛书》，无疑其出

---

① 《汉书》卷九十九下《王莽传下》，第 4160 页。

② 《汉书》卷九十九上《王莽传上》，第 4069 页。卷十二《平帝纪》载此事在元始五年（5），
曰："征天下通知逸经、古记、天文、历算、钟律、小学、《史篇》、方术、《本草》及《五经》、《论语》、
《孝经》、《尔雅》教授者在所为驾一封轺传，遣诣京师。"（第 359 页）其中并无图谶。

③ ［战国］吕不韦编，许维遹集释，梁运华整理《吕氏春秋集释》卷二十《恃君览·观表》，
第580页。

④ 陈槃《古谶纬书录解题（五）》，陈槃《古谶纬研讨及其书录解题》，第 375 页。

⑤ ［清］永瑢等《四库全书总目》卷六《经部·易类附录》，第 47 页。《史记》卷六《秦始皇
本纪》："燕人卢生使入海还，以鬼神事，因奏《录图书》，曰'亡秦者胡也。'"（第 252 页）［汉］刘安
编，刘文典撰，冯逸、乔华点校《淮南鸿烈集解》卷十八《人间训》："秦皇挟《录图》，见其《传》曰：
'亡秦者胡也。'"（第 617 页）

⑥ 《汉书》卷三十《艺文志》，第 1765 页。

⑦ 《汉书》卷九十九中《王莽传中》，第 4144 页。

于秦汉间无数方士之手。"①近时张学谦的研究却认为,平帝和王莽时期的图谶为"术数之学,出于方士之手,尚与经义无涉",至东汉校定图谶才被蠲去王莽的符命内容,拼合进"《河》、《洛》、经谶"的体系。② 不过这里必须强调的是,梳理文献与思想的发展脉络固然重要,但形式与语境才是决定文献性质和思想内涵的关键因素。谶纬文献中的《河图》《洛书》与方士的造作有着或源或流的关系,但它们融合的前提必须符合汉代经学确立的文化权威。因此,只有《易传》中"河出《图》,洛出《书》,圣人则之"的理念和信仰,才是方士与儒生为了共同的目标,造作谶纬文献的基础和前提,在"《河》、《洛》、经谶"的文献体系中,其思想和话语的结构与指向皆受到制约,不同的思想和知识在这个结构里,其能指与所指的关系发生了根本性的改变,这也是我们研究谶纬文献应该特别关注其部次结构的意义所在。

班固《王莽传·赞》曰:"莽诵六艺以文奸言。"③赵翼亦曰:"王莽僭窃,动引经义以文其奸。"④钱穆认为:"新室受命,理该也有新室自己一套的王官学,孔子《春秋》既是为汉制法,便不再是为新制法了。""因此王莽一朝,终于要逼出'发得《周礼》'的呼声来了。""《周礼》既是周公致太平的书,岂不与孔子《春秋》所谓一王大法者旗鼓相当吗?"⑤所以,王莽多援引五经文字或发掘古文经如《周礼》来解释他的符命图谶,其颁布《符命》时,对诸多符命"总而说之",中云:"新室既定,神祇欢喜,申以福应,吉瑞累仍。《诗》曰:'宜民宜人,受禄于天;保右命之,自天申之。'此之谓也。"⑥此据《诗经·大雅·假乐》解释新室福瑞。莽闻人言其鸩杀平帝,遂会公卿,"开所为平帝请命《金縢》之策",命人称说其德及符命

---

① 参见陈槃《秦汉间所谓"符应"论略》,陈槃《古谶纬研讨及其书录解题》,第82页。
② 张学谦《东汉图谶的成立及其观念史变迁》,《文史》2019年第四辑,第63页。
③ 《汉书》卷九十九下《王莽传下》,第4194页。
④ [清]赵翼著,王树民校证《廿二史札记校证》卷三"王莽引经义以文其奸"条,第74—75页。
⑤ 钱穆《孔子与春秋》,钱穆《两汉经学今古文平议》,第284页、285页。
⑥ 《汉书》卷九十九中《王莽传中》,第4113页。

事,曰:"《易》言:'伏戎于莽,升其高陵,三岁不兴。''莽',皇帝之名。
'升'谓刘伯升。'高陵'谓高陵侯子翟义也。言刘升、翟义为伏戎之兵于
新皇帝世,犹殄灭不兴也。"[①]此据《易·同人》卦九三爻辞称说莽德符
命。由上可见,王莽虽以经义解释符命,作为篡汉的根据,但并没有依照
《河图》《洛书》与五经的文献体系造作神圣秘经,他所发掘的《周礼》等经
典,由于没有在西汉立入学官制度,也缺乏正统性。

(二)"十二世三七之厄"

除了制造符命之外,王莽善于利用"三七之厄"的谶言与《春秋》十二
公的天道周期,制造"十二世三七之厄"的应验以终结汉家的天命。《路
温舒传》载温舒与谷永以为"汉厄三七之间",又云:"及王莽篡位,欲章代
汉之符,著其语焉。"颜注引张晏曰:"三七二百一十岁也。自汉初至哀帝
元年二百一年也,至平帝崩二百十一年。"[②]《平帝纪》载:"冬十二月丙
午,帝崩于未央宫。"师古注曰:《汉注》云帝春秋益壮,以母卫太后故怨
不悦。莽自知益疏,篡杀之谋由是生,因到腊日上椒酒,置药酒中。"[③]
《翟方进传》载翟义举兵讨莽:"移檄郡国,言莽鸩杀孝平皇帝。"[④]由此可
见,王莽刻意实现这个谶言,将平帝鸩杀于元始五年(5)冬十二月,距高
祖元年正值此数。平帝崩后,太后下诏曰:"已使有司征孝宣皇帝玄孙二
十三人,差度宜者,以嗣孝平皇帝之后……其令安汉公居摄践祚,如周公
故事。"[⑤]王莽遂立宣帝玄孙婴为皇太子,号曰"孺子"。[⑥] 王应麟揭其用
心曰:"秦亡于婴,而莽立婴以嗣平,速汉之亡也!"[⑦]

---

① 《汉书》卷九十九下《王莽传下》,第 4184 页。

② 《汉书》卷五十一《贾邹枚路传》,第 2372 页。

③ 《汉书》卷十二《平帝纪》,第 360 页。

④ 《汉书》卷八十四《翟方进传》,第 3426 页。

⑤ 《汉书》卷九十九上《王莽传上》,第 4079 页。

⑥ 《汉书》卷九十九上《王莽传上》,第 4082 页。

⑦ [宋]王应麟著,[清]翁元圻等注,栾保群、田松青、吕宗力校点《困学纪闻(全校本)》中
册卷十二《考史》,第 1441 页。

王莽既据"三七之厄"定汉家享国之期为二百一十载,又定汉家为十二世,这也是精心的设计。居摄三年十一月甲子,王莽以"十二世三七之厄"为根据,上奏太后,要求改居摄三年为初始元年,曰:

> 陛下至圣,遭家不造,遇汉十二世三七之厄,承天威命,诏臣莽居摄,受孺子之托,任天下之寄……及前孝哀皇帝建平二年六月甲子下诏书,更为太初元将元年,案其本事,甘忠可、夏贺良谶书臧兰台。臣莽以为元将元年者,大将居摄改元之文也,于今信矣。《尚书·康诰》:"王若曰:'孟侯,朕其弟,小子封。'"此周公居摄称王之文也。《春秋》隐公不言即位,摄也。此二经周公、孔子所定,盖为后法。孔子曰:"畏天命,畏大人,畏圣人之言。"臣莽敢不承用!臣请共事神祇宗庙,奏言太皇太后、孝平皇后,皆称假皇帝。其号令天下,天下奏言事,毋言"摄"。以居摄三年为初始元年,漏刻以百二十为度,用应天命。臣莽夙夜养育隆就孺子,令与周之成王比德,宣明太皇太后威德于万方,期于富而教之。孺子加元服,复子明辟,如周公故事。①

王莽所谓"汉十二世",与班固《汉书》十二《帝纪》同,当计高后为一世,为高祖、惠帝、高后、文帝、景帝、武帝、昭帝、宣帝、元帝、成帝、哀帝、平帝,故王莽以元帝为九世。《汉书·五行志》载:"元帝初元四年,皇后曾祖父济南东平陵王伯墓门梓柱卒生枝叶,上出屋。刘向以为王氏贵盛,将代汉家之象也。后王莽篡位,自说之曰:'初元四年,莽生之岁也,当汉九世火德之厄,而有此祥兴于高祖考之门。"②又《王莽传》载始建国元年秋,遣五威将王奇等十二人班《符命》,"其德祥言文、宣之世黄龙见于成纪、新都,高祖考王伯墓门梓柱生枝叶之属"。"总而说之曰:'新室之兴也,

---

① 《汉书》卷九十九上《王莽传上》,第4093—4094页。
② 《汉书》卷二十七中之下《五行志中之下》,第1412—1413页。

① 《汉书》卷九十九上《王莽传上》,第4093—4094页。
② 《汉书》卷二十七中之下《五行志中之下》,第1412—1413页。

德祥发于汉三七九世之后。肇命于新都……天所以保祐新室者深矣。'"①如此，则王莽所云"九世火德之厄""三七九世"皆指元帝之世而非成帝，因为元帝即位之时，汉兴已一百五十七年，也已涉入"三七"之期。② 王莽计算汉家帝世的方法或为时人共识，扬雄亦以成帝为十世，其《甘泉赋》曰："汉十世之阳朔兮，招摇纪于周正，正皇天之清则兮，度后土之方贞。"师古注引晋灼曰："十世数高祖、吕后至成帝也。成帝八年乃称阳朔。"③

哀帝、平帝二帝皆为元帝庶孙，④孺子婴为宣帝玄孙，三人皆为兄弟同辈，但遵照《公羊春秋》学"为人后者为其子"之说，⑤"哀帝崩，无子，太皇太后以莽为大司马，与共征立中山王奉哀帝后，是为平帝"。⑥ 平帝崩，又"征孝宣皇帝玄孙二十三人，差度宜者，以嗣孝平皇帝之后"。⑦ 但孺子婴并不在十二世之内。始建国元年正月，王莽策命孺子曰："咨尔婴，昔皇天右乃太祖，历世十二，享国二百一十载，历数在于予躬。《诗》不云乎？'侯服于周，天命靡常。'封尔为定安公，永为新室宾。"⑧钱穆亦以《后汉书·公孙述传》载公孙述引谶记谓"孔子作《春秋》，为赤制而断十二公，明汉至平帝十二代"之语，以此为"时人以汉尽平帝不数孺子婴

① 《汉书》卷九十九中《王莽传中》，第4112—4113页。
② 笔者曾经认为，王莽计高后而谷永不计高后，皆体现了汉人"宗君分离"的观念，然又以谷永所言"继体之君七"包括成帝在内，故据蔡邕《独断》"礼，兄弟不相为后。文帝即高祖子，于惠帝兄弟也。故不为惠帝后"之说，认为谷永之说未计惠帝，误，经与南京大学古代文学专业2021级博士生罗宝航商榷修正。原说见徐兴无《刘向评传·附录·刘向生卒年考异》，第505—508页。
③ 《汉书》卷八十七上《扬雄传上》，第3516—3517页。
④ 《汉书》卷十一《哀帝纪》："孝哀皇帝，元帝庶孙，定陶恭王子也。"（第333页）卷十二《平帝纪》："孝平皇帝，元帝庶孙，中山孝王子也。"（第347页）
⑤ ［唐］徐彦《春秋公羊传注疏》卷十八"成公十五年"，［清］阮元校刻《十三经注疏》，第4986页。
⑥ 《汉书》卷九十八《元后传》，第4030页。
⑦ 《汉书》卷九十九上《王莽传上》，第4079页。
⑧ 《汉书》卷九十九中《王莽传中》，第4099页。

之证"。①

十二世的设计合乎《春秋》十二公的数字,王莽恰恰是忌惮以孔子作《春秋》制新王之法的《公羊》家三统受命之说,才以终结十二世来达到厌胜的目的。始建国元年,王莽曰:

> 予前在大麓,至于摄假,深惟汉氏三七之厄,赤德气尽,思索广求,所以辅刘延期之术,靡所不用……然自孔子作《春秋》以为后王法,至于哀之十四而一代毕,协之于今,亦哀之十四也。赤世计尽,终不可强济。②

王莽既以"汉氏三七之厄,赤德气尽"证明汉家火德已终,还要证明汉家的黑统已尽。孔子作《春秋》是"应天作新王之事"的"素王之文",在《公羊春秋》学中,这个"新王"虽未明说,但在现实当中落实为汉家。《春秋》虽然没有规定黑统的周期,但以汉家三统与五德配合的模式,《春秋》十二公理所当然的是汉家的黑统与赤世火德的周期,因此王莽刻意让汉祚延续至十二世,与《春秋》十二公的世数相当。不仅如此,他还要以哀帝、平帝的在位年数与哀公的年数相当。赵翼指出:"至于哀公十四年而一代毕,协之于今,亦哀之十四也。谓哀帝六年,平帝五年,至莽居摄三年,共年十四。此引《春秋》以文其奸也。"③这说明王莽承认《春秋》所托的"新王"就是汉家,所以他要制造现实版的《春秋》十二公。由于孔子作《春秋》只为黑统的"新王"立法,如果十二公至"哀公十四年而一代毕",则黑统的继承者就不能再次利用《春秋》作为天命的根据。此后公孙述欲称帝,就持这样的观点,"以为孔子作《春秋》,为赤制而断十二公,明汉至平帝十二代,历数尽也,一姓不得再受命"。④ 因此,王莽的设计,既终

---

① 钱穆《刘向歆父子年谱》,钱穆《两汉经学今古文平议》,第 111 页。

② 《汉书》卷九十九中《王莽传中》,第 4108—4109 页。

③ [清]赵翼著,王树民校证《廿二史札记校证》卷三"王莽引经义以文其奸"条,第 75 页。

④ 《后汉书》卷十三《隗嚣公孙述列传》,第 538 页。

结了汉家所据的黑统和火德，又终结了孔子和《春秋》的神圣性，方便他利用《周礼》作为自己的天命根据。

王莽不仅造作符命图谶，而且利用民间秘经与谶言居摄改元。他宣称甘忠可和夏贺良的《天官历》和《包元太平经》为"兰台谶书"，对哀帝改元之事重新做出解释，窃取为自己居摄篡位之兆。陈直《汉书新证》指出，哀帝改称陈圣刘太平皇帝，"陈圣似指陈胡公为舜后之意。盖莽引以自况，显示有代汉之企图"。[①] 从王莽的上奏中可见，汉代的谶书并不等同于经谶。在王莽看来，这些来自民间的谶书、谶言还要引述《尚书》《春秋》《论语》等经典加以解释，相互印证之后才能具有足够的权威。如果王莽造作经谶的话，他只需像光武即位告天或封禅刻石那样直接引述《河》、《洛》、经谶的文字即可，不必再援引五经文字，因为经谶是比五经更具权威的神圣经典。这说明王莽和甘忠可、夏贺良之辈一样，没有得到经学的支持，没有获得"孔子七经""孔子谶记"之类的谶书作为天命的根据。

五、经谶的出现

（一）复兴的谶言

在反对王莽的各种势力中，复兴汉室是最有力的号召之一，正如赵翼所言："王莽时起兵者皆称汉后。"[②] 王莽居摄二年（7），东郡太守翟义立东平王刘云之子严乡侯刘信为天子，移檄讨莽。[③] 始建国元年（9），长安狂女子呼道中曰："高皇帝大怒，趣归我国。不者，九月必杀汝！"始建国二年（10），有男子自称："汉氏刘子舆，成帝下妻子也。刘氏当复，趣空

---

① 陈直《汉书新证·眭两夏侯京翼李传第四十五》，天津人民出版社，1979年，第389页。

② ［清］赵翼著，王树民校证《廿二史札记校证》卷三"王莽时起兵者皆称汉后"条，第72—73页。

③ 《汉书》卷八十四《翟方进传》，第3426页。

宫。"①地皇二年(21)，卜者王况谓魏成大尹李焉曰："汉家当复兴。君姓李，李音徵，徵，火也，当为汉辅。因为焉作谶书。"②三年(22)，王莽国师刘歆的门生、宗卿师李通以流行的谶言"刘氏复兴，李氏为辅"效命于光武。③ 四年(23)，道士西门君惠为王莽卫将军王涉言："星孛扫宫室，刘氏当复兴，国师公姓名是也。"涉遂与大司马董忠劝刘歆应谶代莽。④ 同年，平林兵立刘玄为天子，建元更始；前钟武侯刘望起兵，略有汝南，自立为天子。"是时海内豪桀翕然响应，皆杀其牧守，自称将军，用汉年号，以待诏命，旬月之间，遍于天下。"更始三年(25)，平陵人方望见更始政乱，遂立前孺子刘婴为天子，以为"前定安公婴，平帝之嗣，虽王莽篡夺，而尝为汉主。今皆云刘氏真人，当更受命"。⑤

由于更始政乱，引起四方背叛，称王称帝。"梁王刘永擅命睢阳，公孙述称王巴蜀，李宪自立为淮南王，秦丰自号楚黎王，张步起琅邪，董宪起东海，延岑起汉中，田戎起夷陵，并置将帅，侵略郡县。"⑥建武元年(25)四月，西蜀公孙述称天子；同年六月，光武称帝于鄗，引谶记"刘秀发

---

① 《汉书》卷九十九中《王莽传中》，第4118页、4119页。

② 《汉书》卷九十九下《王莽传下》，第4166页。

③ 《后汉书》卷十五《李王邓来列传》，第573—574页。按，卷一上《光武帝纪上》载此谶作"刘氏复起"，第2页。

④ 《汉书》卷九十九下《王莽传下》，第4184页。按，此时西门君惠所云国师姓名当为"刘秀"。《汉书》卷三十六《楚元王传》载刘歆"以建平元年改名秀，字颖叔云"。师古注引应劭曰："《河图赤伏符》云'刘秀发兵捕不道，四夷云集龙斗野，四七之际火为主'，故改名，几以趣也。"（第1972页）此当为后人附会之言。钱穆《刘向歆父子年谱》云："哀帝名欣，讳欣曰喜。歆之改名，殆以讳嫌名耳。宣帝名询，兼避洵、荀，改荀子曰孙子。以此观之，后世之说，殆不足信。"（钱穆《两汉经学今古文平议》，第83页）按，钱穆以应劭语为《后汉书·窦融传》注，误。如据《后汉书·光武纪上》载建武元年强华向光武献《赤伏符》，则刘秀之谶出在刘歆改名三十年后。又《后汉书》卷十五《李王邓来列传》载："王莽末，光武尝与兄伯升及晨俱之宛，与穰人蔡少公等燕语。少公颇学图谶，言刘秀当为天子。或曰：'是国师公刘秀乎？'光武戏曰：'何用知非仆邪？'"（第582页）则王莽末光武微时，刘歆所更刘秀之名已流行于世，且论者并不以为光武之谶。故学界或有主张刘歆应谶改名者，当是因应劭之言而误。

⑤ 《后汉书》卷十一《刘玄刘盆子传》，第469页、473页。

⑥ 《后汉书》卷一上《光武帝纪上》，第16页。

兵捕不道,卯金修德为天子"以告天。同月,赤眉立刘盆子为帝;十一月,刘永称天子。① 甚至匈奴、羌胡也与诈称武帝后裔的卢芳联合,立其为汉帝。② 此后,光武在与群雄争夺天下的同时,还要与他们争夺天命,于是图谶成为光武最为倚重的天命根据。《东观汉记》载天下悉定,唯公孙述、隗嚣未平,"当此之时,贼檄日以百数,忧不可胜,上犹以余闲讲经艺,发图谶"。③

按照汉代的天命观,刘氏代表的政治势力必须彻底否定王莽接受汉家禅让的逻辑,否定"十二世三七之厄"的谶言,解除王莽设下的魔咒。这就需要证明汉家德运尚未终结,帝祚尚未绝嗣,并且已经度过了"三七之厄"。从王莽末年复辟汉室的诸多号召来看,大多以谣言谶语号召"汉家当复兴","更受命",宣称汉德未衰,汉祚未绝,只是这些谶言皆托诸天文星记或民间传言,旨在鼓动舆论,在天命观念上并无理论建树,更缺乏权威的解释。

"三七之厄"是拥护光武的政治势力迫切需要破解的棘手问题,但他们的反驳方式也是朴素的。更始三年(25),光武"行至鄗,光武先在长安时同舍生强华自关中奉《赤伏符》,曰:'刘秀发兵捕不道,四夷云集龙斗野,四七之际火为主。'"李贤注曰:"四七,二十八也。自高祖至光武初起,合二百二十八年,即四七之际也。汉火德,故火为主也。"④此以高祖元年(前206)至地皇三年(22)光武起兵的年数为计,因此,"四七之际"直接宣称了一个事实:汉家从高祖受天命,至光武中兴,已经度过了"三七之厄",进入了第四个七十年(二百八十年)的时期,因此,在当下群龙无主之时,天命未移,仍在火德。《赤伏符》的预言形式仍然是符命,所以光武群臣皆以光武作为符应,声称"受命之符,人应为大","符瑞之应,昭

---

① 《后汉书》卷一上《光武帝纪上》,第20页、22页、23页、25页。

② 《后汉书》卷十二《王刘张李彭卢列传》,第506页。

③ [汉]刘珍等撰,吴树平校注《东观汉记校注》,中华书局,2008年,第9页。

④ 《后汉书》卷一上《光武帝纪上》,第21页。按,陈槃认为:"余以为此符殆伪托于地皇四年,光武大捷昆阳之后。盖此时新莽大局已无可收拾,伯升为更始所害,光武继起,军民皆归心,刘氏复兴之望,集于一身。"(陈槃《古谶纬研讨及其书录解题》,第452页)但《光武纪》明言更始三年光武"行至鄗"时强华奉符,故陈氏之说误。

然著闻",据此拥立光武称帝。①《赤伏符》在光武封禅文中被称为《河图赤伏符》,②当是后来光武校定八十一篇时,纳入了《河图》类的谶纬之中。

但是"十二世"是王莽借助《春秋》十二公来结束汉家天命统绪和帝王世系的手段,《赤伏符》并没有解除这个魔咒。既然《春秋》的作者是孔子,因此,解铃还须系铃人,必须由孔子来回答。

(二) 孔子秘经

在复兴汉室的时代呼声中,一种新型的图谶,即依托经学和孔子的权威造作并加以解释的"《河》、《洛》、经谶"应运而生。《后汉书·郅恽传》载汝南人郅恽,"理《韩诗》《严氏春秋》,明天文历数",王莽末年,寇贼群发,恽仰占玄象,以"方今镇、岁、荧惑并在汉分翼、轸之域,去而复来,汉必再受命,福归有德。如有顺天发策者,必成大功",遂西至长安,上书王莽曰:

> 臣闻天地重其人,惜其物,故运机衡,垂日月,含元包一,甄陶品类,显表纪世,图录豫设。汉历久长,孔为赤制……刘氏享天永命,陛下顺节盛衰,取之以天,还之以天,可谓知命矣。若不早图,是不免于窃位也。

"莽大怒,即收系诏狱,劾以大逆。犹以恽据经谶,难即害之。"③

郅恽论证"汉必再受命"的主要观点是"刘氏享天永命"。尽管他的启发来自观测天象,但他的根据不再是符命、谶言或"符契图文"之类的图谶,而是神圣经典——"经谶"。

---

① 《后汉书》卷一上《光武帝纪上》,第 21 页。
② [汉]刘珍等撰,吴树平校注《东观汉记校注·世祖光武皇帝》载此事亦作"赤伏符",第 7 页。
③ 《后汉书》卷二十九《申屠刚鲍永郅恽列传》,第 1023—1025 页。

　　所谓"显表纪世,图录豫设",李贤注曰:"言天豫设图录之书,显明帝王之年代也。"①预示帝王朝代周期的"图录之书",当是"《河图》、《洛书》、经谶"。谶纬中多有此说,如《洛书灵准听》曰:"《河图》本纪,图帝王终始存亡之期。"②《尚书璇玑钤》:"孔子曰:五帝出,受图录。"③《春秋演孔图》:"邱揽史记,援引古图,推集天变,为汉帝制法,陈叙图录。"④"图录"亦可称为"录图"。如《易纬是类谋》曰:"河出录图,洛授变书。"⑤《易纬是类谋》曰:"重瞳之新定录图。"郑玄注曰:"黄帝始受河图而定录。"⑥张衡《东京赋》曰:"高祖膺箓受图,顺天行诛。"⑦据陈槃的考辨,《绿图》既是《河图》也是《洛书》的别称。⑧

　　尽管郅恽并未预言光武九世中兴,但光武造作天命,即依此逻辑。其封禅刻石云:"《河》《洛》命后,经谶所传。"他所刊布的谶纬中特别针对"三七之厄"和"赤帝九世"加以造说。如《河图赤伏符》云"四七之际火为主",将火德延续至"四七"之期。他利用自己"出自景帝生长沙定王发",乃"高祖九世之孙"的身份,⑨以"九世之帝"和火德再兴作为号召。故其封禅刻石所引《河图会昌符》"赤汉德兴,九世会昌"、《河图合古篇》"帝刘之秀,九名之世"、《河图提刘予》"九世之帝,方明圣,持衡矩,九州平,天下予"、《洛书甄曜度》"赤三德,昌九世,会修符,合帝际"等语,皆以刘秀为九世,代替成帝延续汉祚。东汉叙及光武瑞应和世系,多依此为说。《东观汉记》载光武降生时,"有赤光,室中尽明","是岁嘉禾生,一茎九穗,大于凡禾,县界大丰熟,因名上曰秀。是岁凤凰来集济阳,故宫皆画

① 《后汉书》卷二十九《申屠刚鲍永郅恽列传》,第1025页。
② 《纬书集成》下册,第1261页。
③ 《纬书集成》上册,第375页。
④ 《纬书集成》中册,第579页。
⑤ 《纬书集成》上册,第287页。
⑥ 《纬书集成》上册,第280—281页。
⑦ [梁]萧统编,[唐]李善注《文选》卷三,第96页。
⑧ 陈槃《古谶纬书录解题(一)》,陈槃《古谶纬研讨及其书录解题》,第257—259页。
⑨ 《后汉书》卷一上《光武帝纪上》,第1页。

凤凰。圣瑞萌兆,始形于此"。① "九穗"象征"九世","赤光""凤凰"象征火德。又蔡邕《独断》阐论光武世系曰:

> 光武虽在十二,于父子之次,于成帝为兄弟,于哀帝为诸父,于平帝为父祖,皆不可为之后。上至元帝,于光武为父。故上继元帝而为九世。故《河图》曰"赤九世会昌",谓光武也;"十世以光",谓孝明也;"十一以兴",谓孝章也。成虽在九,哀虽在十,平虽在十一,不称次。②

又《后汉书·光武帝纪》载光武十九年"追尊孝宣皇帝曰中宗。始祠昭帝、元帝于太庙,成帝、哀帝、平帝于长安"。李贤注曰:"《汉官仪》曰:'光武第虽十二,于父子之次,于成帝为兄弟,于哀帝为诸父,于平帝为祖父,皆不可为之后。上至元帝,于光武为父,故上继元帝而为九代。故《河图》云"赤九会昌",谓光武也。'然则宣帝为祖,故追尊及祠之。"③《独断》《汉官仪》所云光武"虽在十二""第虽十二",此以父子为朝代次第计算,故不数高后。从《独断》和《汉官仪》可见,光武自称"九世之帝",虽为自居大宗的夺统之法,却按照孔子的预言,破除了王莽制造的"汉十二世"的魔咒。

所谓"汉历久长,孔为赤制",李贤注曰:"言孔丘作纬,著历运之期,为汉家之制。汉火德尚赤,故云为赤制,即《春秋感精符》云'墨孔生,为赤制'是也。"④钱穆认为郅恽所言"'汉历久长,孔为赤制',则《公羊》'孔子《春秋》为汉制法'之说也"。⑤ 此类谶纬,当是《春秋纬》之类,宣扬孔

---

① [汉]刘珍等撰,吴树平校注《东观汉记校注·世祖光武皇帝》,第1页。《后汉书》卷一下《光武帝纪下》"论曰"亦云:"建平元年十二月甲子夜生光武于县舍,有赤光照室中。""是岁县界有嘉禾生,一茎九穗,因名光武为秀。"(第86页)
② [汉]蔡邕《独断》卷下,上海古籍出版社影印《四库全书》本,1990年,第14页。
③ 《后汉书》卷一下《光武帝纪下》,第70页。
④ 《后汉书》卷二十九《申屠刚鲍永郅恽列传》,第1025页。
⑤ 钱穆《刘向歆父子年谱》,钱穆《两汉经学今古文平议》,第167页。

子作《春秋》,制定历法,如《春秋命历序》:"孔子为治《春秋》之故,退修殷之故历,使其数可传于后。"①谶纬将汉家"五德终始"的德运期限定为一期三百零四年,期运临终时可以改历延期,此即"汉历久长"之真意。史载顺帝阳嘉二年议改历,郎颙对策曰:"孔子曰:'汉三百载,斗历改宪。'三百四岁为一德,五德千五百二十岁,五行更用。王者随天,譬犹自春徂夏,改青服绛者也……历运变改,故可改元,所以顺天道也。"李贤注曰:"《春秋保乾图》曰:'阳起于一,天帝为北辰,气成于三,以立五神,三五展转,机以动运。'故三百岁斗历改宪也。"又引《易乾凿度》曰:"孔子曰:'立德之数,先立木、金、水、火、土德,各三百四岁。'五德备凡千五百二十岁,太终复初,故曰五行更用。更犹变改也。"②所以,"三百载"即三百四岁之约数,也是所谓"四七"期数临尽,进入"五七"之时。所以,即便汉家"四七"之期届满,又会出现"五七"之期的说法,仍然可用更改宪历的术数延续天命。史载永建二年(127),顺帝特征杨厚,厚"因陈汉三百五十年之厄,宜蠲法改宪之道",③"三百五十年之厄"即"五七"之期。

《后汉书·苏竟列传》的记载,也透露出孔子秘经流行的现象:

　　苏竟字伯况,扶风平陵人也。平帝世,竟以明《易》为博士讲《书》祭酒。④善图纬,能通百家之言。王莽时,与刘歆等共典校书,拜代郡中尉……

　　初,延岑护军邓仲况拥兵据南阳阴县为寇,而刘歆兄子龚为其谋主。竟时在南阳,与龚书晓之曰:"……君处阴中,土多贤士,若以须臾之间,研考异同,揆之图书,测之人事,则得失利害,可陈于目……世之俗儒末学,醒醉不分,而稽论当世,疑误视听……夫孔丘秘经,

① 《纬书集成》中册,第884页。
② 《后汉书》卷三十下《郎颙襄楷列传下》,第1067—1068页。
③ 《后汉书》卷三十上《苏竟杨厚列传上》,第1048—1049页。
④ 按,《汉书》卷九十九中《王莽传中》载始建国三年设六经祭酒,非在平帝朝,且讲《书》者为平阳唐昌,但《莽传》又云天凤元年以"讲《易》"祭酒戴参为宁始将军",亦不在六人之列,故莽朝各经祭酒不止一人(第4127页、4139页)。

为汉赤制,玄包幽室,文隐事明。且火德承尧,虽昧必亮,承积世之
祚,握无穷之符,王氏虽乘间偷篡,而终婴大戮,支分体解,宗氏屠
灭,非其效欤?"①

　　和郅恽一样,苏竟也是一位通晓经学和术数的经学家,他规劝刘龚和邓
仲况归降光武,声称汉家据有天命。所谓"火德承尧,虽昧必亮,承积世
之祚,握无穷之符",是火德未销,汉历久长的宣示。"孔丘秘经,为汉赤
制,玄包幽室,文隐事明",是汉家天命出于经典和圣人的依据。李贤注
曰:"秘经,幽秘之经,即纬书也。""言纬书玄秘,藏于幽室,文虽微隐,事
甚明验。"②郑玄《释废疾》曰:"孔子虽有圣德,不敢显然改先王之法,以
教授于世。若其所欲改,其阴书于纬,藏之以传后王。"③谶纬又以孔子
为玄圣素王,《春秋演孔图》曰:"孔子母徵在,梦感黑帝而生,故曰玄
圣。"④《春秋纬》曰:"麟出周亡,故立《春秋》,制素王,授当兴也。"⑤因此,
"玄包幽室"亦可解为玄圣素王藏于幽室的秘经。
　　光武中兴之际,割据群雄们也会利用经谶,为自己寻求天命。《后汉
书》载公孙述之事曰:

　　　　述亦好为符命鬼神瑞应之事,妄引谶记。以为孔子作《春秋》,
　　为赤制而断十二公,明汉至平帝十二代,历数尽也,一姓不得再受
　　命。又引《录运法》曰:"废昌帝,立公孙。"《括地象》曰:"帝轩辕受
　　命,公孙氏握。"《援神契》曰:"西太守,乙卯金。"谓西方太守而乙绝
　　卯金也。五德之运,黄承赤而白继黄,金据西方为白德,而代王氏,
　　得其正序。又自言手文有奇,及得龙兴之瑞。数移书中国,冀以感

　　① 《后汉书》卷三十上《苏竟杨厚列传上》,第1041—1043页。

　　② 《后汉书》卷三十上《苏竟杨厚列传上》,第1043页。

　　③ [唐]孔颖达《礼记正义》卷十二《王制》"天子诸侯无事,则岁三田"疏,[清]阮元校刻
《十三经注疏》,第2886页。

　　④ 《纬书集成》中册,第576页。

　　⑤ 《纬书集成》中册,第905页。

动众心。帝患之,乃与述书曰:"图谶言'公孙',即宣帝也。代汉者当涂高,君岂高之身邪? 乃复以掌文为瑞,王莽何足效乎! 君非吾贼臣乱子,仓卒时人皆欲为君事耳,何足数也。君日月已逝,妻子弱小,当早为定计,可以无忧。天下神器,不可力争,宜留三思。"署曰"公孙皇帝"。述不答。①

公孙述依循王莽的"十二世三七之厄"的逻辑,以汉家已满《春秋》十二公的期运,不能再受命。所以,他援引三种谶纬加以曲解。李贤注曰:"《录运法》《括地象》并《河图》名也。"②《援神契》当为《孝经援神契》。这说明"《河》、《洛》、经谶"在王莽末年已经形成和流行,成为群雄制造舆论的公器,故而以"赤帝九世"自居的光武帝急于垄断经谶的解释权,与其他群雄争辩,特别强调经谶与汉家的关系。上述文字中,未见光武如何反驳公孙述所言"孔子作《春秋》,为赤制而断十二公"云云,但《华阳国志》载光武《与公孙述书》透露了光武对此观念的理解:"吾自继祖而兴,不称受命。求汉之断,莫过王莽。"③于是光武直接否定了王莽"求汉之断"的观念。汉家虽于九世遭遇"三七之厄",但仍可于九世复兴,进入"四七之际"。因此光武自称"继祖而兴",是一位"继体之主"而不是受命之君。由于经谶预言汉家自九世复兴,便不存在禅让给王莽的符命,由此也可以理解张衡《上疏》所言"其名三辅诸陵,世数可知。至于图中讫于成帝""至于王莽篡位,汉世大祸,八十篇何为不戒"的质问。史家皆讥光武迷信谶纬,但从两汉之际政治危机中的天命推阐来看,光武对于经谶有独到的体悟,因为只有经谶自称为孔子秘经,为汉赤制,确立了汉历久长,帝祚未绝的信仰。史载光武信谶之事,如建武十七年二月日食,光武读图谶多,至中风发疾;④用人行政以谶书从事;以九世自居,祀太庙至元帝而止,成、哀、平三帝则祭于长安;以谶议决郊祀、封禅;又命儒臣校定

---

① 《后汉书》卷十三《隗嚣公孙述列传》,第538页。
② 《后汉书》卷十三《隗嚣公孙述列传》,第538页。
③ [晋]常璩著,任乃强校注《华阳国志校补图注》,上海古籍出版社,2007年,第331页。
④ 《后汉书》卷一下《光武帝纪下》李贤注引《东观纪》,第68页。

图谶,颁布八十一篇于天下,等等。① 这些在我们看来反常的行为,并不能完全用"迷信"二字加以解释。

(三) 经学与纬学

"孔丘秘经,为汉赤制"的宣言标志着一股经学思潮重新祭出了孔子与《春秋》,为汉家提供了复兴的天命根据,既解除了王莽的魔咒,又借助西汉官方正统经学在汉代思想文化中长期确立的权威,压制了王莽的符命图谶和民间"俗儒末学"们的造说。这股思潮一方面对应"五经"体系制造了"《河》、《洛》、经谶"的神秘经典体系,作为经学直接影响现实政治的术数,兼并了术数知识和民间流行的符应、符瑞、谶言、图谶等内容;另一方面,尽管这些秘经的思想学说上溯并认同以董仲舒为代表的西汉经学,但是文献形式和话语语境发生了改变。班固总结汉兴以来董仲舒、夏侯始昌、眭孟、夏侯胜、京房、翼奉、刘向、谷永、李寻、田终术等推阴阳言灾异者的言论,指出他们的立论方式是"假经设谊,依托象类"。② 张衡《上疏》云:"夏侯胜、眭孟之徒,以道术立名,其所述著,无谶一言。"四库馆臣论及谶纬,认为"伏生《尚书大传》、董仲舒《春秋阴阳》,核其文体,即是纬书。特以显有主名,故不能托诸孔子"。③ 刘歆亦以《洪范》"初一"至"次九"等六十五字为《洛书》本文,但并未造作《洛书》。所以,董仲舒等人陈说灾异与天命,必须根据《春秋》或五经加以发挥。但是在哀、平至光武中兴的历史阶段,由于政治危机加重,符命图谶纷起,民间经学思潮应运而起。这些经谶的造作者不再像他们的先师们那样"假经设谊",而是直接制造、编辑"孔丘秘经",树立更为神圣的经典权威,无论是陈说灾异天命,抑或是发挥经义,皆能直接援证,无需假借。正如黄侃所言:"西汉之儒说经,不过非圣意,而犹近人情;东汉之儒则直以神道代圣

---

① ［清］赵翼著,王树民校证《廿二史札记校证》卷四"光武信谶书"条,第 88 页。

② 《汉书》卷七十五《眭两夏侯京翼李传》,第 3195 页。

③ ［清］永瑢等《四库全书总目》卷六《经部·易类附录》,第 47 页。

言，以神保待孔子，以图谶目圣经。"①

所以，经谶的出现，其实是一股民间经学思潮的登场。郅恽治《韩诗》与《严氏春秋》，《严氏春秋》即《公羊春秋》；苏竟以明《易》为博士讲《书》祭酒。这些通晓经谶解说者，往往具有经学家的身份，或出于经学世家，如杨厚"祖父春卿，善图谶学，为公孙述将。汉兵平蜀，春卿自杀，临命戒子统曰：'吾绨帙中有先祖所传秘记，为汉家用，尔其修之。'统感父遗言，服阕，辞家从犍为周循学习先法，又就同郡郑伯山受《河》《洛》书及天文推步之术。……作《家法章句》及《内谶》二卷解说"。②李贤注引《益部耆旧传》称其家"代修儒学，以夏侯《尚书》相传"。③所以，出自民间经学的经谶思想受到光武帝的推重、利用和垄断，成为中兴汉室的有力号召和东汉皇权的权威根据。

光武确立图谶神圣地位的同时，也确立了东汉经学的学官制度和话语制度。《后汉书·儒林列传》载：

> 先是四方学士多怀协图书，遁逃林薮。自是莫不抱负坟策，云会京师，范升、陈元、郑兴、杜林、卫宏、刘昆、桓荣之徒，继踵而集。于是立《五经》博士，各以家法教授，《易》有施、孟、梁丘、京氏，《尚书》欧阳、大小夏侯，《诗》齐、鲁、韩，《礼》大小戴，《春秋》严、颜，凡十四博士，太常差次总领焉。④

这些东汉初年的经学大师，多成名于西汉，故拘于传统，不习谶纬，甚至因为不习谶文而遭到谴责。范升习《梁丘易》，建武二年（26）拜议郎，迁博士。陈元传父钦业，习《左氏春秋》，建武初与桓谭、杜林、郑兴俱为学者所宗。郑兴少学《公羊春秋》，晚从刘歆讲《左氏春秋》。光武尝问以谶

① 黄侃《文心雕龙札记·正纬第四》，第15页。
② 《后汉书》卷三十上《苏竟杨厚列传上》，第1047页。
③ 《后汉书》卷三十上《苏竟杨厚列传上》，第1048页。
④ 《后汉书》卷七十九上《儒林列传上》，第2545页。

断郊祀事,答以"臣不为谶"。帝怒,遂"以不善谶故不能任"。① 杜林博洽多闻,时称通儒,郑兴、卫宏皆服膺其学。② 卫宏少与河南郑兴俱好古学,作《毛诗序》,后从杜林受《古文尚书》。③ 刘昆受施氏《易》于沛人戴宾。④ 桓荣习《欧阳尚书》,建武十九年(43)拜为议郎,使授太子。⑤ 此外尚有桓谭,遍习五经,皆诂训大义,不为章句,尤好古学,数从刘歆、扬雄辩析疑异。光武尝问以谶决灵台处所之事,亦答以"臣不读谶",并极言谶之非经,帝大怒欲斩之。⑥ 尹敏习《欧阳尚书》,后受古文,兼善《毛诗》《穀梁》《左氏春秋》。光武令校图谶,敏以谶书非圣人所作,增益谶文"君无口,为汉辅"以启帝悟,光武"深非之,虽竟不罪,而亦以此沉滞"。⑦

尽管"通儒硕生,忿其奸妄不经",⑧但自光武至明、章,经过皇权的提倡,博士经学与纬学实现了合流。前引蔡邕《独断》云:"《河图》曰'赤九世会昌',谓光武也。'十世以光',谓孝明也。'十一以兴',谓孝章也。"《章帝纪》载有司奏言孝明皇帝"聪明渊塞,著在图谶",李贤注:"《河图》曰:'图出代,九天开明,受用嗣兴,十代以光。'又《括地象》曰:'十代礼乐,文雅并出。'谓明帝也。"⑨谶纬中预言了东汉三世君主的符命,故光武、明帝、章帝三世皆重图谶,制礼作乐,至"以谶记正五经异说",⑩故《张衡传》云:"光武善谶,及显宗、肃宗因祖述焉。自中兴之后,儒者争学图纬。"桓荣尚不习经谶,但其子桓郁已能通知。《东观汉记》载明帝"尤垂意于经学,即位,删定拟议,稽合图谶,封师太常桓荣为关内侯,亲自制

① 《后汉书》卷三十六《郑范陈贾张列传》,第 1227 页、1230 页、1223 页。

② 《后汉书》卷二十七《宣张二王杜郭吴承郑赵列传》,第 935 页、936 页。

③ 《后汉书》卷七十九下《儒林列传下》,第 2575 页。

④ 《后汉书》卷七十九上《儒林列传上》,第 2549 页。

⑤ 《后汉书》卷三十七《桓荣丁鸿列传》,第 1250 页。

⑥ 《后汉书》卷二十八《桓谭冯衍列传》,第 955 页、961 页。

⑦ 《后汉书》卷七十九上《儒林列传上》,第 2558 页。

⑧ 《后汉书》卷八十二上《方术列传上》,第 2705 页。

⑨ 《后汉书》卷三《肃宗孝章帝纪》,第 131 页。

⑩ 《后汉书》卷三十二《樊宏阴识列传》,第 1122 页。

作《五行章句》",并令桓郁为之校订。①

相对于经学,纬学被称为"内学"。《方术列传》云:"及光武尤信谶言,士之赴趣时宜者,皆骋驰穿凿,争谈之也。……自是习为内学,尚奇文,贵异数,不乏于时矣。"李贤注曰:"内学谓图谶之书也。其事秘密,故称内。"②可见东汉政治确立了谶纬的权威之后,经学的学风发生了重大改变,所谓"内学"成为经学趋之若鹜的利禄之途。《儒林列传》载李育少习《公羊春秋》,"尝读《左氏传》,虽乐文采,然谓不得圣人深意,以为前世陈元、范升之徒更相非折,而多引图谶,不据理体"。③ 陈元与《梁丘易》博士范升争立《左传》之事在建武二年(26),④则光武时,经学辩论异同之时,已经援引图谶作为是非判断。《连丛子》曰:"孔大夫谓季彦曰:'今朝廷以下,四海之内,皆为章句内学;而君独治古义。治古义,则不能不非章句内学;非章句内学,则危身之道也。'"⑤钱穆据此指出:"其时光武方好图谶,故官学博士亦不得不言图谶,图谶与章句本非一业,而在东汉初叶则同为随时干禄所需,故合称之曰'章句内学'。"又曰:"图谶之于后汉,抑犹阴阳灾变之于先汉也。"⑥

钱氏的论断可广证于东汉学术。从前引《白虎通》称述"《河》、《洛》、经谶"的文字可以看出,东汉博士经学已将谶纬奉为神圣教条,如庄述祖

---

① [汉]刘珍等撰,吴树平校注《东观汉记校注·显宗孝明皇帝》,第 58 页。《后汉书》卷三十七《桓荣丁鸿列传》:"帝自制《五家要说章句》,令郁校定于宣明殿。"李贤注:《华峤书》曰'帝自制《五行章句》',此言'五家',即谓五行之家也……《东观记》曰:……上亲于辟雍,自讲所制《五行章句》已,复令郁说一篇。"(第 1254—1255 页)

② 《后汉书》卷八十二上《方术列传上》,第 2705 页。

③ 《后汉书》卷七十九下《儒林列传下》,第 2582 页。

④ 《后汉书》卷三十六《郑范陈贾张列传》,第 1228 页。

⑤ 《连丛子下》,旧题[汉]孔鲋《孔丛子》卷七,上海古籍出版社"诸子百家丛书"影印杭州叶氏藏明翻刻宋本,1990 年,第 75 页。《后汉书》卷七十九上《儒林列传上》载孔僖,鲁人,自孔安国以下,"世传《古文尚书》《毛诗》"。二子"长彦好章句学,季彦守其家业"。(第 2560 页、2563 页)

⑥ 钱穆《两汉博士家法考》,钱穆《两汉经学今古文平议》,第 236 页、247 页。

所云"傅以谶记,援纬证经"。① 如检点《后汉书》中《儒林》《方术》二《传》,则可发现:通经学、习方术者不必皆通纬学,但通纬学者皆通经学。如:任安,"少游太学,受《孟氏易》,兼通数经。又从同郡杨厚学图谶,究极其术"。② 景鸾,"少随师学经,涉七州之地。能理《齐诗》《施氏易》,兼受《河》《洛》图纬,作《易说》及《诗解》,文句兼取《河》《洛》,以类相从,名为《交集》"。薛汉,"世习《韩诗》,父子以章句著名。汉少传父业,尤善说灾异谶纬,教授常数百人。建武初,为博士,受诏校定图谶"。何休,"精研六经,世儒无及者","乃作《春秋公羊解诂》","又注训《孝经》、《论语》、风角七分,皆经纬典谟,不与守文同说"。③ 李郃,"父颉,以儒学称,官至博士。郃袭父业,游太学,通五经。善《河》《洛》风星"。廖扶,"习《韩诗》《欧阳尚书》,教授常数百人","专精经典,尤明天文、谶纬,风角、推步之术"。樊英,"少受业三辅,习《京氏易》,兼明五经。又善风角、星算、《河》、《洛》、七纬,推步灾异"。"著《易章句》,世名'樊氏学',以图纬教授"。④ 公沙穆,"长习《韩诗》《公羊春秋》,尤锐思《河》《洛》推步之术"。韩说,"博通五经,尤善图纬之学"。董扶,"少游太学,与乡人任安齐名,俱事同郡杨厚,学图谶"。⑤ 又《曹褒传》载曹褒父充,"持《庆氏礼》,建武中为博士,从巡狩岱宗,定封禅礼,还,受诏议立七郊、三雍、大射、养老礼仪"。明帝时,充引《河图括地象》"有汉世礼乐文雅出",《尚书璇机钤》"有帝汉出,德洽作乐,名予",上言"大汉当自制礼",拜为侍中,作《章句辩难》。章帝章和元年(87),褒受诏"次序礼事,依准旧典,杂以《五经》谶记之文"。⑥

　　非但博士章句之学,即是古学大师也以图谶立学。钱穆所谓"治谶、

① 庄述祖《白虎通义考》,[清]陈立撰,吴则虞点校《白虎通疏证·附录二》,第 609 页。
② 《后汉书》卷七十九上《儒林列传上》,第 2551 页。
③ 《后汉书》卷七十九下《儒林列传下》,第 2572 页、2573 页、2582 页、2583 页。
④ 《后汉书》卷八十二上《方术列传上》,第 2717 页、2719 页、2721 页、2724 页。
⑤ 《后汉书》卷八十二下《方术列传下》,第 2730 页、2733 页、2734 页。
⑥ 《后汉书》卷三十五《张曹郑列传》,第 1201 页、1203 页。

不治谶之界，即为今学、古学之界矣"，①盖失之笼统。贾逵之父贾徽，从刘歆受《春秋左氏传》，又受《古文尚书》于涂恽，学《毛诗》于谢曼卿。"逵悉传父业"，"虽为古学，兼通五家《穀梁》之说"。章帝"降意儒术，特好《古文尚书》《左氏传》"。逵受诏入讲，一则"发出《左氏传》大义长于二《传》者"，一则上言"五经家皆无以证图谶明刘氏为尧后者，而《左氏》独有明文"。遂使章帝诏诸儒各选高才生从逵受《左氏》《穀梁春秋》《古文尚书》《毛诗》。②钱穆引张衡上疏"往者侍中贾逵摘谶互异三十余事，诸言谶者皆不能说"之语，又以其弟子许慎《说文解字》不引谶纬，认为贾逵实不信谶，附会图谶只是"一时之权"。③ 但贾逵既能比较《春秋》三《传》异同，亦可比较诸家经谶异同；许慎《说文解字》中所引"《秘书》说"，即是谶纬。④ 再如马融为古学通儒，涿郡卢植、北海郑玄皆出其门，《郑玄传》载"融集诸生考论图纬"。郑玄"括囊大典，网罗众家"，⑤亦精通谶纬之学。《世说新语·文学第四》注引郑玄《别传》载玄"年二十一，博极群书，精历数图纬之言"。⑥《郑志·尚书志》载张逸问郑玄："《礼注》云《书说》，《书说》何书也？"答曰："《尚书纬》也。当为《注》时，时在文网中，嫌引秘书，故诸所牵图谶皆谓之《说》。"⑦故王应麟曰："郑康成注二《礼》，引《易说》《书说》《乐说》《春秋说》《礼家说》《孝经说》，皆纬候也。"⑧郑玄不仅引纬注经，而且引经注纬，是东汉经学集大成者，也是纬学集大成者。⑨

---

① 钱穆《两汉博士家法考》，钱穆《两汉经学今古文平议》，第 248 页。

② 《后汉书》卷三十六《郑范陈贾张列传》，第 1234—1239 页。

③ 钱穆《两汉博士家法考》，钱穆《两汉经学今古文平议》，第 248—249 页。

④ 参见徐兴无《汉代的"秘书"》，《文史》2014 年第一辑。又，许慎《说文解字》与谶纬的关系，参见蒋泽枫《许慎对今文经学中阴阳谶纬思想的吸纳》，《通化师范学院学报》2009 年第 30 卷第 1 期，第 74—76 页。

⑤ 《后汉书》卷三十五《张曹郑列传》，第 1207 页、1213 页。

⑥ [南朝宋]刘义庆著，徐震堮校笺《世说新语校笺》上册，中华书局，1984 年，第 104 页。

⑦ [唐]孔颖达《礼记正义》卷十《檀弓下》，[清]阮元校刻《十三经注疏》，第 2842 页。

⑧ [宋]王应麟著，[清]翁元圻等注，栾保群、田松青、吕宗力校点《困学纪闻（全校本）》中册卷八，第 1089 页。

⑨ 参见吕凯著《郑玄之谶纬学》，台湾商务印书馆，1983 年。

　　东汉经学与西汉经学一样,同样以孔子和《春秋》为核心,但这一核心的重新确立,得力于王莽末年至光武中兴之际民间经学与符命图谶思潮的结合,所以其表述话语直接来自"孔丘秘经"。《白虎通·五经》曰:

　　　　(孔子)已作《春秋》,复作《孝经》何? 欲专制正。……

　　　　经所以有五何? 经,常也。有五常之道,故曰"五经"。《乐》仁,《书》义,《礼》礼,《易》智,《诗》信也。……

　　　　"五经"何谓?《易》《尚书》《诗》《礼》《乐》也。①

陈立《白虎通疏证》曰:"《公羊序》云:'吾志在《春秋》,行在《孝经》。'《疏》引《钩命决》云:'孔子在庶,德无所施,功无所就,志在《春秋》,行在《孝经》。'"所以《白虎通》根据谶纬,将《春秋》和《孝经》一道视为孔子的创作,并不在五经之内。郑玄注《礼记·中庸》曰:"唯天下至诚,为能经纶天下之大经,立天下之大本,知天地之化育。"亦据谶纬断言:"大经谓'六艺',而指《春秋》也;大本,《孝经》也。"②东汉碑刻也如此颂扬孔子的素王事业。《孔庙置守庙百石孔龢碑》(又称《乙瑛碑》,桓帝永兴元年,153)曰:"孔子作《春秋》,制《孝经》,□□五经,演《易》系辞,经纬天地,幽赞神明。"③《鲁相韩敕造孔庙礼器碑》曰:"后制百王,获麟来吐。制不空作,承天之语。"④《鲁相史晨祠孔庙奏铭》曰:"故作《春秋》以明文命";"乃作《春秋》,复演《孝经》。删定六艺,象与天谈。钩《河》摘《洛》,却揆未然"。⑤ 总之,东汉经学,已经演化为经纬之学。谶纬既是汉人造作的秘

---

　　① [清]陈立撰,吴则虞点校《白虎通疏证》卷九,第 444—449 页。按,"谓《易》《尚书》《诗》《礼》《乐》也"一句,"《乐》"原作"《春秋》",据刘师培《白虎通义斠补》改,见《白虎通疏证·附录三》,第 706 页。

　　② [唐]孔颖达《礼记正义》卷五十三《中庸》,[清]阮元校刻《十三经注疏》,第 3548 页。按,王应麟以郑玄此注"盖泥于纬书'志在《春秋》,行在《孝经》'之言",见[宋]王应麟著,[清]翁元圻等注,栾保群、田松青、吕宗力校点《困学纪闻(全校本)》上册卷五,第 653 页。

　　③ 高文《汉碑集释》,第 166 页。

　　④ 高文《汉碑集释》,第 182 页。

　　⑤ 高文《汉碑集释》,第 325 页、326 页。

图 33　东汉灵帝建宁二年(169)《鲁相史晨祠孔庙奏铭》拓片(局部)

经，也是汉人解释经典的话语方式，如吕思勉所云"纬之名目虽妄，而其为物，则固为今文经说之荟萃"。①

六、结论

按照汉代《公羊春秋》学的历史观，朝代的更替有文家与质家之别，如《白虎通·三军》所言："质家言天命已使己诛无道，今诛得，为王，故先伐。文家言天命已成，为王者乃得诛伐王者耳，故先改正朔也。"②汉家立国，当属先诛伐后有天下的质家，其天命的根据自可采用"五德终始说"中五行相克的模式。汉武帝确立的经学，特别是《公羊春秋》学凭借孔子"三代损益"的思想，发明"三统论"，将汉家对衰周暴秦的克服纳入夏商周三代循环的历史轨道。三代的朝代更替依循"继乱世者其道变"的拨乱反正模式，在"奉天法古"的政治原则下不断地回归王道，③这是

---

① 吕思勉《先秦学术概论》，第 75 页。

② ［清］陈立撰，吴则虞点校《白虎通疏证》卷五，第 204 页。

③ ［汉］董仲舒著，［清］苏舆撰，钟哲点校《春秋繁露义证》卷一《楚庄王》："《春秋》之道，奉天而法古。"(第 14 页)

《公羊春秋》学建构孔子处乱世作《春秋》以"当新王之法"的主旨所在。随着汉朝统治的稳定,汉儒又采用五行相生的模式,吸纳并改造了"三统论",用经学的话语,将汉朝解释为尧的后裔和周文化的继承者,确立了汉朝的历史文化根据。这种努力提升了"五德终始说"的影响,却消弭了《公羊春秋》学建立的"王道"政治根据,同时为政治危机中觊觎王权的政治势力获取天命开启了方便法门。王莽时期提倡《周官》《左传》《毛诗》等民间古文经典,与博士学官经学对抗。他本人利用《周礼》扮演周公的角色摄政篡汉,又制造"十二世三七之厄"的符应现象,削弱并终结了孔子和《春秋》与汉家的关系。但是他造作符命利用谶言的方式仍属"左道",尽管也援引经义加以曲解,但缺乏正统经学话语的直接支持,显得苍白无力。在西汉末年政治危机大爆发的时代,谶言纷出,天命杂陈,各种政治势力借以号召天下。而在拥护汉室复兴的力量中,经学与民间图谶符命术数思想乘机融合,向孔子和《春秋》回归,宣称孔子与汉家的独特关系,重新界定《春秋》中包含的王朝历数期运,变更与之对应的汉家帝王世系。如此,则既没有回到拨乱反正的革命模式,不改变象征天道正常运行的"五行相生"式"五德终始"次序,同时解决了汉室复兴的天命难题。在这一过程中,民间经学造作了体系化的谶纬文献,容纳并垄断了符命图谶,以神圣的信仰权威,重建了汉家政治的文化根据,得到光武帝及东汉皇权的极大尊重与利用,定为国宪,深刻地影响了东汉乃至中古时期的政权更迭、礼乐制度、官方和民间的学术思想。确切地说,这一思潮最早可能酝酿于平帝时期,但涌现、流行的时间应该在王莽末年。或许这才是谶纬思潮兴起的主要原因。

第七章
汉代的"秘书"
——经典的神秘化

一、缘起:《说文》所引"贾秘书说"

《说文解字》中有引"秘书"之说,何为"秘书"? 清人段玉裁与罗振玉解说分歧。《说文》曰:

> 易,蜥易,蝘蜓,守宫也。象形。秘书说曰:"日月为易,象阴阳也。"一曰从勿。凡易之属皆从易。①

段注"日月为易"曰:

> 秘书谓纬书。目部亦云:"《秘书》:'瞋从戌。'"按《参同契》曰:"日月为易,刚柔相当。"陆氏德明引虞翻注《参同契》云:"字从日下月。"②

注"象阴阳也"曰:

---

① [汉]许慎撰,[清]段玉裁注《说文解字注》,第 459 页。
② [汉]许慎撰,[清]段玉裁注《说文解字注》,第 459 页。

谓上从日象阳，下从月象阴。纬书说字，多言形而非其义，此虽近理，要非六书之本，然下体亦非月也。①

故段氏以"秘书"为谶纬。然罗振玉于此别有新解，其《释慧琳〈一切经音义〉跋》曰：

《一切经音义》百卷，唐元和中释慧琳撰，附《续音义》十卷，辽释希麟撰，日本元文二年刻。②……其书有关考证处至夥。卷六引《说文》"贾秘书说日月为易"，今本"易"字注作"秘书说"，段氏玉裁注"秘书即纬书"，据此知今本夺"贾"字。《汉书·贾逵传》，逵两校秘书，"贾秘书"殆即贾逵。许君常从逵学，故《说文》引逵说或称"贾秘书"，或称"贾侍中"，而不名。段注以为纬书，误也。③

按，罗氏以"'贾秘书'殆即贾逵"亦误。《一切经音义》卷六《大般若波罗密多经》第四百九十三卷"无易"注曰：

贾（逵）注《国语》云："变，易也，异也。"……《说文》："贾秘书说：'日月为易字。'一云从勿省。"此皆情断，非正也。④

然其卷四十三《大方广圆觉修多罗了义经》"易处"注曰：

贾逵注《国语》云："易，犹异也，变也。"《广雅》："转也。"《说文》："易，象形字也。秘书：'日月为易。'"⑤

---

① ［汉］许慎撰、［清］段玉裁注《说文解字注》，第459页。
② 按，释慧琳《一切经音义》由日本狮谷白莲社刻于元文三年（1738）至延享三年（1746），罗氏误。见［唐］释慧琳、［辽］释希麟撰《正续一切经音义》，上海古籍出版社，1986年。
③ 见罗振玉《面城精舍杂文甲编》，清光绪十七年（1891）刊本。
④ ［唐］释慧琳、［辽］释希麟撰《正续一切经音义》，第225页。
⑤ ［唐］释慧琳、［辽］释希麟撰《正续一切经音义》，第1717页。

此处引《说文》文字中无"贾"字。故上文"贾秘书"之"贾"字当由前引"贾逵注《国语》"而衍，非今本《说文》夺"贾"字也。《后汉书·郑范陈贾张列传》载贾逵于明帝时"拜为郎，与班固并校秘书，应对左右"，①和帝永和八年"复为侍中，领骑都尉。内备帷幄，兼领秘书近署，甚见信用"。② 贾逵两校秘书，许慎如称其官职，第一次当称为"校书郎"或"校书郎中"，③后一次当称作"领秘书"。两汉秘书监之设，晚至桓帝之时，④故史籍中皆称逵为"贾侍中"而无称"贾秘书"者。许慎为贾逵的弟子，本《传》虽不载，然其子许冲《上说文表》曰：

> 先帝(章帝)诏侍中骑都尉贾逵修理旧文，殊艺异术，王教一端，苟有可以加于国者，靡不悉集……臣父，故太尉南阁祭酒慎，本从逵受古学。⑤

---

① 《后汉书》卷三十六，第1235页。
② 《后汉书》卷三十六，第1240页。
③ 《后汉书》卷四十二《光武十王列传》载东平王苍"上《光武受命中兴颂》。帝甚善之，以其文典雅，特令校书郎贾逵为之训诂"(第1436页)。[汉]刘珍等撰，吴树平校注《东观汉记校注》卷七《东平宪王苍》载此事曰："上甚善之，以问校书郎。"(第242页)按，古书为转写本，且有古今文字之异，须校后成读，两汉"领校秘书"或"校秘书"者多非专职。[唐]杜佑《通典》卷二十六《职官八》曰："选他官入东观，皆分典校秘书，或撰述传记，盖有校书之任而未为官也，故以郎居其任则谓之校书郎，以郎中居其任则谓之校书郎中。"(中华书局，1984年，第155页)故"校书郎""校书郎中""领秘书""领校秘书"等职频见于两《汉书》却不见载于《汉书·百官公卿表》和《续汉书·百官志》。东汉郎署或设有"校书部"。《后汉书》卷四十上《班彪列传》载班固"召诣校书部，除兰台令史，与前睢阳令陈宗、长陵令尹敏、司隶从事孟异共成《世祖本纪》。迁为郎，典校秘书"(第1334页)。
④ 《后汉书》卷七《孝桓帝纪》载桓帝延熹二年"初置秘书监官"，李贤注引《汉官仪》曰："秘书监一人，秩六百石。"(第306页)[汉]刘珍等撰，吴树平校注《东观汉记校注》卷三《威宗孝桓皇帝》："初置秘书监，掌典图书，古今文字，考合异同。"(第126页)秘书监除典校图书外，亦掌国史。荀悦《汉纪序》载建安三年，"诏给事中秘书监荀悦抄撰《汉书》，略举其要，假以不直，尚书给纸笔，虎贲给书吏"[[汉]荀悦撰，张烈点校《两汉纪》上册，中华书局，2002年，第1页)。
⑤ [汉]许慎撰，[清]段玉裁注《说文解字注》，第785页。

261

《说文》"牺"曰:"贾侍中说,此非古字。"段注曰:"他皆称名,独贾逵称官者,尊其师也。"①统计《说文》引"贾侍中"说达十七条,又许慎所作《五经异义》引师说亦作"侍中骑都尉贾逵说",岂有一称"贾秘书"之理?② 黄侃于此亦早有判断,其《戊辰十二月日记》附十《杂识》有云:"《一切经音义》引《说文》'秘书说日月为易'作'贾秘书说'。贾逵校秘书,而秘书不得为官称(桓帝始置秘书监)。"③

然段氏之所以明判与罗氏之所以误断,皆以"秘书"为依据,这一现象引发我们关注一个现象,即汉人所言之秘书、秘文,兼有中秘图书与谶纬秘籍两义,由此可探汉魏以降典籍制度与观念之一隅。

二、中秘书

汉家特重书籍典藏,《汉书·艺文志》称:"汉兴,改秦之败,大收篇籍,广开献书之路。迄孝武世……建藏书之策,置写书之官,下及诸子传说,皆充秘府。至成帝时,以书颇散亡,使谒者陈农求遗书于天下。"④《成帝纪》载河平三年"光禄大夫刘向校中秘书"。⑤《后汉书·儒林传》:"初,光武迁还洛阳,其经牒秘书载之二千余两,自此以后,参倍于前。"⑥陈登原《古今典籍聚散考》等著作于两汉书籍聚散典藏之制多所考述,⑦兹不赘言。

两汉以"秘书""中书""内书""中秘书"等指称皇家藏书。"秘"古作

① [汉]许慎撰,[清]段玉裁注《说文解字注》,第53页。

② 按,段玉裁曰:"《异义》先出,《说文》晚成,多所更定,故《说文》之说多有异于《异义》同于郑《驳》者。"见[汉]许慎撰,[清]段玉裁注《说文解字注》"祐"字《周礼》有郊宗石室"注,第5页。

③ 黄侃《黄侃日记》,江苏教育出版社,2001年,第459页。

④ 《汉书》卷三十,第1701页。

⑤ 《汉书》卷十,第310页。

⑥ 《后汉书》卷七十九上《儒林列传上》,第2548页。

⑦ 参见陈登原《古今典籍聚散考》卷二第二章《两汉之书籍聚散》,《民国丛书》第二编第50册,上海书店,1990年,第158—164页。

"祕",原为神灵之意。《说文解字》曰:"祕,神也。"段注云:"《鲁颂》'閟宫有侐',笺曰:'閟,神也。'此谓假借'閟'为'秘'也。"①然亦有封闭之意。《毛传》释"閟宫有侐"作:"閟,闭也。先妣姜嫄之庙在周,常闭而无事。"②由此亦可见"宫""庙"同义,古人处理事务多在宗庙,故天子诸侯所居宫室与治事之朝廷皆与宗庙有关。《说文》曰:"庙,尊先祖皃也。从广,朝声。"段注曰:"小篆从'广''朝',谓居之与朝廷同尊者,为会意。"③上古国家亦以行政内容或行政地点分为"内朝"与"外朝",《国语·鲁语下》载敬姜曰:"天子及诸侯合民事于外朝,合神事于内朝。自卿以下,合官职于外朝,合家事于内朝。"④汉家亦有此分别,《汉书·公孙刘田王杨蔡陈郑传》载大将军霍光谓丞相田千秋曰:"今光治内,君侯治外。"⑤"中""内"同义,《说文》曰:"中,内也。"⑥《汉书·盖诸葛刘郑孙毋将何传》师古注"中朝左将军"引孟康曰:"中朝,内朝也。大司马左右前后将军、侍中、常侍、散骑、诸吏为中朝。丞相以下至六百石为外朝也。"⑦汉家亦以内、外区别皇家藏书与外朝机构的藏书。上引《艺文志》"藏书之策",师古注引如淳曰:"刘歆《七略》曰:'外则有太常、太史、博士之藏,内则有延阁、广内、秘室之府。'"⑧上引《成帝纪》"刘向校中秘书",颜师古注曰:

---

① 〔汉〕许慎撰,〔清〕段玉裁注《说文解字注》,第3页。按,郑笺原文作:"閟,神也。姜嫄神所依,故庙曰'神宫'。"见〔唐〕孔颖达《毛诗正义》卷二十,〔清〕阮元校刻《十三经注疏》,中华书局,1980年,第614页。按,本章所引《十三经注疏》皆据此版本。

② 〔唐〕孔颖达《毛诗正义》卷二十,〔清〕阮元校刻《十三经注疏》,第614页。按,王延寿《鲁灵光殿赋》:"乃立灵光之秘殿。"张载注曰:"《诗》云:'閟宫有侐。'"李善注曰:"毛苌《诗传》曰:'秘,神也。'"(〔梁〕萧统编,〔唐〕李善注《文选》,第510页)李善误笺为《传》。

③ 〔汉〕许慎撰,〔清〕段玉裁注《说文解字注》,第446页。

④ 上海师范大学古籍整理研究所校点《国语》,第203—204页。

⑤ 《汉书》卷六十六,第2886页。

⑥ 〔汉〕许慎撰,〔清〕段玉裁注《说文解字注》,第20页。

⑦ 《汉书》卷七十七,第3252—3253页。劳榦指出西汉的外朝"就是未央前殿。天子的正式朝会那里,而丞相也根据那里的决定,开始发挥权责"。参见劳榦《汉代尚书的职任及其与内朝的关系》,劳榦《古代中国的历史与文化》(上册),中华书局,2006年,第121页。

⑧ 《汉书》卷三十,第1702页。

"言中以别外。"①班固《两都赋》曰："又有天禄、石渠，典籍之府……承明、金马，著作之庭……启发篇章，校理秘文。"②其《序》云武、宣之世"内设金马石渠之署，外兴乐府协律之事"。③则班固心目中的天禄、石渠之典籍皆为中秘书。

成帝时，刘向父子等对中秘书进行了大规模的校雠，"剖判艺文，总百家之绪"，④其汇集的众本中，既有中秘所藏之书，称之为"中书""内书"，也有外朝机构如太史及诸大臣们所藏之书，称之为"外书"。刘向《晏子书录》曰：

> 所校中书《晏子》十一篇，臣向谨与长社尉臣参校雠，太史书五篇、臣向书一篇、臣参书十三篇，凡中、外书三十篇，为八百三十八章。除复重二十二篇六百三十八章，定著八篇二百一十五章。外书无有三十六章，中书无有七十一章，中、外皆有以相定。⑤

《说苑书录》：

> 所校中书《说苑杂事》及臣向书、民间书，诬（即怃，同）校雠。⑥

《管子书录》：

> 所校雠中《管子》书三百八十九篇、大中大夫卜圭书二十七篇、臣富参书四十一篇、射声校尉立书十一篇、太史书九十六篇，凡中、

---

① 《汉书》卷十，第310页。
② 《后汉书》卷四十上《班彪列传上》，第1341页。
③ ［梁］萧统编，［唐］李善注《文选》，第2页。
④ 《汉书》卷三十六《楚元王传·赞》，第1972—1973页。
⑤ ［汉］刘向、刘歆撰，［清］姚振宗辑录，邓骏捷校补《七略别录佚文 七略佚文》，第34页。
⑥ ［汉］刘向、刘歆撰，［清］姚振宗辑录，邓骏捷校补《七略别录佚文 七略佚文》，第41页。

外书五百六十四篇,以校,除复重四百八十四篇,定著八十六篇。①

《列子书录》曰:

> 所校中书《列子》五篇,臣向谨与长社校尉参校雠,太常书三篇、太史书四篇、臣向书六篇,臣参书二篇,内、外书凡二十篇,以校,除复重十二篇,定著八篇。②

古人重内轻外,《春秋公羊传》"成公十五年"曰:"《春秋》,内其国而外诸夏,内诸夏而外夷狄。"③故刘向不仅以"中"("内")和"外"标识版本来源,还以"内""外"判别文本内容的精粗或真伪。然此"内""外"之别与"中""外"版本之别不可混淆。孙德谦《刘向校雠学纂微·析内外》曰:

> 其实《庄子》诸书,凡言内篇、外篇,当是(刘)向校书时,据秘书收藏以及向等私家所有,析为内、外,非原本已然也……不然,《吕氏春秋》其十二月纪,真可题为内篇,且于"季冬纪"后并有《序意》一篇,是几示人以内篇之作,自此而终矣!而《有始览》以下,岂非为其外篇乎?今无内、外之说者,则《庄》《晏》二书,或称内篇,或称外篇,必无深意行乎其间,不过谓此出天禄,此出民间所得,如斯而已。④

孙氏以(刘)向校书时,据秘书收藏以及向等私家所有,析为"内""外",确为卓见。但他又认为"《庄》《晏》二书,或称内篇,或称外篇,必无深意行乎其间,不过谓此出天禄,此出民间",即一书之内分为"内篇""外篇"也是版本来源的标识。此说恐失之含混。即以《庄子》而言,除分"内篇"

---

① [汉]刘向、刘歆撰,[清]姚振宗辑录,邓骏捷校补《七略别录佚文 七略佚文》,第43页。
② [汉]刘向、刘歆撰,[清]姚振宗辑录,邓骏捷校补《七略别录佚文 七略佚文》,第46页。
③ [唐]徐彦《春秋公羊传注疏》卷十八,[清]阮元校刻《十三经注疏》,第2297页。
④ [清]孙德谦《孙隘堪所著书》第三册,民国十二年(1923)四益宦刊本。

"外篇",尚有"杂篇"。又如《晏子书录》所举《晏子》篇目而言,所据版本
为"中书"十一篇、"外书"十九篇,计三十篇八百三十八章。但"除复重"
之后"定著"为八篇二百一十五章,仍分其篇目为内篇六篇一百七十章、
外篇二篇四十五章,故刘向将"定著"后确定之篇章再分"内篇"与"外
篇",则依据内容之精粗或真伪而非据版本之来源。《晏子书录》曰:"其
书六篇,皆忠谏其君,文章可观,义理可法,皆合《六经》之义。又有复重,
文辞颇异,不敢遗失,复列以为一篇。又有颇不合经术,似非晏子言,疑
后世辩士所为者,故亦不敢失,复以为一篇,凡八篇。"①刘向之前,先秦
诸子书中即以"内""外"名篇。《史记·老子韩非列传》载韩非"作《孤愤》
《五蠹》《内外储》《说林》《说难》十余万言"。② 司马贞《索隐》曰:"《内储》
言明君执术以制臣下,制之在己,故曰'内'也;《外储》言明君观听臣下之
言行,以断其赏罚,赏罚在彼,故曰'外'也。"③且一家之学的不同著作亦
可分为"内""外",如《汉书·艺文志》著录《韩诗内传》《外传》《公羊外传》《穀
梁外传》等。余嘉锡《古书通例》专论"古书之分内外篇"之例有二,曰:

凡以内、外分为二书者,必其同为一家之学,而体例不同者也。④

又曰:

凡一书之内,自分内、外者,多出于刘向。其外篇大抵较为肤
浅,或并疑为依托者也。⑤

余氏之说至为明切,刘向校书确立了一书之内分"内""外"且"内篇"优于

① [汉]刘向、刘歆撰,[清]姚振宗辑录,邓骏捷校补《七略别录佚文 七略佚文》,第34—
35页。
② 《史记》卷六十三,第2147页。
③ 《史记》卷六十三,第2148页。
④ 余嘉锡《古书通例》,第110页。
⑤ 余嘉锡《古书通例》,第112页。

"外篇"之例，于后世典籍观念影响至深，此可视为汉代"秘书"校雠之功。

"秘书"既是皇家内禁典藏，被视为神圣珍贵之物，或被视为秘密封禁之物。故汉家一则以秘书赐予亲宠，一则禁止大臣外泄与转写秘书。宠赐之例如《汉书·叙传》曰："（班）斿以选受诏进读群书。上器其能，赐以秘书之副。时书不布，自东平思王以叔父求《太史公》、诸子书，大将军白不许。语在《东平王传》。"师古注"时书不布"曰："谓不出之于群下。"注"语在《东平王传》"曰："此言东平王求书不得，而斿获赐秘书，明见宠异。"①《后汉书·窦融列传》载光武"赐融以外属图及太史公《五宗》《外戚世家》《魏其侯列传》"。②《光武十王列传》载章帝建初七年正月诸侯王来朝，三月"大鸿胪奏遣诸王归国"，帝特留东平王苍，"赐以秘书、列仙图、道术秘方"。③《后汉书·文苑列传》载："元和元年，肃宗诏（黄）香诣东观，读所未尝见书。"④《东观汉记》卷十七载："章帝赐黄香《淮南》《孟子》各一通。"⑤禁止之例如《汉书·百官公卿表》载昭帝元凤四年"蒲侯苏昌为太常，十一年（即宣帝地节四年）坐籍霍山书，泄秘书，免"。师古曰："以秘书借霍山。"⑥此事又见《霍光金日磾传》，其载霍山"又坐写秘书，显（霍光妻）为上书献城西第，入马千匹，以赎山罪"。⑦ 又《宣元六王

---

① 《汉书》卷一百上，第 4203 页。

② 《后汉书》卷二十三，第 803 页。

③ 《后汉书》卷四十二，第 1440 页。

④ 《后汉书》卷八十上，第 2614 页。

⑤ ［汉］刘珍等撰，吴树平校注《东观汉记校注》，第 763 页。

⑥ 《汉书》卷十九下《百官公卿表下》，第 797 页。

⑦ 《汉书》卷六十八，第 2956 页。按，［清］顾炎武撰，［清］黄汝成集释，秦克诚点校《日知录集释》卷二十七《汉书注》驳颜师古注曰："盖籍没霍山之书中有秘记，当密奏之，而辄以示人，故以宣泄罪之耳……若山之秘书从昌借之，昌之罪将不止免官。而元康四年，昌复为太常，薄责昌而厚绳山，非法之平也。且如颜说，当云'坐借霍山秘书，免'足矣，何用文之重、辞之复乎？"（第 958 页）顾说为王先谦《汉书补注》所采，学界亦多有赞同，近者如赵益《古典术数文献述论稿》考释《汉书·艺文志》"数术略"中的《图书秘记》十七篇，以其为早期图谶，引姚振宗《条理》曰："《续汉·历志》云：'中兴以来，图谶漏泄。'则当时西京犹秘而不宣，故曰《秘记》欤？"进而以顾说霍山书中之"秘记"即如此类（中华书局，2005 年，第 8—9 页）。诸说皆可参考。然《图书秘记》在《艺文志》中列为天文数术之书，虽与谶书有关联，亦非确证，缘《艺文志》中（转下页）

传》载东平思王宇来朝,上疏求诸子及《太史公书》,上以问大将军王凤,对曰:"诸子书或反经术,非圣人,或明鬼神,信物怪;《太史公书》有战国纵横权谲之谋,汉兴之初谋臣奇策,天官灾异,地形厄塞:皆不宜在诸侯王。不可予。"①

由于两汉君臣推崇经术,广学右文,图书典藏与校雠之成就皆成大观,同时也构建了汉代的典籍观念。宫室内禁藏书以"秘""中""内"诸名统之,典籍与文化成为统治者掌控的资源,政治权威和典藏制度赋予典籍以神圣性和珍秘性;而校雠古书,定著篇章亦以"内""外"分别文字之精粗或真伪,"内篇"遂为典籍或学说主旨之标志。

三、方术谶纬

在上述典籍观念的影响下,汉人亦将天文数术方技之书视为神圣珍秘,冠之以"秘""内"之名,"秘"者,取其神秘深奥之义。《汉书·艺文志》著录数术有"秘记":

《图书秘记》十七篇。②

(接上页)尚无谶记之属。霍山之事若自《汉书》中求证,则颜师古之说成立。《霍光金日磾传》载霍光死后,宣帝亲政,着手铲除霍氏家族势力。乐平侯霍山为霍光侄孙,以奉车都尉领尚书事,与光子禹、兄孙云等俱显贵专权,于是谋反,"约定未发,云拜为玄菟太守……山又坐写秘书,显(霍光妻)为上书献城西第,入马千匹,以赎山罪。书报闻。(师古曰:"不许之。")会事发觉,云、山、明友(同谋范明友)自杀。"(《汉书》卷六十八,第2952—2956页)此句所言"坐写秘书",实为宣帝未知其大奸之前找借口欲治其罪,顾说"厚绳山"而治其死罪者乃在谋反事发之后。霍山之罪若仅为"写秘书",苏昌之罪当亦仅为"泄秘书","坐籍霍山书泄秘书免"一句,当断作"坐籍霍山书,泄秘书,免"。《表》《传》文字衔接,并无重复抵牾之处。顾氏不细察《传》文而有此论。且泄秘之罪为大不敬,罢免亦非薄责。《汉书·何武王嘉师丹传》载师丹因"使吏书奏,吏私写其草"被人告发,朝臣皆以"大臣奏事不宜漏泄",事下廷尉,劾丹大不敬,至策免罢归(《汉书》卷八十六,第3506—3507页)。

① 《汉书》卷八十,第3324—3325页。
② 《汉书》卷三十,第1765页。

方技有"内经"：

> 《黄帝内经》十八卷、《外经》三十七卷、《扁鹊内经》九卷、《外经》十二卷、《白氏内经》三十八卷、《外经》三十六卷。①

《楚元王传》载"秘书"：

> 上（宣帝）复兴神仙方术之事，而淮南有《枕中鸿宝苑秘书》。书言神仙使鬼物为金之术，及邹衍重道延命方。②

上引《后汉书·光武十王列传》载章帝赐东平王的诸多"秘书"中亦有"道术秘方"，而哀平以后，《河图》、《洛书》、谶纬之学兴起，五行数术方技之学杂糅在内，且多以"秘书"面目出现，以神秘其事，故陈槃《谶纬命名及其相关之诸问题》指出：

> 《后汉书》本有"秘经""内学""灵篇"之说。李（贤）注云："秘经"即纬；"内学"即图谶；"灵篇"即《河图》《洛书》。北宋杨侃《两汉博闻》汇列其辞，于参考为便，今辄依原书行款，迻录如下。卷十一云：
>
> > 秘经（《苏竟传》二十上）。注云："谓幽秘之经，即纬书之类也。"③
> >
> > 内学（《方术传序》七十二）。"自王莽矫用符命，及光武尤信谶

---

① 《汉书》卷三十，第 1776 页。

② 《汉书》卷三十六，第 1928 页。

③ 《后汉书》卷三十上《苏竟杨厚列传》载苏竟与刘龚书曰："夫孔丘秘经，为汉赤制，玄包幽室，文隐事明。"李贤注曰："秘经，幽秘之经，即纬书也。"（第 1043 页）

言;自是习为内学,尚奇文,贵异数,不乏于时矣。"①注云:"内学,谓图谶之书也。其事秘密,故称内。"

卷十二云:

灵篇(《班固传》)。注云:"灵篇,《河》《洛》之书也。"②③

汉人以谶纬秘经出自孔子,故《后汉书·苏竟杨厚列传》载苏竟与刘龚书中称之为"孔丘秘经"。"秘书""秘文""秘记"等名目皆被汉人用来指《河》、《洛》、谶纬之类。《论衡·效力篇》曰:"孔子,周世多力之人也,作《春秋》,删五经,秘书微文,无所不定。"④《实知篇》曰:"谶书秘文,远见未然,空虚暗昧,豫睹未有,远闻暂见,卓谲怪神,若非庸口所能言。"⑤《礼记·檀弓下》孔颖达疏引《郑志》,张逸问:"《礼记注》曰《书说》《书说》者,何说也?"郑玄答曰:"《尚书纬》也。当为注时,时在文网中,嫌引秘书,故诸所牵图谶,皆谓之说云。"⑥《苏竟杨厚列传》载杨厚祖父春卿,"善图谶学,为公孙述将,汉兵平蜀,春卿自杀,临命戒子统曰:'吾绨帙中有先祖所传秘记,为汉家用,尔其修之。'"⑦汉人以谶纬与五经相当,故又以内学与章句相当,《孔丛子》卷七《连丛子下》载孔僖谓季彦曰:"今朝廷以下,四海之内,皆为章句内学,而君独治古义,治古义则不能不非章句内学,非章句内学,则危身之道也。"⑧谶纬又有"内谶"之名。《苏竟杨

---

① 《后汉书》卷八十二上《方术列传序》原文作:"后王莽矫用符命,及光武尤信谶言,士之赴趣时宜者,皆骋驰穿凿,争谈之也。故王梁、孙咸名应图箓,越登槐鼎之任,郑兴、贾逵以附同称显,桓谭、尹敏以乖忤沦败,自是习为内学,尚奇文,贵异数,不乏于时矣。"李贤注曰:"内学谓图谶之书也。其事秘密,故称内。"(第2705页)

② 《后汉书》卷四十上《班彪列传》:"启灵篇兮披瑞图。"李贤注曰:"灵篇谓《河》《洛》之书也。"(第1373页)

③ 陈槃《古谶纬研讨及其书录解题》,第142—143页。

④ [汉]王充著,黄晖撰《论衡校释》卷十三,第582页。

⑤ [汉]王充著,黄晖撰《论衡校释》卷二十六,第1072页。

⑥ [唐]孔颖达《礼记正义》卷十,[清]阮元校刻《十三经注疏》,第1313页。

⑦ 《后汉书》卷三十上,第1047页。

⑧ 旧题[汉]孔鲋《孔丛子》卷七,第75页。

厚列传》载杨统"作《家法章句》及《内谶》二卷解说"。①

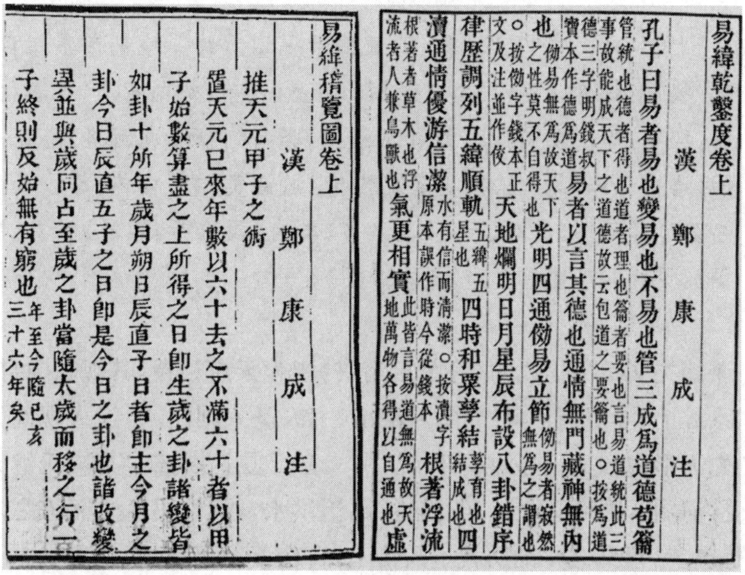
易緯乾鑿度卷上
漢 鄭 康 成 注
孔子曰易者易也變易也不易也管三成爲道德苞籥 管統也德者得也道者理也籥者要也言易道統此三事故能成天下之道德故云包道之要籥也○按爲道德三字明錢叔寶本作德爲道 易者以言其德也通情無門藏神無內
也 俲易無爲故天下之性莫不自得也 光明四通俲易立節 俲易者寂然無爲之謂也
○按俲字錢本正文及注並作傚 天地爛明日月星辰布設八卦錯序
律歷調列五緯順軌 五緯五星也 四時和粟孳結 孳育也結成也 四
瀆通情優游信潔 水有信而清潔○按瀆字原本誤作時今從錢本 根著浮流 根著者草木也浮流者人兼鳥獸也 氣更相實 此皆言易道無爲故天地萬物各得以自通也 虛

易緯稽覽圖卷上
漢 鄭 康 成 注
推天元甲子之術
置天元已來年數以六十去之不滿六十者以甲
子始數算盡之上所得之日卽生歲之卦諸變皆
如卦十所年歲月朔日辰直子日者卽主今月之
卦今日辰直五子之日卽是今日之卦也諸改變
異並與歲同占至歲之卦當隨太歲而移之行一
子終則反始無有窮也 年至今臨已亥三十六年矣

图 34 清武英殿聚珍版辑刊明《永乐大典》本《易纬乾凿度》《易纬稽览图》书影
（选自《丛书集成初编》）

至于"灵篇"，首见于西汉宣帝时王褒所作《九怀·陶壅》，其曰：

> 步骤桂林兮，超骧卷阿。丘陵翔舞兮，溪谷悲歌。神章灵篇兮，赴曲相和。余私娱兹兮，孰哉复加。②

"神章灵篇"本意当为祀神之歌，如《九歌》之类，但东汉王逸《楚辞章句》将"灵篇"解为："《河图》《洛书》，纬谶文也。"③而在王逸之前，班固《两都赋》中所载《白雉诗》"启灵篇兮披瑞图"一句，④已视"灵篇"为《河》《洛》

① 《后汉书》卷三十上，第 1047 页。
② ［宋］洪兴祖撰，白化文等点校《楚辞补注》卷十五，中华书局，1983 年，第 279—280 页。
③ ［宋］洪兴祖撰，白化文等点校《楚辞补注》卷十五，第 280 页。
④ 《后汉书》卷四十上《班彪列传》，第 1373 页。

谶纬。陈槃《谶纬命名及其相关之诸问题》中又进一步指出：

> 故"秘""内""灵"之称，可遍施于一切谶纬。检见存谶纬目，其以"秘"名篇者，《河图》类有《秘征》，《易》类有《雌雄秘历》，《春秋》类有《秘事》等。以"内"名篇者，《河图》类有《内元》，《河洛》合篇类有《河洛内记》，《易》类有《内篇》《内传》，《诗类》有《内传》等。以"灵"名篇者，《河图》类有《天灵》，《洛书》类有《灵准听》，《易》类有《制灵图》《灵纬》，杂谶纬类有《灵本命图》等。①

谶纬类文献中描述的《河图》《洛书》皆为天启神授，其观念源自《周易·系辞上》中所谓："河出《图》，洛出《书》，圣人则之。"②汉人视此为经典的先天形式和文化起源事件，《汉书·五行志上》载曰："虙羲氏继天而王，受《河图》，则而画之，八卦是也；禹治洪水，赐《洛书》，法而陈之，《洪范》是也。"③谶纬之中的历代圣人帝王，自伏羲至汉高祖，皆有观水受图之事，多见于《尚书中候》及《河图》《洛书》诸谶纬之中，所受之图往往以封缄书牍的形式出现，以示其秘。《龙鱼河图》曰："黄龙五采，负图出于舜前，金绳芝泥，章曰：天皇帝玺。"④《河图考灵曜》曰："秦王政以白璧沉河，有黑头公从河出，谓政曰：'祖龙来，授天宝。'开，中有尺二玉牍。"⑤要之，"灵"所表达的天启神授的观念与"秘""内"所表达的典籍与权力的关系，在谶纬方术文献的观念中得以交融。

《汉书·艺文志》中尚未著录《河图》《洛书》及谶纬，但上文引《汉书·王莽传上》称"甘忠可、夏贺良谶书藏兰台"，⑥又《后汉书·儒林列

---

① 陈槃《古谶纬研讨及其书录解题》，第 144 页。
② ［唐］孔颖达《周易正义》卷七，［清］阮元校刻《十三经注疏》，第 82 页。
③ 《汉书》卷二十七上，第 1315 页。
④ 《纬书集成》下册，第 1151 页。
⑤ 《纬书集成》下册，第 1195 页。
⑥ 《汉书》卷九十九上，第 4094 页。

传》载光武帝"以(尹)敏博通经记,令校图谶,使蠲去崔发所为王莽著录次比"。① 可见两汉之际,中秘已有谶书之藏。而光武以后,诏令奏议,多引图谶,中元元年"宣布图谶于天下",②则中秘必多收藏。后世之人,往往混淆中秘图书与图谶秘文为一事,如李贤注《后汉书·班彪列传》所载班固《两都赋》"启发篇章,校理秘文"一句,就误解为:"秘文,秘书也。《孝经钩命决》曰'丘掇秘文'也。"③

秘书既为谶纬之书,则许慎《说文》所引"秘书说曰:'日月为易,象阴阳也。'"亦当见诸谶纬,段玉裁以其出于《参同契》,似嫌迂曲。一则《参同契》为方术道经,《隋志》诸书所列谶纬名目皆不列入;二则此书之传世,当晚于许慎之时。钱大昕《廿二史考异》卷十二《后汉书》三曰:

> 慎子冲《上说文表》,云慎本从贾逵受古学。冲《表》称:"臣父,故太尉南阁祭酒。"《传》失书。冲上《表》在安帝建光元年九月,其时慎已病。当卒于安帝之末也。④

传说《参同契》一书出魏伯阳,葛洪《神仙传》卷二载其事曰:

> 魏伯阳者,吴人也。本高门之子,而性好道术,不肯仕宦,闲居养性,时人莫知之……作《参同契》,五行相类,凡三卷,其说似解《周易》,其实假借爻象以论作丹之意,而儒者不知神仙之事,反作阴阳注之,殊失其大旨也。⑤

---

① 《后汉书》卷七十九上,第 2558 页。
② 《后汉书》卷一下《光武帝纪下》,第 84 页。
③ 《后汉书》卷四十上《班彪列传上》,第 1345 页。
④ [清]钱大昕撰,方诗铭、周殿杰校点《廿二史考异》,上海古籍出版社,2004 年,第 231—232 页。
⑤ [西晋]葛洪《神仙传》,上海古籍出版社"诸子百家丛书"影印《四库全书》本,1990 年,第 13 页。

五代时人彭晓《周易参同契分章通真义叙》曰:"所述多以寓言借事,隐显异文,密示青州徐从事。徐乃隐名而注之,至后汉孝桓帝时,公复传授与同郡淳于叔通,遂行于世。"①叔通又名斟,《真诰》卷十二《稽神枢第二》载:"定录府有典柄执法郎,是淳于斟,字叔显,主试有道者。斟,会稽上虞人,汉桓帝时作徐州县令,灵帝时,大将军辟掾,少好道,明术数。"陶弘景注曰:"《易参同契》云:桓帝时上虞淳于叔通,受术于青州徐从事,仰观乾象,以处灾异,数有效验。以知术故,郡举方正,迁洛阳市长。"②据此推断,《参同契》迟至东汉桓帝时才流行于世。今本《周易参同契》作"日月为易,刚柔相当"。陆德明《经典释文》卷一《周易音义》解"易"字曰:"虞翻注《参同契》云:'字从日下月。'"③然《三国志》卷五十七《吴书·虞翻传》载虞翻不信神仙,又不载其注《参同契》之事。即便翻为之注,在神仙方术家看来,或亦如葛洪所言"儒者不知神仙之事,反作阴阳注之,殊失其大旨"者耶?

罗泌《路史》卷三十二《发挥一》论"易之名"引纬书《易内篇》曰:"日月相逐为易。"④《后汉书·郎颛襄楷列传》载顺帝阳嘉二年郎颛诣阙拜章之中,三引《易内传》之文,或即《易内篇》之类。⑤ 且纬书解字,正如段

① [清]董诰辑《全唐文》卷八百九十一,上海古籍出版社,1990年,第4126页。

② [梁]陶弘景撰,赵益点校《真诰》,中华书局,2011年,第216页。按,淳于叔通,又名翼。[西晋]干宝《搜神记》卷六:"汉桓帝即位,有大蛇见德阳殿上。洛阳市令淳于翼曰:'蛇有鳞,甲兵之象也。'"(中华书局,1979年,第82页)[唐]瞿昙悉达《唐开元占经》卷一百二十引《会稽典录》曰:"淳于翼,字叔通,除洛阳市长。桓帝即位,有大蛇见德阳殿上,翼占曰:以蛇有鳞,甲兵之应也。"(中国书店影印文渊阁《四库全书》本,1989年,第845页)[东晋]袁宏《后汉纪》卷二十二《孝桓皇帝纪下》延熹七年载荆州刺史度尚初为上虞长,访"县民故洛阳市长淳于翼"之事,称翼"学问渊深,大儒旧名,常隐于田里,希见长吏"([汉]荀悦撰,张烈点校《两汉纪》下册《后汉纪》,第424页)。又刘汝霖《汉晋学术编年》汉桓帝建和元年有"魏伯阳授《参同契》于淳于义"条,然未引《后汉纪》及《真诰》陶注之说(刘汝霖《汉晋学术编年》,华东师范大学出版社,2010年,第364—365页)。

③ [唐]陆德明撰,黄焯汇校《经典释文汇校》卷二,第33页。

④ [宋]罗泌《路史》,文渊阁《四库全书》本。

⑤ 《后汉书》卷三十下,第1054—1055页。

图 35　明刊本《参同契》书影
（选自《丛书集成初编》影印《百陵学山》本）

玉裁所云"纬书说字，多言形而非其义，此虽近理，要非六书之本"。① 此语极为精当。一则指出纬书说字不据六书，清儒俞正燮《癸巳类稿》亦有《纬字论》备述其详。② 二则指出其说亦有近理之处。其实纬书说字之

---

① 按，清儒林昌彝曰："段氏谓'日月为易，非六书之本'，不知《参同契》所云'日月为易，刚柔相当'者，乃言日月交会之象耳，而非论六书之体也。夫在天成象者，惟日月为最著，故《系辞传》曰：'易者象也。'又曰：'悬象著明，莫大乎日月。'《参同契》之说本此。段氏特未考其义耳。"（〔清〕桂文灿撰，王晓骊、柳向春点校《经学博采录》卷五第七条，华东师范大学出版社，2010 年，第 224 页）

② 〔清〕俞正燮撰，涂小马、蔡建康、陈松泉校点《癸巳类稿》卷七，辽宁教育出版社，2001 年，第 237—239 页。俞氏又有《纬书论》，认为："纬者，古史书也，通记天地人。"（《癸巳类稿》卷十四，第 483 页）故于《纬字论》中主张："纬记言而已，岂能曰持六书之义，执谈字形，述谣谶之人而一一代之改订也。《隋志》言东汉俗儒趋时增广，史纬之体应尔，不得云俗儒趋时也。"

法乃汉儒通过训释字形创发新义之术。董仲舒《春秋繁露》即多此解字之法,如《王道通三》曰:"古之造文者,三画而连其中谓之王。三画者,天地与人也,而连其中者,通其道也。"①《天道无二》曰:"心止于一中者,谓之忠;持二中者,谓之患。患,人之中不一者也。"②至谶纬遂成渊薮,又多托之于孔子。而学者多以其不经,视其为鄙俗。《后汉书·儒林列传》载"(尹)敏对(光武)曰:'谶书非圣人所作,其中多近鄙别字,颇类世俗之辞,恐疑误后生。'帝不纳。敏因其阙文增之曰:'君无口,为汉辅。'帝见而怪之,召敏问其故。敏对曰:'臣见前人增损图书,敢不自量,窃幸万一。'"③许慎作《说文》既要纠正"俗儒鄙夫""未尝睹字例之条,怪旧势而善野言",欲探明六书之奥;又要以文字为"经艺之本,王政之始","本立而道生",④承担教化之责,故往往以事理释文理。如《说文》释"王"字亦引"董仲舒曰:'古之造文者,三画而连其中,谓之王。三者,天、地、人也;而参通之者,王也。'孔子曰:'一贯三为王。'"⑤又如释"士"曰:"孔子曰:推十合一为士。"⑥孙星衍《孔子集语》于《说文》中辑出孔子说字之语十多条,⑦皆不见经传,当出自汉人经说或谶纬之书。⑧ 故"日月为易"虽不一定出自《易内篇》《易内传》,但谶纬之中一定有此类解形释义之论。

四、仙教秘经

陈槃《古谶纬书录解题(三)》曰:"方士之思想性行,虽道家其内,而

---

① [汉]董仲舒著,[清]苏舆撰,钟哲点校《春秋繁露义证》,第 328—329 页。
② [汉]董仲舒著,[清]苏舆撰,钟哲点校《春秋繁露义证》,第 346 页。
③ 《后汉书》卷七十九上,第 2558 页。
④ 许慎《说文解字叙》,[汉]许慎撰,[清]段玉裁注《说文解字注》,第 763 页。
⑤ [汉]许慎撰,[清]段玉裁注《说文解字注》,第 9 页。
⑥ [汉]许慎撰,[清]段玉裁注《说文解字注》,第 20 页。
⑦ [清]孙星衍等辑,郭沂校补《孔子集语校补》,齐鲁书社,1998 年,第 93—95 页。
⑧ 又[清]陈寿祺《左海文集》卷四下《答仪征公书》曰:"朔之日易亦以日月相易起义,于文日月相并为明,月在日下为易。《说文》引秘书说:'日月为易。'盖即古《尚书说》,专指朔易之易也。"(《续修四库全书》第 1496 册影印清刻本,上海古籍出版社,2002 年,第 177 页)

其外乃以儒学文饰,亦喜矫托谶纬。"①考《后汉书·方术列传》中人物多习"天文、谶纬、风角、推步之术",②《神仙传》中人物亦"博学五经,尤明天文图谶,《河》《洛》之要",③《抱朴子内篇》中的人物"不徒明五经、知仙道而已,兼综九宫三棋,推步天文,《河》《洛》谶记,莫不精研"。④《后汉书·窦融列传》曰:"是时学者称东观为老氏藏室,道家蓬莱山。"李贤注曰:"蓬莱,海中神山,为仙府,幽经秘录并皆在焉。"⑤东观中秘非专藏神仙方术经籍之所,然当时学者竟以老氏藏室和蓬莱山喻之,则东汉人之"秘书"观念已浸染道家色彩,且早期道经与方术谶纬之书渊源深厚,故汉魏六朝之道经方术之书,亦多以"秘""内""中""灵"等为名。

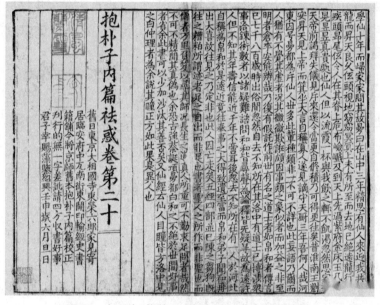

图36 宋刊本《抱朴子内篇》书影(藏辽宁图书馆)

---

① 陈槃《古谶纬书录解题(三)》,陈槃《古谶纬研讨及其书录解题》,第307页。

② 《后汉书》卷八十二上《方术列传上·廖扶传》,第2719页。

③ [西晋]葛洪《神仙传》卷三《王远传》,第16页。

④ [西晋]葛洪撰,王明校释《抱朴子内篇校释(增订本)》卷十九《遐览》,中华书局"新编诸子集成",1985年,第338页。

⑤ 《后汉书》卷二十三,第821—822页。

有称"秘书"者。《太平经》卷五十《天文记诀》曰："天地有常法……名为天文记,名曰天书……天之秘书,以归仁贤。"①《神仙传》卷六《李少君》载:"少君临病困。武帝自往视,并使左右人受其方书。未竟,而少君绝……明年,柏梁台火烧,失诸秘书妙文也。"②《抱朴子内篇》卷十四《勤求》曰:"而管见之属,谓仙法当具在于纷若之书,及于祭祀拜伏之间而已矣……后世顽浅,趣得一人,自誉之子,云我有秘书,便守事之。"③

有称"秘文"者。《太平经》卷六十九《天谶支干相配法》曰:"且为真人具说天之规矩大要,秘文诀令。"④《神仙传》卷五《张道陵》载:"后于万山石室中,得隐书秘文。"⑤《抱朴子内篇》卷六《微旨》曰:"黄老玄圣,深识独见,开秘文于名山,受仙经于神人。"⑥江总《陶贞白先生集序》:"至如紫台青简,绿帙丹经,玉版秘文,瑶坛怪牒,靡不贯彼精微,殚其旨趣。"⑦

有称"秘记"者。《抱朴子内篇》卷五《至理》曰:"按《孔安国秘记》云:'良得黄石公不死之法,不但兵法而已。'又云:'良本师四皓,甪里先生、绮里季之徒,皆仙人也,良悉从受其神方。'"⑧按,姚振宗《隋书经籍志考证》卷九"经部九""梁有《孔老谶》十二卷"条,以李匡文《资暇录》引《孔安国秘记》作《孔氏秘记》,⑨沈涛《铜熨斗斋随笔》称《史记·留侯世家索隐》作《孔安国秘记》,一本作《孔父秘记》,⑩遂考证曰:"《孔安国秘记》,

---

① 王明编《太平经合校》上册,第177—179页。
② [西晋]葛洪《神仙传》,第33—34页。
③ [西晋]葛洪撰,王明校释《抱朴子内篇校释(增订本)》,第256页。
④ 王明编《太平经合校》上册,第262页。
⑤ [西晋]葛洪《神仙传》,第29页。
⑥ [西晋]葛洪撰,王明校释《抱朴子内篇校释(增订本)》,第122页。
⑦ [唐]欧阳询《艺文类聚》卷五十六"杂文部一·集序",上海古籍出版社,1965年,第1000页。
⑧ [西晋]葛洪撰,王明校释《抱朴子内篇校释(增订本)》,第113页。
⑨ 详见[唐]李匡文《资暇集》卷上"禄里"条,[唐]苏鹗撰,吴企明点校《苏氏演义(外三种)》,中华书局"唐宋史料笔记丛刊",2012年,第162页。
⑩ 详见[清]沈涛《铜熨斗斋随笔》卷五"孔子闭房记"条,清光绪章氏刻本。

《抱朴子内篇》亦引之，盖谶记家既托孔子又托孔安国，不可究诘也。"①
然由《抱朴子内篇》所引，可见此《秘记》当为《神仙传》之类。又《抱朴子
内篇》卷十七《登涉》曰："抱朴子曰：按《九天秘记》及《太乙遁甲》云：'入
山大月忌……以此日入山，必为山神所试。'"②

　　有称"秘经"者。《女青鬼律》卷一云："后有道男女生，见吾秘经，知
鬼姓名，皆吉。"③谢朓《和萧子良高松赋》曰："阅品物于幽记，访丛育于
秘经。"④《洞真太上素灵洞元大有妙经》第四十六《太上九真明科·三品
律》曰："凡是后学，得见上真三洞宝章秘经首目者，皆东华书名金字上
清，虽未超腾控辔紫庭，皆是升度之人也。"⑤道教亦以泄露秘经为罪过，
同上第五十五《玄都九真明科中品诚罪篇》曰："凡是学者，受三奇宝文上
清秘经，而轻泄目录，以示不固，宣露妙秘，轻慢宝章者，一犯十罚功断，
事三年，然后得更清斋修行。"⑥

　　亦有称"内记""内文""内经""中经""中篇"者。《太平经》卷一百十
四《天报信成神诀》云："簿文内记，在白日升天之中，义不相欺。"⑦《抱朴
子内篇》卷十九《遐览》所录道经有《三皇内文天地人》三卷、《魏伯阳内
经》、《河洛内记》七卷等。⑧《真诰》卷九《协昌期第一》载："《明堂内经开
心辟妄符》，王君撰用。"⑨卷十四《稽神枢第四》载："吕子华者，山阳人
也。阴君弟子。已服虹丹之液而未读《内经》。"⑩卷十八《握真辅第二》

　　① 详见［清］姚振宗《隋书经籍志考证》卷九，二十五史刊行委员会编《二十五史补编》第
四册，中华书局，1955年，第5197页。

　　② ［西晋］葛洪撰，王明校释《抱朴子内篇校释（增订本）》，第301页。

　　③ 《道藏》，文物出版社、上海书店出版社、天津古籍出版社影印本，1988年，第18册，第
239页。

　　④ ［唐］徐坚等撰《初学记》卷二十八"果木部"，中华书局，2004年，第687页。

　　⑤ 《道藏》，第33册，第415页。

　　⑥ 《道藏》，第33册，第418页。

　　⑦ 王明编《太平经合校》下册，第607页。

　　⑧ ［西晋］葛洪撰，王明校释《抱朴子内篇校释（增订本）》，第333—334页。

　　⑨ ［梁］陶弘景撰，赵益点校《真诰》，第157页。

　　⑩ ［梁］陶弘景撰，赵益点校《真诰》，第245页。

曰:"得佳清闲,云敕汝修《内经》,是保命,汝不答漠漠,不当尔。"注曰:
"《内经》或应是《黄庭》。不尔,即应是洞房中法耳。"①《无上秘要》卷二
十五"三皇要用品"曰:"若欲去求入深山者,当语《乾皇内经》。"②卷四十
二"修学品"又引《洞真洞房内经》。③《神仙传》卷一《彭祖》:"愚人为道,
不务其本,而逐其末。告以至言,又不能信。见约要之书,谓之轻浅,而
昼夕伏诵,观夫《太清北神中经》之属,以此疲劳,至死无益也。"④卷七
《帛和》载其视壁三年,"了然见《太清中经神丹方》《三皇文》《五岳图》,和
诵之上口"。⑤《抱朴子内篇》卷十六《黄白》曰:"余昔从郑公受九丹及
《金银液经》,因复求受《黄白中经》五卷。"⑥卷十七《登涉》曰:"《遁甲中
经》曰:'欲求道,以天内日天内时,劾鬼魅,施符书。'"⑦卷十九《遐览》所
录道经有《牵牛中经》《三五中经》等。⑧ 卷二十《祛惑》曰:"但昼夜诵咏
《黄庭》《太清中经》《观天节详》之属。"⑨《无上秘要》卷四《灵山品》曰:
"《河图中篇》曰:句金之山。"⑩卷四十二《修学品》曰:"幽神中篇,金匮隐
音,黄庭内外,太清守记。"⑪

　　有称"灵篇""灵经""灵书"者。《太平经钞甲部》曰:"请受灵书紫
文。"⑫《抱朴子内篇》卷十九《遐览》所录道经有"《灵卜仙经》《灵宝皇子
心经》《思灵经》"。⑬《真诰》卷二《运题象第二》曰:"可谓能珍宝藏奇,幽

①　[梁]陶弘景撰,赵益点校《真诰》,第324页。
②　《道藏》,第25册,第72页。
③　《道藏》,第25册,第141页。
④　[西晋]葛洪《神仙传》,第8页。
⑤　[西晋]葛洪《神仙传》,第39页。
⑥　[西晋]葛洪撰,王明校释《抱朴子内篇校释(增订本)》,第283页。
⑦　[西晋]葛洪撰,王明校释《抱朴子内篇校释(增订本)》,第302页。
⑧　[西晋]葛洪撰,王明校释《抱朴子内篇校释(增订本)》,第333—334页。
⑨　[西晋]葛洪撰,王明校释《抱朴子内篇校释(增订本)》,第348页。
⑩　《道藏》,第25册,第10页。
⑪　《道藏》,第25册,第141页。
⑫　王明编《太平经合校》上册,第8页。
⑬　[西晋]葛洪撰,王明校释《抱朴子内篇校释(增订本)》,第333页、335页。

真内焕,摽拂灵篇,乘数顺生。"①卷九《协昌期第一》曰:"《消魔上灵经》曰:'若体中不宁,当反舌塞喉,漱漏咽液,亦无数。须臾,不宁之痾自即除也。'"②《无上秘要》卷二十八《九天琼文品》曰:"故著灵篇,得行此道。"③卷四十三《诵经品》曰:"此经高上之玉章,大洞之灵篇。"④

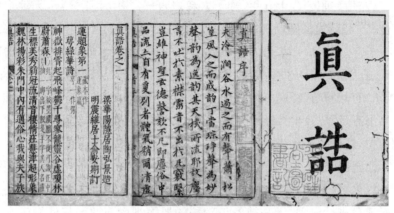

图 37　明俞安期刊本《真诰》书影

更有径称"神"者,如"神道书""神文""神书""神经"之类。《太平经钞甲部》曰:"书有三等,一曰神道书,二曰核事文,三曰浮华记。神道书者,精一不离,实守本根,与阴阳合,与神同门。"⑤《太平经》卷四十一《件古文名书诀》曰:"今天地开辟以来久远,河、洛出文出图,或有神文书出,或有神鸟狩持来,吐文积众多,本非一也。"⑥"天知其不具足,故时出河、洛文图及他神书,亦复不同辞也。"⑦王僧孺《临海伏府君集序》曰:"至于神经怪谍,绿笥丹筒,金版玉箱,锦文缇帙,并藏诸灵府,秘在瑶台,而君

---

① ［梁］陶弘景撰,赵益点校《真诰》,第 27—28 页。
② ［梁］陶弘景撰,赵益点校《真诰》,第 143—144 页。
③ 《道藏》,第 25 册,第 91 页。
④ 《道藏》,第 25 册,第 147 页。
⑤ 王明编《太平经合校》上册,第 9 页。
⑥ 王明编《太平经合校》上册,第 85 页。
⑦ 王明编《太平经合校》上册,第 86 页。

莫不遍探冥赜，具阅局检。"①

五、余论

《左传》"昭公二十五年"载子太叔之言曰："礼，上下之纪，天地之经纬也。"②经既为法则，后世诸子多以经、法作为重要的言论与典籍。《论语·子罕》载子曰："法语之言，能无从乎?"③《孝经》曰："非先王之法言不敢道。"④《荀子·劝学》曰："始乎诵经。"⑤《庄子·人间世》引《法言》;⑥《墨子》有《经》与《经说》;《韩非子》中《储说》诸篇，亦自立经说;马王堆出土帛书有《经法》《十大经》。故先秦诸子皆以"经"的观念确立典籍的文化地位，这样的观念趋向凭借道理及其普世性建构典籍的权威。

而至秦汉统一帝国形成，先有秦之"书同文"之举，统一文字与书写，又有汉之"建藏书之策"，由国家掌控文化典籍资源，且以秦代统一的文字对典籍进行整理，于是神圣与珍秘的典籍观念与政治权威发生了关联，"秘""内""中"等观念皆强调典籍的政治和文化等级。在这样的文化格局中，民间兴起的方术文献、谶纬文献、道经文献亦假借为名，以提高自身的信仰权威与数术价值，而这类民间兴起的思想又强调经典具有天启神授的特征，于是在汉代的"秘书"家族中又衍生出"灵""神"等观念，彰显这类典籍的宗教禀赋。

从先秦至秦汉以降的典籍文化观念变迁，体现出文化的转型，即由先秦时期的礼制与诸子主导的文化转向了中古时期政治权威与宗教信仰主导的文化，而探索哲理与道德的兴趣转向了探索神道与数术的兴趣。

---

① ［唐］欧阳询《艺文类聚》卷五十五《杂文部二·集序》，第997—998页。
② ［唐］孔颖达《春秋左传正义》卷五十一，［清］阮元校刻《十三经注疏》，第2108页。
③ ［宋］邢昺《论语注疏》卷九，［清］阮元校刻《十三经注疏》，第2491页。
④ ［宋］邢昺《孝经注疏》卷二，［清］阮元校刻《十三经注疏》，第2547页。
⑤ ［清］王先谦撰，沈啸寰、王星贤点校《荀子集解》，第11页。
⑥ ［清］郭庆藩撰，王孝鱼点校《庄子集释》，第157页。

征引文献

A

《安徽大学藏战国竹简（一）》，安徽大学汉字发展与应用研究中心编，中西书局，
2019 年。

B

《白虎通疏证》，［清］陈立撰，吴则虞点校，中华书局"新编诸子集成"，1994 年。

《抱朴子内篇校释（增订本）》，［西晋］葛洪撰，王明校释，中华书局"新编诸子集
成"，1985 年。

《北京大学藏西汉竹书（壹）》，北京大学出土文献研究所编，上海古籍出版社，
2015 年。

《北京图书馆藏珍本年谱丛刊》，北京图书馆编，北京图书馆出版社，1999 年。

《帛书五行篇研究》，庞朴著，齐鲁书社，1980 年。

《驳五经异义疏证》，［清］皮锡瑞撰，王丰先点校，中华书局，2014 年。

C

《长沙马王堆汉墓简帛集成》，裘锡圭主编，湖南省博物馆、复旦大学出土文献与
古文字研究中心编纂释文，中华书局，2014 年。

《长沙子弹库战国楚帛书研究》，李零著，中华书局，1985 年。

《谶纬论略》，钟肇鹏著，辽宁教育出版社，1991 年。

《谶纬文献的价值》，徐兴无撰，《中华读书报》2020 年 10 月 14 日第 15 版。

《谶纬文献与汉代文化构建》,徐兴无著,中华书局,2003年。

《池田知久简帛研究论集》,[日]池田知久著,曹峰译,中华书局,2006年。

《初学记》,[唐]徐坚等撰,中华书局,2004年。

《楚辞补注》,[宋]洪兴祖撰,白化文等点校,中华书局,1983年。

《春秋大事表》,[清]顾栋高辑,吴树平、李解民点校,中华书局,1993年。

《〈春秋繁露〉的文本与话语——"三统""文质"诸说新论》,徐兴无撰,《中国典籍与文化》2018年第3期。

《春秋繁露义证》,[汉]董仲舒著,[清]苏舆撰,钟哲点校,中华书局"新编诸子集成",1992年。

《春秋会要》,王贵民、杨志清编著,中华书局,2009年。

《春秋左传注(修订本)》,杨伯峻撰,中华书局,1990年。

《从"六经"到"七经"——先秦两汉经学文献体系的思想史考察》,徐兴无撰,《中国经学》第二十辑,广西师范大学出版社,2017年。

《从〈论衡〉看王充与谶纬之关系》,吴从祥撰,《西南交通大学学报(社会科学版)》2010年第1期。

D

《大戴礼记解诂》,[清]王聘珍撰,王文锦点校,中华书局,1983年。

《戴震全书(修订本)》,[清]戴震撰,杨应芹、诸伟奇主编,黄山书社,2010年。

《道藏》,文物出版社、上海书店出版社、天津古籍出版社影印本,1988年。

《东观汉记校注》,[汉]刘珍等撰,吴树平校注,中华书局,2008年。

《东汉会要》,[宋]徐天麟撰,上海古籍出版社,1978年。

《东汉图谶的成立及其观念史变迁》,张学谦撰,《文史》2019年第四辑。

《东周与秦代文明》,李学勤著,文物出版社,1984年。

《独断》,[汉]蔡邕撰,上海古籍出版社影印《四库全书》本,1990年。

E

《二十世纪七朝石经专论》,虞万里编著,上海辞书出版社,2018年。

《二十五史补编》,二十五史刊行委员会编,中华书局,1955年。

F

《法言义疏》,[汉]扬雄撰,汪荣宝注疏,陈仲夫点校,中华书局"新编诸子集成",

1987年。

《凡将斋金石丛稿》，马衡撰，中华书局，1977年。

《风俗通义校释》，［汉］应劭撰，吴树平校释，天津人民出版社，1980年。

《〈封许之命〉与册命"书"》，程浩撰，《中国典籍与文化》2016年第1期。

G

《古谶纬研讨及其书录解题》，陈槃著，台湾编译馆，1991年。

《古代思想文化的世界——春秋时代的宗教、伦理与社会思想》，陈来撰，生活·读书·新知三联书店，2002年。

《古代中国的历史与文化》，劳榦著，中华书局，2006年。

《古代中国的思想世界》，［美］本杰明·史华兹（Benjamin I. Schwartz）著，程钢译，刘东校，江苏人民出版社，2004年。

《古代中国与世界——一个古史研究者的思考》，刘家和撰，武汉出版社，1995年。

《古代宗教与伦理——儒家思想的根源》，陈来撰，生活·读书·新知三联书店，1996年。

《古典术数文献述论稿》，赵益撰，中华书局，2005年。

《古汉字发展论》，黄德宽撰，中华书局，2014年。

《古今典籍聚散考》，陈登原撰，《民国丛书》第二编第50册，上海书店，1990年。

《古今自由主义》，［美］列奥·斯特劳斯（Leo Strauss）著，马志娟译，江苏人民出版社，2012年。

《古史辨》第七册（中），吕思勉、童书业编著，上海古籍出版社，1982年。

《古史辨》第四册，罗根泽编著，上海古籍出版社，1982年。

《古史续辨》，刘起釪著，中国社会科学出版社，1991年。

《古书读法略例》，孙德谦撰，黄曙辉整理，广西师范大学出版社，2006年。

《古书通例》，余嘉锡撰，上海古籍出版社，1985年。

《古文尚书撰异》，［清］段玉裁撰，中华书局"四部要籍注疏丛刊"据清七叶衍祥堂刻本影印，1998年。

《观堂集林》，王国维著，中华书局，1959年。

《管子校释》，颜昌峣撰，岳麓书社，1996年。

《管子校注》，黎翔凤撰，梁运华整理，中华书局"新编诸子集成"，2004年。

《癸巳类稿》，［清］俞正燮撰，涂小马、蔡建康、陈松泉校点，辽宁教育出版社，2001 年。

《郭店楚简校读记（增订本）》，李零撰，北京大学出版社，2002 年。

《郭店楚墓竹简》，荆门市博物馆编，文物出版社，1998 年。

《国故论衡疏证》，章太炎撰，庞俊、郭诚永疏证，董婧宸校订，中华书局，2018 年。

《国史大纲》，钱穆著，商务印书馆，1996 年。

《国学概论》，钱穆著，商务印书馆，1997 年。

《国学今论》，张岱年等著，辽宁教育出版社，1991 年。

《国学文选类纂》，钱基博著，傅宏星校，华东师范大学出版社，2010 年。

《国语》，上海师范大学古籍整理研究所校点，上海古籍出版社，1998 年。

《国语集解》，［春秋］（旧题）左丘明撰，徐元诰集解，王树民、沈长云点校，中华书局，2002 年。

H

《韩非子集解》，［清］王先慎撰，钟哲点校，中华书局"新编诸子集成"，1998 年。

《韩诗外传集释》，［汉］韩婴撰，许维遹校释，中华书局，1980 年。

《汉碑集释》，高文撰，河南大学出版社，1997 年。

《汉代的"秘书"》，徐兴无撰，《文史》2014 年第一辑。

《汉赋史略新证》，朱晓海撰，陕西人民出版社，2004 年。

《汉家尧后出于董仲舒说》，施之勉撰，《大陆杂志》1953 年第 7 卷第 8 期。

《汉晋学术编年》，刘汝霖撰，华东师范大学出版社，2010 年。

《汉书》，［东汉］班固撰，［唐］颜师古注，中华书局编辑部点校，中华书局"二十五史系列"，1962 年。

《汉书补注》，［清］王先谦撰，书目文献出版社，1995 年。

《汉书新证》，陈直著，天津人民出版社，1979 年。

《后汉书》，［南朝宋］范晔撰，［唐］李贤等注，中华书局编辑部点校，中华书局"二十五史系列"，1965 年。

《华阳国志校补图注》，［晋］常璩著，任乃强校注，上海古籍出版社，2007 年。

《淮南鸿烈集解》，［汉］刘安编，刘文典撰，冯逸、乔华点校，中华书局"新编诸子集成"，1989 年。

《黄侃日记》，黄侃撰，江苏教育出版社，2001年。

J

《积微居小学金石论丛（增订本）》，杨树达撰，中华书局，1983年。

《甲骨文字典》，徐中舒主编，四川辞书出版社，1989年。

《甲骨文字释林》，于省吾撰，中华书局，1979年。

《简帛古书与学术源流》，李零撰，生活·读书·新知三联书店，2004年。

《简帛·经典·古史》，陈致主编，上海古籍出版社，2013年。

《简牍检署考校注》，王国维著，胡平生、马月华校注，上海古籍出版社，2004年。

《剑桥中国文学史》，[美]孙康宜、[美]宇文所安主编，刘倩等译，生活·读书·新知三联书店，2013年。

《今文尚书经说考》，[清]陈乔枞撰，《续修四库全书》第49册影印清道光同治间刻《左海续集》本，上海古籍出版社，2002年。

《今文尚书考证》，[清]皮锡瑞撰，《续修四库全书》第51册影印清光绪二十三年（1897）刻《师伏堂丛书》本，上海古籍出版社，2002年。

《今文尚书三论》，金兆梓撰，《新中华》1947年复刊号第五卷第一期。

《金石学》，朱剑心撰，台湾商务印书馆，2009年。

《晋邦嘉盟》，张守中、田建文编著，山西出版传媒集团·北岳文艺出版社，2018年。

《经典释文汇校》，[唐]陆德明撰，黄焯汇校，中华书局，2006年。

《经学博采录》，[清]桂文灿撰，王晓骊、柳向春点校，华东师范大学出版社，2010年。

《经学历史》，[清]皮锡瑞著，周予同注释，中华书局，1959年。

《经子解题》，吕思勉著，华东师范大学出版社，1995年。

K

《孔丛子》，旧题[汉]孔鲋撰，上海古籍出版社"诸子百家丛书"影印杭州叶氏藏明翻刻宋本，1990年。

《孔丘秘经，为汉赤制——再论谶纬思潮和文献的兴起》，徐兴无撰，《国学研究》第48卷，中华书局，2022年。

《孔子改制考》，康有为著，中华书局，2012年。

《孔子集语校补》,[清]孙星衍等辑,郭沂校补,齐鲁书社,1998年。

《孔子之前:中国经典诞生的研究》,[美]夏含夷(Edward L. Shaughnessy)著,黄圣松、杨济襄、周博群等译,中西书局,2019年。

《跨学科视野下的诗经研究》,陈致编,上海古籍出版社,2010年。

《愧生丛录》,李详撰,江苏古籍出版社,2002年。

《困学纪闻(全校本)》(上、中、下册),[宋]王应麟著,[清]翁元圻等注,栾保群、田松青、吕宗力校点,上海古籍出版社,2008年。

L

《老子道德经河上公章句》,王卡点校,中华书局,1993年。

《老子校释》,朱谦之撰,中华书局"新编诸子集成",1984年。

《老子指归》,[汉]严遵著,王德有点校,中华书局,1994年。

《类书流别(修订本)》,张涤华著,商务印书馆,1985年。

《礼记集解》,[清]孙希旦撰,沈啸寰、王星贤点校,中华书局,1989年。

《礼记目录后案》,任铭善著,齐鲁书社,1982年。

《历代名家评〈史记〉》,杨燕起、陈可青、赖长扬编,北京师范大学出版社,1986年。

《历史的起源与目标》,[德]卡尔·雅斯贝斯(Karl Jaspers)著,魏楚雄、俞新天译,华夏出版社,1989年。

《隶释·隶续》,[宋]洪适撰,中华书局影印洪氏晦木斋刻本,1986年。

《梁启超全集》,梁启超著,北京出版社,1999年。

《两汉纪》,[汉]荀悦撰,张烈点校,中华书局,2002年。

《两汉经学今古文平议》,钱穆撰,商务印书馆,2001年。

《两汉三国学案》,[清]唐晏著,吴东民点校,中华书局,1986年。

《两汉〈尚书〉学研究》,马士远著,中国社会科学出版社,2014年。

《量守庐学记续编——黄侃的生平和学术》,张晖编,生活·读书·新知三联书店,2006年。

《刘申叔遗书》,刘师培撰,江苏古籍出版社影印宁武南氏刊本,1997年。

《刘向评传》,徐兴无著,南京大学出版社,2005年。

《刘永济集·文学论 默识录》,刘永济著,中华书局,2010年。

《"六经"次序探源》,廖名春撰,《历史研究》2002年第2期。

《六艺论疏证》，[清]皮锡瑞撰，《续修四库全书》第 171 册影印清光绪二十五年(1899)刻本，上海古籍出版社，2002 年。

《路史》，[宋]罗泌撰，文渊阁《四库全书》本。

《论语集解》，程树德撰，程俊英、蒋见元点校，中华书局"新编诸子集成"，1990 年。

《论语疏证》，杨树达撰，上海古籍出版社，1986 年。

《论语正义》，[清]刘宝楠撰，上海古籍出版社影印金陵存古书社刊本，1993 年。

《论燹公盨发现的意义》，李零撰，《中国历史文物》2002 年第 6 期。

《论道者：中国古代哲学论辩》，[英]葛瑞汉（A. C. Graham）著，张海晏译，中国社会科学出版社，2003 年。

《论衡校释》，[汉]王充著，黄晖撰，中华书局"新编诸子集成"，1990 年。

《吕氏春秋集释》，[战国]吕不韦编，许维遹集释，梁运华整理，中华书局"新编诸子集成"，2009 年。

《吕氏春秋校释》，陈奇猷校释，学林出版社，1984 年。

《吕思勉读史札记（增订本）》，吕思勉著，上海古籍出版社，2005 年。

M

《梅园论学续集》，戴君仁撰，艺文印书馆，1974 年。

《孟子正义》，[清]焦循撰，沈文倬点校，中华书局"新编诸子集成"，1987 年。

《面城精舍杂文甲编》，罗振玉撰，清光绪十七年(1891)刊本。

《墨辩发微》，谭戒甫撰，中华书局"新编诸子集成"，1964 年。

《墨子间诂》，[清]孙诒让撰，孙启治点校，中华书局"新编诸子集成"，2001 年。

《木简竹简述说的古代中国——书写材料的文化史》，[日]富谷至著，刘恒武译，黄留珠校，人民出版社，2007 年。

《目录学发微》，余嘉锡撰，巴蜀书社，1991 年。

N

《南宋刊单疏本〈毛诗正义〉》，人民文学出版社，2012 年。

《南阳汉画像石精萃》，韩玉祥、曹新洲主编，河南美术出版社，2005 年。

《廿二史考异》，[清]钱大昕撰，方诗铭、周殿杰校点，上海古籍出版社，2004 年。

《廿二史札记校证》，[清]赵翼著，王树民校证，中华书局，1984 年。

Q

《七略别录佚文 七略佚文》,[汉]刘向、刘歆撰,[清]姚振宗辑录,邓骏捷校补,澳门大学出版中心,2007年。

《秦出土文献编年订补》,王辉、王伟编,三秦出版社,2014年。

《秦始皇石刻:早期中国的文本与仪式》,[美]柯马丁著,刘倩译,上海古籍出版社,2015年。

《秦文字集证》,王辉、程学华撰,艺文印书馆,1999年。

《清代学术源流考》,罗振玉撰,顾迁校点,江苏文艺出版社,2011年。

《清华大学藏战国竹简(柒)》,清华大学出土文献研究与保护中心编,李学勤主编,中西书局,2017年。

《清华大学藏战国竹简(伍)》,清华大学出土文献研究与保护中心编,李学勤主编,中西书局,2015年。

《清华大学藏战国竹简(壹)》,清华大学出土文献研究与保护中心编,李学勤主编,中西书局,2010年。

《清经解续编》,[清]王先谦,上海书店影印南菁书院本,1988年。

《诠释学与人文科学:语言、行为、解释文集》,[法]保罗·利科著,[英]J. B. 汤普森编译,孔明安、张剑、李西祥译,中国人民大学出版社,2012年。

《全唐文》,[清]董诰辑,上海古籍出版社,1990年。

《群经平议》,[清]俞樾著,王其和整理,凤凰出版社,2021年。

《群经要略》,黄寿祺著,黄高宪校注,华东师范大学出版社,2000年。

R

《日本研究〈文心雕龙〉论文集》,王元化选编,齐鲁书社,1983年。

《日知录集释》,[清]顾炎武撰,[清]黄汝成集释,秦克诚点校,岳麓书社,1994年。

《儒学与古典学评论(第一辑)》,柯小刚主编,上海人民出版社,2012年。

S

《三国志》,[晋]陈寿撰,[南朝宋]裴松之注,中华书局编辑部点校,中华书局"二十五史系列",1982年。

《"三科之条,五家之教"诸说辨析》,徐兴无撰,《扬州大学学报(人文社会科学版)》2016年第4期。

《上博馆藏战国楚竹书研究》,上海大学古代文明研究中心、清华大学思想文化研究所编,上海书店出版社,2002年。

《上海博物馆藏战国楚竹书(一)》,马承源主编,上海古籍出版社,2001年。

《〈尚书〉"三科之条五家之教"稽疑》,程元敏撰,《孔孟学报》1991年第61期。

《尚书通论(增订本)》,陈梦家著,中华书局,1985年。

《尚书注疏汇校》,杜泽逊主编,中华书局,2018年。

《尚书综述》,蒋善国著,上海古籍出版社,1988年。

《申鉴》,[汉]荀悦撰,上海古籍出版社影印明文始堂刊本,1990年。

《神仙传》,[西晋]葛洪撰,上海古籍出版社"诸子百家丛书"影印《四库全书》本,1990年。

《〈诗经〉逸诗辑佚研究综述》,毕秀洁、叶晓庆撰,《北京科技大学学报(社会科学版)》2013年第2期。

《诗纬集证》,[清]陈乔枞撰,清道光二十六年(1846)小嫏嬛馆刻本。

《诗言志辨》,朱自清撰,广西师范大学出版社,2004年。

《十家论墨》,蔡尚思主编,上海人民出版社,2004年。

《十三经正字》,[清]沈廷芳撰,文渊阁《四库全书》本。

《十三经注疏》,[清]阮元校刻,方向东点校,中华书局,2021年。

《十三经注疏》,[清]阮元校刻,中华书局影印清嘉庆刊本,2009年。

《十三经注疏》,[清]阮元校刻,中华书局影印世界书局本,1980年。

《石鼓文研究 诅楚文研究》,郭沫若著,科学出版社,1982年。

《史记》,[汉]司马迁撰,[南朝宋]裴骃集解,[唐]司马贞索隐,[唐]张守节正义,中华书局编辑部点校,中华书局"二十五史系列",1962年。

《史记探源》,崔适著,张烈点校,中华书局,1986年。

《史通通释》,[唐]刘知幾撰,[清]浦起龙释,上海古籍出版社,1978年。

《史微》,张尔田著,黄曙辉点校,上海书店出版社,2006年。

《史学与史籍》,吕思勉撰,华东师范大学出版社,2002年。

《士与中国文化》,余英时撰,上海人民出版社,1987年。

《世说新语校笺》,[南朝宋]刘义庆著,徐震堮校笺,中华书局,1984年。

《释名疏证补》,[汉]刘熙撰,[清]毕沅疏证,[清]王先谦补,祝敏徹、孙玉文点校,中华书局,2008年。

《释"诗者天地之心"》，徐兴无撰，《岭南学报（复刊）》第三辑，上海古籍出版社，2015 年。

《释中国》，胡晓明、傅杰主编，上海文艺出版社，1998 年。

《书古微》，［清］魏源撰，《续修四库全书》第 48 册影印清光绪四年(1878)淮南书局刻本，上海古籍出版社，2002 年。

《书经集传》，［宋］蔡沈撰，中国书店，1994 年。

《书于竹帛：中国古代的文字记录》，钱存训著，上海书店出版社，2002 年。

《述学校笺》，［清］汪中撰，李金松校笺，中华书局，2014 年。

《说文解字》，［汉］许慎撰，陶生魁点校，中华书局，2020 年。

《说文解字义证》，［清］桂馥撰，上海古籍出版社影印清《连筠簃丛书》本，1987 年。

《说文解字注》，［汉］许慎撰，［清］段玉裁注，上海古籍出版社影印经韵楼刊本，1981 年。

《说苑校证》，［汉］刘向撰，向宗鲁校证，中华书局，1987 年。

《四库全书总目》，［清］永瑢等撰，中华书局，1965 年。

《四书章句集注》，［宋］朱熹撰，中华书局"新编诸子集成"，1983 年。

《宋单疏本〈尚书正义〉》，杨家骆主编《国学名著珍本汇刊》，鼎文书局，1973 年。

《搜神记》，［西晋］干宝撰，中华书局，1979 年。

《苏氏演义（外三种）》，［唐］苏鹗撰，吴企明点校，中华书局"唐宋史料笔记丛刊"，2012 年。

《隋书》，［唐］魏徵、令狐德棻等撰，中华书局编辑部点校，中华书局"二十五史系列"，1973 年。

《隋书经籍志考证》，［清］姚振宗撰，《二十五史补编》本，中华书局，1955 年。

《孙隘堪所著书》，［清］孙德谦著，民国十二年(1923)四益宧刊本。

T

《太平经合校》，王明编，中华书局，1960 年。

《太平御览》，［宋］李昉等撰，中华书局，1960 年。

《唐开元占经》，［唐］瞿昙悉达撰，中国书店影印文渊阁《四库全书》本，1989 年。

《陶渊明集》，［晋］陶渊明著，逯钦立校注，中华书局，1979 年。

《通典》，［唐］杜佑撰，中华书局，1984 年。

《铜熨斗斋随笔》，[清]沈涛撰，清光绪章氏刻本。

《图书寮汉籍丛考》，[日]宫内厅书陵部藏汉籍研究会编，汲古书院，2018 年。

W

《汪荣宝法言注释残稿三种》，汪荣宝著，徐兴无编，凤凰出版社，2017 年。

《王国维遗书》，王国维著，上海书店出版社，1983 年。

《纬史论微》，姜忠奎著，黄曙辉、印晓峰点校，上海书店出版社，2005 年。

《纬书集成》，[日]安居香山、[日]中村璋八辑，河北人民出版社，1994 年。

《纬书书名臆解稿》，王楚撰，台湾《"中央研究院"历史语言研究所集刊》第九十二本第一分，2021 年。

《文化记忆研究指南》，[德]阿斯特莉特·埃尔、[德]安斯加尔·纽宁主编，李恭忠、李霞译，南京大学出版社，2021 年。

《文化理论关键词》，[英]丹尼·卡瓦拉罗著，张卫东、张生、赵顺宏译，江苏人民出版社，2006 年。

《文化：中国与世界（第三辑）》，《文化：中国与世界》编委会编，生活·读书·新知三联书店，1987 年。

《文史探微》，周勋初著，上海古籍出版社，1987 年。

《文史通义校注》，[清]章学诚撰，叶瑛校注，中华书局，1985 年。

《文书行政的汉帝国》，[日]富谷至著，刘恒武、孔李波译，江苏人民出版社，2013 年。

《文献通考》，[元]马端临撰，上海师范大学古籍研究所、华东师范大学古籍研究所点校，中华书局，2011 年。

《文心雕龙创作论》，王元化著，上海古籍出版社，1984 年。

《文心雕龙札记》，黄侃撰，上海古籍出版社，2006 年。

《文心雕龙注》，[梁]刘勰著，范文澜注，人民文学出版社，1958 年。

《文心雕龙注释》，[梁]刘勰著，周振甫注，人民文学出版社，1981 年。

《文选》，[梁]萧统编，[唐]李善注，上海古籍出版社，1986 年。

《文子缵义》，[宋]杜道坚撰，《四部备要》本。

《文字与社会导论》，[德]弗洛里安·库尔马斯（Florian Coulmas）著，阎喜译，战菊审订，外语教学与研究出版社，2018 年。

《五行大义》，[隋]萧吉撰，钱杭点校，上海书店出版社，2001 年。

《武氏祠真伪之辩：黄易及其友人的知识遗产》，白谦慎著，贺宏亮译，人民美术出版社，2019 年。

X

《西方校勘学论著选》，苏杰编译，上海人民出版社，2009 年。

《西方正典》，[美]哈罗德·布鲁姆（Harold Bloom）著，江宁康译，译林出版社，2015 年。

《西汉会要》，[宋]徐天麟撰，上海人民出版社，1977 年。

《西周册命制度研究》，陈汉平撰，学林出版社，1986 年。

《西周金文官制研究》，张亚初、刘雨撰，中华书局，1986 年。

《先秦散文论略——中国古代文学发展规律探微》，张碧波、雷啸林撰，《社会科学战线》1982 年第 2 期。

《先秦学术概论》，吕思勉撰，东方出版中心，1985 年。

《先秦学术史上的"私家著作"问题》，宁镇疆撰，《光明日报》2021 年 2 月 22 日第 13 版。

《新论》，[汉]桓谭撰，上海人民出版社，1977 年。

《新书校注》，[汉]贾谊撰，阎振益、钟夏校注，中华书局"新编诸子集成"，2000 年。

《兴与象：中国古代文化史论集》，[美]夏含夷著，上海古籍出版社，2012 年。

《许慎对今文经学中阴阳谶纬思想的吸纳》，蒋泽枫撰，《通化师范学院学报》2009 年第 30 卷第 1 期。

《续修四库全书·经部》，《续修四库全书》编委会编，上海古籍出版社，2002 年。

《荀子集解》，[清]王先谦撰，沈啸寰、王星贤点校，中华书局"新编诸子集成"，1988 年。

Y

《揅经室集》，[清]阮元著，邓经元点校，中华书局，1993 年。

《艺文类聚》，[唐]欧阳询撰，上海古籍出版社，1965 年。

《易纬 诗纬 礼纬 乐纬》，上海古籍出版社"诸子百家丛书"影印 1934 年江都朱氏补刊《黄氏逸书考》本，1993 年。

《逸周书汇校集注》，黄怀信、张懋镕、田旭东撰，上海古籍出版社，1995 年。

《殷周金文集成》,中国社会科学院考古研究所编,中华书局,2007年。

《银雀山汉墓简牍集成(贰)》,山东博物馆、中国文化遗产研究院编,文物出版社,2021年。

《玉海艺文校证》,[宋]王应麟撰,武秀成、赵庶洋校证,凤凰出版社,2013年。

《玉烛宝典》,[隋]杜台卿撰,商务印书馆《丛书集成初编》影印《古逸丛书》本。

Z

《增订文心雕龙校注》,[梁]刘勰著,[清]黄叔琳注,李详补注,杨明照校注拾遗,中华书局,2012年。

《战国诸子的春秋记忆》,邢猛撰,南京师范大学博士毕业论文,2017年。

《张舜徽集·爱晚庐随笔》,张舜徽著,华中师范大学出版社,2005年。

《章句论》,吕思勉著,商务印书馆,1925年。

《章太炎全集(四)》,章太炎撰,上海人民出版社,1985年。

《章太炎学术史论集》,章太炎撰,傅杰编校,中国社会科学出版社,1997年。

《真诰》,[梁]陶弘景撰,赵益点校,中华书局,2011年。

《真理与方法》,[德]汉斯-格奥尔格·加达默尔(H. G. Gadamer)著,洪汉鼎译,上海译文出版社,2004年。

《正续一切经音义》,[唐]释慧琳、[辽]释希麟撰,上海古籍出版社,1986年。

《郑玄之谶纬学》,吕凯著,台湾商务印书馆,1983年。

《中国出土古文献十讲》,裘锡圭著,复旦大学出版社,2004年。

《中国古代思想与学术十论》,傅斯年著,广西师范大学出版社,2006年。

《中国古典文献的阅读与理解——中美学者"黉门对话"集》,傅刚主编,北京大学出版社,2017年。

《中国历代孔子图像演变》,邢千里著,山东大学出版社,2013年。

《中国史学史》,[日]内藤湖南著,马彪译,上海古籍出版社,2008年。

《中国思想的两种理性:占卜与表意》,[法]汪德迈(Léon Vandermeersch)著,金丝燕译,北京大学出版社,2017年。

《中国文化史通释》,余英时撰,生活·读书·新知三联书店,2012年。

《中国文学理论》,[美]刘若愚撰,杜国清译,江苏教育出版社,2006年。

《中国文学批评史大纲》,朱东润著,上海古籍出版社,2005年。

《中国文学史》,袁行霈主编,高等教育出版社,1999年。

《中国学术思想史论丛》,钱穆著,安徽教育出版社,2004年。

《中国哲学大纲》,张岱年著,中国社会科学出版社,1982年。

《中国哲学简史》,冯友兰著,北京大学出版社,1996年。

《中国哲学史大纲(卷上)》,胡适撰,东方出版社,1996年。

《中国哲学史》(上、下册),冯友兰著,华东师范大学出版社,2000年。

《中国中古思想史长编》,胡适著,华东师范大学出版社,1996年。

《周易本义》,[宋]朱熹撰,中华书局,2009年。

《周易古义》,杨树达撰,上海古籍出版社,1991年。

《周易玄义诠解》,郑吉雄著,台湾"中央研究院"中国文哲研究所,2013年。

《周易杂论》,高亨著,齐鲁书社,1979年。

《周予同经学史论著选集(增订版)》,朱维铮编,上海人民出版社,1996年。

《朱子语类》,[宋]黎靖德编,王星贤点校,中华书局,1986年。

《诸子考索》,罗根泽著,人民出版社,1958年。

《诸子著作年代考》,郑良树著,北京图书馆出版社,2001年。

《庄子集释》,[清]郭庆藩撰,王孝鱼点校,中华书局"新编诸子集成",2012年。

《庄子校诠》,王叔岷撰,中华书局,2007年。

《庄子今注今译》,陈鼓应撰,中华书局,1983年。

《〈子夏易传〉考辨》,陈鸿森撰,台湾《"中央研究院"历史语言研究所集刊》第五十六本第二分,1985年。

《走近清华简(增补版)》,刘国忠著,清华大学出版社,2020年。

《左盦集》,刘师培著,中国书店,1993年。

《左海文集》,[清]陈寿祺撰,《续修四库全书》第1496册影印清刻本,上海古籍出版社,2002年。

图书在版编目（CIP）数据

早期经典的形成与文化自觉 / 徐兴无著. —南京：
南京大学出版社，2023.3（2024.6 重印）
（中国古代文献文化史 / 程章灿主编）
ISBN 978 - 7 - 305 - 26203 - 6

Ⅰ.①早… Ⅱ.①徐… Ⅲ.①古文献学－史料－中国
－古代 Ⅳ.①G256.1

中国版本图书馆 CIP 数据核字(2022)第 198724 号

出版发行　南京大学出版社
社　　　址　南京市汉口路 22 号　　　　　邮　编　210093
丛 书 名　中国古代文献文化史
主　　编　程章灿
书　　名　早期经典的形成与文化自觉
著　　者　徐兴无
责任编辑　李　亭
出版统筹　胡　豪　李　亭
装帧设计　赵　秦
封底篆印　徐兴无
责任监制　冯晓哲

照　　排　南京紫藤制版印务中心
印　　刷　南京爱德印刷有限公司
开　　本　718×1000　1/16　印张 19.75　字数 301 千
版　　次　2023 年 3 月第 1 版　2024 年 6 月第 2 次印刷
ISBN　978 - 7 - 305 - 26203 - 6
定　　价　70.00 元

网　　　址:http://www.njupco.com
官方微博:http://weibo.com/njupco
官方微信号:njupress
销售咨询热线:(025)83594756

中国古代文献文化史 十卷本 / 程章灿 主编